하나님의 말씀으로 사람을 세우는

묵상하는 사람들 QT

(요한복음 · 요한계시록)

하나님의 말씀으로 사람을 세우는

묵상하는 사람들 QT

요한복음
요한계시록

프리셉트성경연구원 지음

묵상하는 사람들
프리셉트

C O N T E N T S

효과적인 묵상 10계명

1. 묵상은 경건의 좋은 습관을 갖는 것이다.

묵상은 매일매일의 삶 속에서 하나님의 말씀을 통해서 삶을 인도받는 것으로, 규칙적이고 정기적인 묵상의 시간을 가져야 합니다.

2. 습관은 자기 결단에서부터 시작된다.

경건의 습관을 갖기 위해서는 먼저 하나님과 만날 시간과 장소를 정해야 합니다. 가능하면 시간과 장소의 변동 없이 일관돼야 합니다. 그리고 하나님과 정한 약속이 깨지지 않도록 최선을 다해야 하며, 방해하는 주변의 요소들(TV, 전화 등)을 제거해야 합니다.

3. 묵상은 하루아침에 이뤄지지 않는다.

인내를 가져야 합니다. 묵상 훈련은 하루아침에 이뤄지는 것이 아니며, 특별한 비법이 있는 것도 아닙니다. 성실하게 인내를 갖고 날마다 하나님 앞에 나아간다는 마음의 자세가 있어야 합니다.

4. 묵상은 방법보다 습관의 문제다.

위의 내용들을 다시 정리하며, 방법적인 문제보다는 좋은 습관을 갖는 것이 중요함을 기억해야 합니다.

5. 본문을 정확하게 관찰해야 한다.

성경이 말씀하고 있는 내용을 정확하게 이해하거나 파악하지 못한다면 올바른 묵상이 될 수 없습니다. 정확한 본문 관찰과 해석을 통해서만이 하나님께서 말씀하시는 뜻을 깨닫고 적용할 수 있게 됩니다.

6. 묵상의 중심은 내가 아니라 하나님이시다.

묵상의 시간은 하나님을 만나는 시간이며, 말씀 속에서 하나님의 음성을 듣는 시간입니다. 자신을 합리화시키는 도구로 말씀을 전락시키지 말아야 하며, 말씀 속에서 하나님께서 어떻게 나타나시는가를 세밀하게 관찰해야 합니다.

7. 귀납적으로 묵상한다.

본문을 정확하게 보기 위해서 귀납적인 방법을 활용하십시오. 본문을 육하원칙에 의해서 관찰하고, 특히 '왜'라는 질문을 통해서 본문을 보도록 노력하십시오. 이런 습관은 말씀을 보는 여러분의 눈을 열리게 해 줄 것입니다.

8. 적용은 삶의 실천이다.

말씀을 적용할 때는 그 대상이 '나' 자신이라는 것과 시기적으로 지금 당장의 실천을 요한다는 사실을 기억해야 합니다. 실천하지 않고 자신에게 적용하지 않는 말씀은 영적으로 무기력하게 만듭니다.

9. 경건을 위한 시간 관리에 충실히 한다.

자신의 영성 개발을 위해서 삶의 우선순위를 정하고, 시간 관리를 체계적으로 해야 합니다. 그러기 위해서는 하나님을 알아가고 만나는 일에 최우선을 둬야 합니다. 시간이 남을 때 묵상을 하겠다는 태도로는 평생토록 묵상의 기쁨을 누리지 못할 것입니다.

10. 묵상 훈련 프로그램에 참여한다.

묵상에 관한 책을 읽고, 묵상 훈련에 참여하여 더 깊은 영성을 개발하도록 해야 합니다. 귀납적 성경 연구 방법을 공부하고 싶다면, 본 연구원에서 진행하는 세미나에 참여해서 도움을 받으시기 바랍니다(문의: 02-588-2218).

묵상이 이뤄지는 순서

1. 기도

성령에 의해 말씀이 열리도록 기도하라. 성령님께서 말씀이 이해되도록 여러분의 눈을 열어 주실 것이다.

2. 읽기와 본문 관찰

본문을 읽으라. 육하원칙에 의해서 읽고, 관찰 · 해석 · 적용의 귀납적 단계를 통해서 본문을 정확하게 이해하라.

3. 깊은 묵상

본문의 말씀을 통해서 하나님께서 하시고자 하는 말씀을 조용히 묵상하는 시간을 가지라. 묵상이 깊을수록 삶이 깊어진다.

4. 적용 및 기도

말씀을 삶에 적용하기 위해서 결단하는 시간을 가지라. 그리고 깨달은 말씀을 갖고 주님께 기도로 나아가라.

5. 실천과 감사

묵상한 말씀을 하루 동안 얼마나 실천했는지 되돌아보고, 감사하는 시간을 가지라.

이렇게 활용하세요

3. 메시지
묵상이 끝나면 메시지를 읽어 보며 정리합니다.

1 면

DATE

월 일 요일

생명과 빛 되신 그리스도

*** 중심 단어**
본문의 주제를 이루는 중요한 단어로, 자신이 뽑은 중심 단어와 비교해 봅니다.

중심 단어
말씀, 하나님, 생명, 빛, 은혜, 진리, 예수 그리스도

*** 주제별 목록 작성**
중심 단어에 대해 본문에서 본문 관찰한 내용을 목록으로 정리한 것입니다.

주제별 목록 작성

예수 그리스도
1절 태초에 계셨다/ 하나님과 함께 계셨다
3절 만물을 창조하셨다
14절 말씀이 육신이 되어 우리 가운데 거하셨다/ 영광을 보여 주셨다/ 은혜와 진리가 충만하셨다
15절 요한이 증언하였다/ 요한의 뒤에 오셨지만 요한보다 먼저 계셨다
18절 하나님 아버지 품 속에 있는 하나님을 나타내시는 독생하신 하나님이시다

*** 도움말**
본문을 읽고 묵상을 정리하는 과정에서 난해한 단어나 내용에 대한 도움을 받습니다.

도움말
1. **말씀(1절)**: '지혜롭게 말하는 능력' 혹은 '이성'을 뜻한다. 여기서는 지혜의 근본이시자 인격적인 분으로서, 성삼위(聖三位) 중 성자 예수님을 말한다.
2. **빛(4절)**: 단순히 물리적인 차원의 밝음이 아니라 영적이며 도덕적인 생명력의 근원이 되는 빛을 가리킨다. 이것이 예수님을 통해서만 참 진리에 이를 수 있는 이유다.

생명과 빛 되신 그리스도
그리스도께서 세상이 창조되기 전에 하나님과 함께 계셨다는 선언은 예수님의 영원성과 신성 그리고 하나님과의 친밀한 관계성을 잘 보여 줍니다(1-3절). 말씀 안에 생명과 빛이 있다는 것은 예수 그리스도만이 본질적으로 피조물의 "생명"과 "빛"이 되심을 의미합니다(4절). 빛이신 예수 그리스도께서 성육신하여 인간 역사에 들어오심으로 세상에는 소망의 빛이 비춰졌습니다(9절). 그러나 그 빛이 타락한 인간들의 죄악을 드러내자 사람들은 빛이신 그리스도를 알아보지 못하고 십자가에 못 박았습니다. 그들은 빛 앞에 여지없이 드러나는 자신들의 죄를 합리화하기 위해 영광의 주님을 인정하지도, 영접하지도 않았습니다(10-11절).

은혜와 진리 되신 그리스도
예수 그리스도 안에 나타난 하나님의 영광은 "은혜와 진리"(14절)였습니다. 은혜는 인간에게 값없이 베푸시는 하나님의 자비와 사랑이고, 진리는 언약에 충실하신 하나님의 성품이며 그리스도 자신입니다. 율법 아래서는 행위에 따라 축복이 주어지지만, 은혜 아래서는 값없는 선물로 축복이 주어집니다. 이 은혜와 진리는 오직 예수 그리스도로 말미암아 오는 것입니다(17절). 왜냐하면 은혜와 진리가 예수님 자신이시기 때문입니다. 하나님은 인간에 대한 사랑과 신령한 복을 당신의 '독생자'를 통해 보여 주셨습니다(18절). 하나님의 깊은 본성을 본 사람은 아무도 없지만, 우리는 예수 그리스도를 통해 하나님의 깊은 본성을 볼 수 있습니다.

오늘의 감사기도
1.
2.
3.

14 | 묵상하는사람들 QT

*** 오늘의 감사기도**
오늘의 말씀을 삶에 적용하기 위해 기도합니다.

1. 오늘의 말씀

본문을 충실히 읽고(2~3회 이상), 중심 단어를 찾아봅니다. 특별히 비교, 대조되는 단어나 문장이 있다면 필기도구를 사용해 표시합니다.

2 면

요한복음 1:1-18 찬송가: 251장(구 137장)

1태초에 말씀이 계시니라 이 말씀이 하나님과 함께 계셨으니 이
말씀은 곧 하나님이시니라 2그가 태초에 하나님과 함께 계셨고
3만물이 그로 말미암아 지은 바 되었으니 지은 것이 하나도 그
가 없이는 된 것이 없느니라 4그 안에 생명이 있었으니 이 생명
은 사람들의 빛이라 5빛이 어둠에 비치되 어둠이 깨닫지 못하더
라 6하나님께로부터 보내심을 받은 사람이 있으니 그의 이름은
요한이라 7그가 증언하러 왔으니 곧 빛에 대하여 증언하고 모든
사람이 자기로 말미암아 믿게 하려 함이라 8그는 이 빛이 아니
요 이 빛에 대하여 증언하러 온 자라 9참 빛 곧 세상에 와서 각
사람에게 비추는 빛이 있었나니 10그가 세상에 계셨으며 세상
은 그로 말미암아 지은 바 되었으되 세상이 그를 알지 못하였고
11자기 땅에 오매 자기 백성이 영접하지 아니하였으나 12영접하
는 자 곧 그 이름을 믿는 자들에게는 하나님의 자녀가 되는 권세
를 주셨으니 13이는 혈통으로나 육정으로나 사람의 뜻으로 나지
아니하고 오직 하나님께로부터 난 자들이니라 14말씀이 육신이
되어 우리 가운데 거하시매 우리가 그의 영광을 보니 아버지의
독생자의 영광이요 은혜와 진리가 충만하더라 15요한이 그에 대
하여 증언하여 외쳐 이르되 내가 전에 말하기를 내 뒤에 오시는
이가 나보다 앞선 것은 나보다 먼저 계심이라 한 것이 이 사람을
가리킴이라 하니라 16우리가 다 그의 충만한 데서 받으니 은혜
위에 은혜러라 17율법은 모세로 말미암아 주어진 것이요 은혜와
진리는 예수 그리스도로 말미암아 온 것이라 18본래 하나님을
본 사람이 없으되 아버지 품 속에 있는 독생하신 하나님이 나타
내셨느니라

본문 관찰

1. 본문에서 예수 그리스도에 대한 내용을 살펴보십시오(주제별 목록 작성 참조).

2. 어떻게 해야 하나님의 자녀가 될 수 있습니까(12-13절)?

3. 본문의 하나님은 어떤 분이십니까?

깊은 묵상

1. 여러분은 빛이신 예수님 앞에 죄가 드러날 때 어떻게 반응하고 있습니까?

2. 말씀 속에 나타난 예수 그리스도의 은혜와 진리를 묵상해 보십시오.

3. 오늘 여러분에게 주시는 특별한 말씀(깨달은 점, 느낀 점, 적용점 등)은 무엇입니까?

요한복음 | 15

2. 본문 관찰 및 깊은 묵상

도움 질문을 통해서 본문을 더 깊이 이해하며, 적용해 볼 수 있습니다.

- 「본문 관찰」 질문으로 본문의 내용을 파악하게 합니다.
- 「깊은 묵상」으로 본문을 더 깊이 연구하고 이해할 수 있도록 합니다. 또한 묵상하면서 깨달은 점이나 느낀 바를 정리합니다.

*** 암송구절 표기**

말씀 암송을 통해 영적 성장과 말씀의 생활화를 지향합니다.

요한복음

1. 저자

이 책에서는 이 글을 쓴 저자가 누구인지 직접 밝히고 있지 않지만 '그의 사랑하시는 제자'라는 말로 자신을 표현하는 것을 토대로, 많은 학자는 이 사람이 예수님의 제자 요한이라고 말한다. 또한 이 책의 기록자는 팔레스타인에 거주하는 유대인이었다는 점과 유대인의 절기에 대해 잘 알고 있다는 점, 예수 그리스도의 사건을 목격자의 관점에서 기록하고 있다는 점, 예수님의 제자 중 한 사람이라는 점 등을 고려해도 이 저자가 사도 요한임을 알 수 있다.

2. 기록 연대와 장소

일반적으로 많은 학자는 요한이 에베소에서 사역하던 때부터 성경을 쓰기 시작해서 밧모섬에 유배당하기 전까지 쓴 것으로 추정하고 있다. 그러므로 저작 연대는 A.D. 85년에서 90년경으로 본다.

3. 주제와 목적

요한은 이 글을 기록한 목적이 무엇인지를 분명하게 밝히고 있다. "오직 이것을 기록함은 너희로 예수께서 하나님의 아들 그리스도이심을 믿게 하려 함이요 또 너희로 믿고 그 이름을 힘입어 생명을 얻게 하려 함이니라"(요 20:31). 이 책은 모든 성경책 중에서 성육신하신 하나님 아들의 신성을 가장 확실하게 표현하고 있다. 예수 그리스도는 참 하나님이시며, 참 사람이시며, 우리를 구속하기 위해 이 땅에 오신 메시야이시다.

4. 내용 분해

<table>
<tr><th>초점</th><th>하나님 아들의
성육신
1:1–1:18</th><th>하나님 아들의
출현
1:19–4:54</th><th>하나님 아들을
배척함
5:1–12:50</th><th>하나님 아들의
제자들을 준비시킴
13:1–17:26</th><th>하나님 아들의
십자가형과 부활
18:1–21:25</th></tr>
<tr><td>구성</td><td>그리스도에 대한
소개
1:1–1:18</td><td>그리스도의
계시
1:19–4:54</td><td>그리스도를
배척
5:1–12:50</td><td>그리스도에게서
온 계시
13:1–17:26</td><td>그리스도를
배척
18:1–21:25</td></tr>
<tr><td rowspan="2">주제</td><td colspan="3">일곱 가지 기적</td><td>다락방 담화</td><td>최고의 기적</td></tr>
<tr><td colspan="3">믿게 하려 함</td><td colspan="2">생명을 얻게 하려 함</td></tr>
<tr><td>장소</td><td colspan="5">이스라엘</td></tr>
<tr><td>연대</td><td colspan="3">여러 해</td><td>여러 시간</td><td>여러 주</td></tr>
</table>

참조: 브루스 윌킨슨 · 케네스 보아 공저, 『한눈에 보는 성경』(p.650)

5. 말씀 묵상과 적용

1) 여러분은 진정으로 예수님께서 하나님이심을 믿고 그 믿음에 합당하게 살아갑니까?

2) 여러분이 예수님의 말씀을 순종하고 다른 사람들을 사랑함으로 그들이 여러분을 예수 그리스도의 제자로 인정합니까?

3) 여러분은 여러분을 위로하시고 도와주시며 모든 진리 가운데로 인도하시는 하나님의 성령을 의지합니까?

요한계시록

1. 저자

이 책의 문체와 구조 등을 볼 때, 한 저자가 기록했음을 알 수 있다. 이 책은 내용과 수신자인 일곱 교회의 이름 때문에 빠르게 유포됐으며, 2-3세기 기독교 작가들에 의해서도 자주 언급됐다. 요한계시록은 요한복음과 세 권의 요한 서신을 썼던 사도 요한의 저작으로 인정받았으며, 일찍이 신약 성경의 정경으로 받아들여졌다.

2. 기록 연대와 장소

요한은 로마 제국의 아시아 지역에 있던 일곱 교회에 이 예언의 말씀을 전하고 있다. 이 책은 기독교에 대한 로마의 박해가 공공연해질 즈음에 기록됐다. 요한이 밧모 섬에서 석방된 연대는 정확하지 않지만, 도미시안의 통치가 끝났을 때 에베소로 돌아가도록 허용됐을 것이다. 몇 구절들이 요한이 석방되기 전에 밧모 섬에서 이 책이 완성됐을 것이라는 주장을 뒷받침한다(계 1:11, 22:7, 9-10, 18-19).

3. 주제와 목적

이 책에 대한 여러 가지 해석과 주장이 있으나, 이 주장들의 공통점은 그리스도께서 당신과 성도들을 대항하던 모든 세력에 대해 최후 승리를 독자들에게 확신시키기 위해 이 책이 기록됐다는 점에 동의한다는 것이다. 당시 이 책의 독자들은 이미 핍박이 심한 어두운 시대에 살고 있었고, 이보다 훨씬 더 심한 핍박이 점점 다가오고 있었다. 따라서 이들은 의인과 악인들에 대한 하나님의 계획을 믿으면서 그리스도 안에서 굳건히 서서 인내하도록 격려받을 필요가 있었다.

4. 내용 분해

<table>
<tr><td>초점</td><td>내가 본 일
1:1-1:20</td><td>이제 있는 일
2:1-3:22</td><td colspan="5">장차 될 일
4:1-22:21</td></tr>
<tr><td>구성</td><td>주 예수
그리스도
1:1-1:20</td><td>일곱 교회
2:1-3:22</td><td>심판자
4:1-5:14</td><td>대환난
6:1-19:6</td><td>재림
19:7-19:21</td><td>천년 왕국
20:1-20:15</td><td>영원한 제국
21:1-22:21</td></tr>
<tr><td rowspan="2">주제</td><td colspan="2">그리스도의 계시</td><td colspan="5">성취의 계시</td></tr>
<tr><td>하나님의 현현</td><td>말씀</td><td colspan="2">대환난</td><td colspan="2">나팔절</td><td>연합</td></tr>
<tr><td>장소</td><td colspan="7">밧모 섬에서 기록됨</td></tr>
<tr><td>연대</td><td colspan="7">A.D. 약 95-96년</td></tr>
</table>

참조: 브루스 윌킨슨 · 케네스 보아 공저, 『한눈에 보는 성경』(p.964)

5. 말씀 묵상과 적용

1) 각 교회를 향한 하나님의 말씀을 보면서 여러분은 그 말씀이 오늘날의 교회를 향해 동일하게 주시는 말씀이라고 생각합니까? 2-3장에서 교회를 향해 말씀하신 예수님의 교훈을 되새겨 보고, 귀 있는 자들에게 성령님께서 말씀하시는 바를 주목해 보십시오.

2) 1-3장에서 예수 그리스도에 대해 배운 내용을 생각해 보고, 그분이 누구시며 어떤 분이신지 묵상하고 그분을 경배하는 시간을 가지십시오.

3) 요한일서 5:4-5과 요한계시록 2-3장에 따르면 여러분은 이기는 자입니까? 예수님께서 다시 오실 때 부끄럽지 않으려면 여러분은 앞으로 무엇을 행해야 합니까?

DATE

월 일 요일

생명과 빛 되신 그리스도

중심 단어

말씀, 하나님, 생명, 빛, 은혜, 진리, 예수 그리스도

주제별 목록 작성

예수 그리스도

1절: 태초에 계셨다/ 하나님과 함께 계셨다

3절: 만물을 창조하셨다

14절: 말씀이 육신이 되어 우리 가운데 거하셨다/ 영광을 보여 주셨다/ 은혜와 진리가 충만하셨다

15절: 요한이 증언하였다/ 요한의 뒤에 오셨지만 요한보다 먼저 계셨다

18절: 하나님 아버지 품 속에 있는 하나님을 나타내시는 독생하신 하나님이시다

도움말

1. **말씀(1절)**: '지혜롭게 말하는 능력' 혹은 '이성'을 뜻한다. 여기서는 지혜의 근본이시자 인격적인 분으로서, 성삼위(聖三位) 중 성자 예수님을 말한다.
2. **빛(4절)**: 단순히 물리적인 차원의 밝음이 아니라 영적이며 도덕적인 생명력의 근원이 되는 빛을 가리킨다. 이것이 예수님을 통해서만 참 진리에 이를 수 있는 이유다.

생명과 빛 되신 그리스도

그리스도께서 세상이 창조되기 전에 하나님과 함께 계셨다는 선언은 예수님의 영원성과 신성 그리고 하나님과의 친밀한 관계성을 잘 보여 줍니다(1–3절). 말씀 안에 생명과 빛이 있다는 것은 예수 그리스도만이 본질적으로 피조물의 "생명"과 "빛"이 되심을 의미합니다(4절). 빛이신 예수 그리스도께서 성육신하여 인간 역사에 들어오심으로 세상에는 소망의 빛이 비춰졌습니다(9절). 그러나 그 빛이 타락한 인간들의 죄악을 드러내자 사람들은 빛이신 그리스도를 알아보지 못하고 십자가에 못 박았습니다. 그들은 빛 앞에 여지없이 드러나는 자신들의 죄를 합리화하기 위해 영광의 주님을 인정하지도, 영접하지도 않았습니다(10–11절).

은혜와 진리 되신 그리스도

예수 그리스도 안에 나타난 하나님의 영광은 "은혜와 진리"(14절)였습니다. 은혜는 인간에게 값없이 베푸시는 하나님의 자비와 사랑이고, 진리는 언약에 충실하신 하나님의 성품이며 그리스도 자신입니다. 율법 아래서는 행위에 따라 축복이 주어지지만, 은혜 아래서는 값없는 선물로 축복이 주어집니다. 이 은혜와 진리는 오직 예수 그리스도로 말미암아 오는 것입니다(17절). 왜냐하면 은혜와 진리가 예수님 자신이시기 때문입니다. 하나님은 인간에 대한 사랑과 신령한 복을 당신의 '독생자'를 통해 보여 주셨습니다(18절). 하나님의 깊은 본성을 본 사람은 아무도 없지만, 우리는 예수 그리스도를 통해 하나님의 깊은 본성을 볼 수 있습니다.

오늘의 감사기도

1.

2.

3.

요한복음 1:1-18 찬송가: 251장(구 137장)

1태초에 말씀이 계시니라 이 말씀이 하나님과 함께 계셨으니 이
말씀은 곧 하나님이시니라 2그가 태초에 하나님과 함께 계셨고
3만물이 그로 말미암아 지은 바 되었으니 지은 것이 하나도 그
가 없이는 된 것이 없느니라 4그 안에 생명이 있었으니 이 생명
은 사람들의 빛이라 5빛이 어둠에 비치되 어둠이 깨닫지 못하더
라 6하나님께로부터 보내심을 받은 사람이 있으니 그의 이름은
요한이라 7그가 증언하러 왔으니 곧 빛에 대하여 증언하고 모든
사람이 자기로 말미암아 믿게 하려 함이라 8그는 이 빛이 아니
요 이 빛에 대하여 증언하러 온 자라 9참 빛 곧 세상에 와서 각
사람에게 비추는 빛이 있었나니 10그가 세상에 계셨으며 세상
은 그로 말미암아 지은 바 되었으되 세상이 그를 알지 못하였고
11자기 땅에 오매 자기 백성이 영접하지 아니하였으나 12영접하
는 자 곧 그 이름을 믿는 자들에게는 하나님의 자녀가 되는 권세
를 주셨으니 13이는 혈통으로나 육정으로나 사람의 뜻으로 나지
아니하고 오직 하나님께로부터 난 자들이니라 14말씀이 육신이
되어 우리 가운데 거하시매 우리가 그의 영광을 보니 아버지의
독생자의 영광이요 은혜와 진리가 충만하더라 15요한이 그에 대
하여 증언하여 외쳐 이르되 내가 전에 말하기를 내 뒤에 오시는
이가 나보다 앞선 것은 나보다 먼저 계심이라 한 것이 이 사람을
가리킴이라 하니라 16우리가 다 그의 충만한 데서 받으니 은혜
위에 은혜러라 17율법은 모세로 말미암아 주어진 것이요 은혜와
진리는 예수 그리스도로 말미암아 온 것이라 18본래 하나님을
본 사람이 없으되 아버지 품 속에 있는 독생하신 하나님이 나타
내셨느니라

본문 관찰

1. 본문에서 예수 그리스도에 대한 내용을 살펴보십시오(주제별 목록 작성 참조).

2. 어떻게 해야 하나님의 자녀가 될 수 있습니까(12-13절)?

3. 본문의 하나님은 어떤 분이십니까?

깊은 묵상

1. 여러분은 빛이신 예수님 앞에 죄가 드러날 때 어떻게 반응하고 있습니까?

2. 말씀 속에 나타난 예수 그리스도의 은혜와 진리를 묵상해 보십시오.

3. 오늘 여러분에게 주시는 특별한 말씀(깨달은 점, 느낀 점, 적용점 등)은 무엇입니까?

DATE

월 일 요일

광야의 외치는 소리

중심 단어

유대인, 요한, 증언, 그리스도, 세례

주제별 목록 작성

세례 요한

20절: 그리스도가 아니다

21절: 엘리야도 아니다

23절: 광야에서 외치는 자의 소리다

26절: 물로 세례를 베풀었다

도움말

1. **요한(19절)**: 제사장 사가랴의 아들이다. 그리스도의 길을 예비하기 위해 회개를 촉구하며 물로 세례를 베푼 구약 최후의 선지자다. 헤롯 안디바에 의해 살해된다.
2. **그리스도(20절)**: 예수님의 삼중직(三重職), 즉 왕, 선지자, 대제사장으로서의 직분을 강조한 성호(聖號)다.
3. **세례(25절)**: '잠그다'라는 뜻이다. 신약에 와서 '씻긴다' 혹은 '씻는다'로 자주 사용됐다. 그러나 세례를 받기 때문에 죄가 씻기는 것이 아니라 예수님의 피로 우리의 죄가 씻겨지는 것이다(딛 3:5).

겸손한 증거

광야에 외치는 자의 소리가 있었습니다. 그 소리는 "주의 길을 곧게 하라"(23절)는 것이었습니다. 이스라엘 백성은 로마의 속국이라는 굴레 때문에 참다운 예배의 기쁨을 잃어버린 채 냉랭한 상태에 빠져 있었습니다. 이런 그들에게 광야에서 외치는 소리는 그들의 삶과 영혼을 근본적으로 회복시켜 줄 구세주가 오실 것을 알리는 진리의 외침이었습니다. 그러나 바리새인들은 제사장과 레위인 조사단을 보내 요한의 정체에 대해 조사했습니다(19절). 세례 요한은 그들을 향해 솔직한 태도로 '나는 그리스도도 아니요 엘리야도 아니라'(20-23절)고 자신의 신분을 밝혔습니다. 그리고 자신은 뒤에 오시는 예수 그리스도의 신발끈을 푸는 것조차도 감당하지 못할 자라며 종으로서의 겸손함을 나타냈습니다(26-27절).

세례 요한의 확신

광야에서 고독하게 그리스도의 길을 예비하던 요한에게는 하나님께로부터 주어진 권위와 권능이 있었습니다. 자신의 영광을 취할 수도 있었던 그가 끝까지 흔들림 없이 자신의 직무에 충실할 수 있었던 이유는 무엇입니까? 그것은 요한이 자신을 바라보지 않고 하나님께서 요구하신 것을 바라봤기 때문입니다. 때때로 우리는 자기 과신과 높아지기 원하는 마음 때문에, 우리를 통해 나타내고자 하시는 하나님의 영광이 빛을 발하지 못하고 그리스도의 사역도 효과적으로 감당하지 못하는 경우가 있습니다. 세속적인 가치관과 인간적인 명예 그리고 야망에 대한 추구 등 우리의 관심이 개인적인 것에 머물러 있는 한 그리스도의 증거 사역은 이뤄지지 않습니다.

오늘의 감사기도

1.

2.

3.

요한복음 1:19-28 찬송가: 137장

19유대인들이 예루살렘에서 제사장들과 레위인들을 요한에게
보내어 네가 누구냐 물을 때에 요한의 증언이 이러하니라 20요
한이 드러내어 말하고 숨기지 아니하니 드러내어 하는 말이 나
는 그리스도가 아니라 한대 21또 묻되 그러면 누구냐 네가 엘리
야냐 이르되 나는 아니라 또 묻되 네가 그 선지자냐 대답하되 아
니라 22또 말하되 누구냐 우리를 보낸 이들에게 대답하게 하라
너는 네게 대하여 무엇이라 하느냐 23이르되 나는 선지자 이사
야의 말과 같이 주의 길을 곧게 하라고 광야에서 외치는 자의 소
리로라 하니라 24그들은 바리새인들이 보낸 자라 25또 물어 이
르되 네가 만일 그리스도도 아니요 엘리야도 아니요 그 선지자
도 아닐진대 어찌하여 세례를 베푸느냐 26요한이 대답하되 나는
물로 세례를 베풀거니와 너희 가운데 너희가 알지 못하는 한 사
람이 섰으니 27곧 내 뒤에 오시는 그이라 나는 그의 신발끈을 풀
기도 감당하지 못하겠노라 하더라 28이 일은 요한이 세례 베풀
던 곳 요단 강 건너편 베다니에서 일어난 일이니라

본문 관찰

1. 본문에서 세례 요한에 대한 내용을 살펴보십시오(주제별 목록 작성 참조).

2. 요한은 세례를 주는 자신의 정체가 무엇인지를 묻는 바리새인들에게 어떻게 대답합니까(23절)?

3. 본문의 하나님은 어떤 분이십니까?

깊은 묵상

1. 여러분이 증거하고 싶은 그리스도는 어떤 분이십니까?

2. 여러분은 세례 요한처럼 겸손하고 신실하게 그리스도를 선포하고 있는지 돌아보십시오.

3. 오늘 여러분에게 주시는 특별한 말씀(깨달은 점, 느낀 점, 적용점 등)은 무엇입니까?

DATE

월 일 요일

하나님의 어린 양

중심 단어

요한, 예수, 세례, 성령, 하나님의 아들

주제별 목록 작성

예수 그리스도

29절: 세상 죄를 지고 가는 하나님의 어린 양이다

31절: 요한이 이스라엘에 나타내려는 분이시다

32절: 성령이 비둘기 같이 하늘로부터 내려와서 그의 위에 머물렀다

33절: 성령으로 세례를 베푸신다

34절: 하나님의 아들이심을 요한이 증언한 분이시다

도움말

1. **하나님의 어린 양(29절)**: 하나님께서 친히 인류의 속죄 제물로 준비하신 존재로서, 곧 예수 그리스도를 가리킨다(사 53:7).
2. **나도 그를 알지 못하였으나(33절)**: 세례 요한이 다른 사람들보다 탁월하지 않다는 것을 나타낸다. 예수님을 아는 길은 성령의 역사밖에 없다.

성령의 역사

요한은 "성령이 내려서 누구 위에든지 머무는 것을 보거든 그가 곧 성령으로 세례를 베푸는 이인 줄 알라"(33절)는 하나님의 명령을 들었습니다. 그리고 요한은 성령이 비둘기 같이 내려서 예수님의 머리 위에 머무는 것을 봤습니다(32절). 이는 하나님께서 요한에게 하나님의 비밀을 열어 보이신 사건입니다. 요한은 성령님의 감화와 하나님의 명령을 따라 그리스도에 대해 말했습니다. 이 때문에 그는 예수님께서 자신에게 물로 세례받으러 오실 때, 확신에 찬 목소리로 "보라 세상 죄를 지고 가는 하나님의 어린 양이로다"(29절)라고 말할 수 있었던 것입니다. 요한은 특히 '하나님의 어린 양'이라는 표현을 통해 예수님의 대속의 죽음과 구원이라는 복음의 핵심을 강조하고 있습니다.

성령의 확증

성령이 비둘기 같이 하늘로부터 내려와서 예수님 위에 머물렀던 모습은 인간이 인식할 수 있는 방법으로 성령을 보여 주시기 위한 하나의 상징입니다(32절). 성령님은 우리가 분별할 수 있는 방법으로 행하셔서 우리를 무지에서 앎으로 인도하시며 은혜의 자리로 초대하십니다. 성령님은 우리의 깨달음과 확신을 위해 보내심을 받으셨습니다(33절). 그러므로 우리가 하나님의 뜻을 분별하려고 할 때, 진리에 기초하지 않는다면 혼란만 더하게 될 것입니다. 그리스도의 주 되심은 성령님께서 알게 해 주시는 것입니다. 또한 성령님은 우리가 그리스도인의 모습으로 어떻게 살아야 할지를 알려 주십니다. 우리는 진리 안에 거하기 위해 성령님의 도우심을 간구해야 합니다. 하나님은 모든 충만한 은사가 그리스도 안에 있음을 깨닫게 하시기 위해 성령으로 역사하시기 때문입니다.

오늘의 감사기도

1.
2.
3.

요한복음 1:29-34 찬송가: 185장(구 179장)

29이튿날 요한이 예수께서 자기에게 나아오심을 보고 이르되 보
라 세상 죄를 지고 가는 하나님의 어린 양이로다 30내가 전에 말
하기를 내 뒤에 오는 사람이 있는데 나보다 앞선 것은 그가 나보
다 먼저 계심이라 한 것이 이 사람을 가리킴이라 31나도 그를 알
지 못하였으나 내가 와서 물로 세례를 베푸는 것은 그를 이스라
엘에 나타내려 함이라 하니라 32요한이 또 증언하여 이르되 내
가 보매 성령이 비둘기 같이 하늘로부터 내려와서 그의 위에 머
물렀더라 33나도 그를 알지 못하였으나 나를 보내어 물로 세례
를 베풀라 하신 그이가 나에게 말씀하시되 성령이 내려서 누구
위에든지 머무는 것을 보거든 그가 곧 성령으로 세례를 베푸는
이인 줄 알라 하셨기에 34내가 보고 그가 하나님의 아들이심을
증언하였노라 하니라

본문 관찰

1. 본문에서 예수 그리스도에 대한 내용을 살펴보십시오(주제별 목록 작성 참조).

2. 세례 요한이 예수님에 대해 확신에 찬 증거를 할 수 있었던 이유는 무엇입니까(32-33절)?

3. 본문의 하나님은 어떤 분이십니까?

깊은 묵상

1. 여러분은 매일의 삶 속에서 성령님의 음성에 집중하기 위해 어떤 노력을 하고 있습니까?

2. 성령님께서 예수 그리스도에 대해 여러분에게 깨닫게 하신 것은 무엇인지 묵상해 보십시오.

3. 오늘 여러분에게 주시는 특별한 말씀(깨달은 점, 느낀 점, 적용점 등)은 무엇입니까?

DATE

월 일 요일

요한의 두 제자

중심 단어

예수, 시몬, 안드레, 메시야, 게바

주제별 목록 작성

요한의 두 제자

35절: 요한의 제자 중 두 사람이다

37절: 요한의 증언을 듣고 예수를 따랐다

38절: 무엇을 구하느냐는 예수의 물음에 예수께서 계신 곳을 물었다

39절: 예수께서 계신 곳에서 거하였다

40절: 한 사람의 이름은 시몬 베드로의 형제 안드레다

41절: 안드레가 형제 시몬에게 메시야를 만났음을 증거하였다

42절: 시몬을 데리고 예수께로 왔다

도움말

1. **랍비(38절)**: '선생'이라는 뜻이다. 유대 회당에서 율법 선생을 부를 때 사용된 극존칭이다. '랍오니'로도 번역된다.
2. **메시야(41절)**: '기름 부음 받은 자, 임직을 수여받은 자'라는 뜻으로, 헬라어의 '그리스도'와 같은 의미다.
3. **게바(42절)**: '바위'라는 뜻의 아람어다. 제자가 된 베드로에게 예수님께서 주신 이름이다. 헬라식으로는 '페트로스'(베드로)며, 베드로의 원래 히브리 이름은 '시몬'이다.

그리스도와의 만남

요한의 제자였던 두 사람은 예수님께서 하나님의 어린 양이시라는 요한의 선언을 듣고 예수님을 따랐습니다(35–37절). 예수님께서 그들에게 "무엇을 구하느냐"(38절)라고 물으셨을 때 요한의 제자들은 '무엇'을 구한 것이 아니라 예수님께서 계신 곳을 물었습니다(38절). 예수님을 알기 원했던 그들의 열망과 노력은 마침내 예수 그리스도를 알게 되는 감격적인 결과로 나타났고(39절), 그것은 곧 복음 전파로 이어졌습니다(41절). 이제 예수님을 따르게 된 안드레는 그의 형제 시몬 베드로를 찾아가서 자신이 메시야를 만난 경이로움과 기쁨을 전하며 그를 예수님께로 이끌었습니다. 이미 시몬을 알고 계셨던 주님은 시몬에게 장차 "게바라 하리라"(42절)고 하시며 새 이름을 주셨습니다. 이는 시몬이 예수님께 새로운 사명을 받게 될 것을 예고합니다.

그리스도와의 사귐

우리는 세상의 다양한 것들을 구하며 살아갑니다. 그러나 예수님께서 어디에 머무시는지, 그분을 어디에서 찾을 수 있는지 아는 것보다 더 중요한 일은 없습니다. 그분과 함께 거하기 원하고 그분과의 사귐을 기뻐하는 자에게 그리스도는 당신의 비밀을 계시해 주십니다. 진정한 제자는 스승과의 진실한 교제를 통해 깨달음과 실천할 힘을 얻습니다. 예수 그리스도를 좇는 목적이 자신의 문제 해결이나 명예 혹은 권력이나 부를 추구하기 위한 것이라면, 분명 그리스도와 함께 거하는 삶에 만족하지 못할 것입니다. 우리는 그리스도를 가장 귀히 여기고 그분을 기뻐하는 자에게 하나님 나라의 영광스러운 직무가 주어진다는 것을 기억해야 합니다.

오늘의 감사기도

1.
2.
3.

요한복음 1:35-42 찬송가: 324장(구 360장)

35또 이튿날 요한이 자기 제자 중 두 사람과 함께 섰다가 36예수
께서 거니심을 보고 말하되 보라 하나님의 어린 양이로다 37두
제자가 그의 말을 듣고 예수를 따르거늘 38예수께서 돌이켜 그
따르는 것을 보시고 물어 이르시되 무엇을 구하느냐 이르되 랍
비여 어디 계시오니이까 하니 (랍비는 번역하면 선생이라) 39예
수께서 이르시되 와서 보라 그러므로 그들이 가서 계신 데를 보
고 그 날 함께 거하니 때가 열 시쯤 되었더라 40요한의 말을 듣
고 예수를 따르는 두 사람 중의 하나는 시몬 베드로의 형제 안드
레라 41그가 먼저 자기의 형제 시몬을 찾아 말하되 우리가 메시
야를 만났다 하고 (메시야는 번역하면 그리스도라) 42데리고 예
수께로 오니 예수께서 보시고 이르시되 네가 요한의 아들 시몬
이니 장차 게바라 하리라 하시니라 (게바는 번역하면 베드로라)

본문 관찰

1. 본문에서 요한의 두 제자에 대한 내용을 살펴보십시오(주제별 목록 작성 참조).

2. 안드레는 예수님을 만난 후 자기의 형제 시몬에게 누구를 만났다고 전합니까(41절)?

3. 본문의 하나님은 어떤 분이십니까?

깊은 묵상

1. 여러분이 진정한 그리스도의 제자가 되기 위해 결단해야 할 것들은 무엇입니까?

2. 예수님께서 여러분에게 주신 사명은 무엇인지 생각해 보십시오.

3. 오늘 여러분에게 주시는 특별한 말씀(깨달은 점, 느낀 점, 적용점 등)은 무엇입니까?

DATE

월 일 요일

하나님의 아들

중심 단어

예수, 빌립, 나다나엘, 하나님의 아들, 더 큰 일

주제별 목록 작성

예수 그리스도

43절: 갈릴리로 나가시다가 빌립을 제자로 부르셨다

45절: 율법에 기록하였고 선지자들이 기록한 분이시다/ 요셉의 아들이시다/ 나사렛 사람이시다

47절: 사람의 깊은 속까지 아신다

49절: 하나님의 아들이시다/ 이스라엘의 임금이시다

51절: 나다나엘에게 예언하셨다/ 인자이시다

도움말

1. **나를 따르라(43절):** '나를 따라오너라'와 '나를 본받으라'는 의미가 동시에 들어 있다.
2. **벳새다(44절):** 히브리어 '베트차이드'(어부의 집)의 헬라식 지명이다. 갈릴리 호수 북동쪽 1.6km 지점의 마을이며, 베드로, 안드레, 빌립의 고향이다.

선입견을 뛰어넘는 믿음

빌립은 나다나엘을 찾아가서 율법책에 기록된 그리스도를 설명해 보려고 했습니다. 하지만 비천한 지역인 나사렛에서 선한 것이 나올 수 없을 것이라는 나다나엘의 선입견에 부딪히게 됩니다(46절). 그러자 빌립은 나다나엘을 초청해 그로 하여금 예수님을 직접 만나 보게 했습니다. 뭇 사람의 마음을 꿰뚫어 보시는 주님은 나다나엘의 진실성을 보시고 그가 속에 간사한 것이 없는 참 이스라엘 사람이라고 말씀하셨습니다(47절). 나다나엘은 예수님께서 무화과나무 아래에 있었던 자신을 이미 보고 계셨던 것을 알게 되자 주님의 전지하심을 깨달았습니다. 그리고 예수님께서 하나님의 아들이시며 이스라엘의 임금이심을 고백했습니다(48-49절).

소망이신 그리스도

만일 우리가 주님의 불꽃 같은 눈동자 앞에 선다면, 우리의 폐부까지 살피시고 마음속을 모두 꿰뚫어 보시는 주님 앞에 엎드러질 수밖에 없을 것입니다. 주님 앞에서는 감춰진 모든 것이 밝히 드러나고 정확하게 판단받습니다. 주님은 나다나엘을 만나기도 전에 무화과나무 아래에 있는 그의 모습을 모두 알고 계셨습니다. 이처럼 주님은 우리의 묵상과 은밀한 기도의 내용을 알고 계시며 그것을 기억해 주십니다. 또한 우리의 소망, 기다림, 고민 등 그 모든 해답의 열쇠를 갖고 계십니다. 예수님께서 부르시는 자리로 나아가기만 하면, 우리는 자신의 한계를 뛰어넘어 하나님의 큰일에 참여하게 될 것입니다.

오늘의 감사기도

1.

2.

3.

요한복음 1:43-51 찬송가: 325장(구 359장)

43이튿날 예수께서 갈릴리로 나가려 하시다가 빌립을 만나 이르
시되 나를 따르라 하시니 44빌립은 안드레와 베드로와 한 동네
벳새다 사람이라 45빌립이 나다나엘을 찾아 이르되 모세가 율법
에 기록하였고 여러 선지자가 기록한 그이를 우리가 만났으니
요셉의 아들 나사렛 예수니라 46나다나엘이 이르되 나사렛에서
무슨 선한 것이 날 수 있느냐 빌립이 이르되 와서 보라 하니라
47예수께서 나다나엘이 자기에게 오는 것을 보시고 그를 가리켜
이르시되 보라 이는 참으로 이스라엘 사람이라 그 속에 간사한
것이 없도다 48나다나엘이 이르되 어떻게 나를 아시나이까 예수
께서 대답하여 이르시되 빌립이 너를 부르기 전에 네가 무화과
나무 아래에 있을 때에 보았노라 49나다나엘이 대답하되 랍비여
당신은 하나님의 아들이시요 당신은 이스라엘의 임금이로소이
다 50예수께서 대답하여 이르시되 내가 너를 무화과나무 아래에
서 보았다 하므로 믿느냐 이보다 더 큰 일을 보리라 51또 이르시
되 진실로 진실로 너희에게 이르노니 하늘이 열리고 하나님의
사자들이 인자 위에 오르락 내리락 하는 것을 보리라 하시니라

본문 관찰

1. 본문에서 예수 그리스도에 대한 내용을 살펴보십시오(주제별 목록 작성 참조).

2. 빌립은 나다나엘을 어떻게 전도했습니까(45-46절)?

3. 본문의 하나님은 어떤 분이십니까?

깊은 묵상

1. 여러분은 신앙의 선입견을 버리기 위해 어떤 노력을 하고 있습니까?

2. 여러분이 전도해야 할 사람의 이름을 적어 보고, 그를 위해 기도할 제목을 떠올려 보십시오.

3. 오늘 여러분에게 주시는 특별한 말씀(깨달은 점, 느낀 점, 적용점 등)은 무엇입니까?

DATE

월 일 요일

예수님의 첫 표적

중심 단어

혼례, 예수의 어머니, 예수, 포도주, 표적

주제별 목록 작성

예수 그리스도

1-2절: 가나에 혼례가 있어 잔치에 초대 받으셨다

4절: 표적을 행할 때가 아니라고 하셨다

5절 말씀대로 순종하면 이루어 주신다

7절: 항아리에 물을 채우게 하셨다

8절: 연회장에게 갖다 주라고 명하셨다

9절: 물로 포도주를 만드셨다

11절: 표적으로 영광을 나타내셨다/ 제자들이 믿고 따랐다

도움말

1. **유대인의 정결 예식(6절):** 여기서는 유대인들이 식사 전후에 손을 씻는 정결 예식을 말한다.

예수님의 첫 표적

예수님은 혼인 잔치에서 어머니의 부탁에 당신의 때가 아직 이르지 않았음을 말씀하셨습니다(4절). 4절의 "내 때"는 수난의 때로서 표적을 통해 그분의 메시야성이 나타날 때를 말합니다. 또한 고난을 통해 아버지께로 돌아갈 때를 말합니다. 예수님은 아직 때가 이르지 않았지만 가나에서 열린 혼인 잔치에서 첫 표적을 보여 주셨습니다. 물로 포도주를 만드는 기적을 보이신 것입니다. 그것은 마리아의 믿음과 하인들의 무조건적인 순종으로 일어난 표적이었습니다.

새 시대의 기쁨

유대의 속담 중에는 장차 메시야가 도래하면 풍성한 포도주가 흘러넘칠 것이라는 속담이 있습니다. 이것은 구약의 묵시문학적인 예언들에 그 뿌리를 내리고 있습니다(욜 3:18; 암 9:13). 여섯 개의 돌항아리 속에 담겨 있던 물은 정결수로서 유대인들도 지키기 어려운 형식적인 예식을 상징합니다(6절). 예수님은 바로 이 물을 새 포도주로 바꾸셔서 모든 사람이 기쁨과 즐거움을 누리도록 하셨습니다. 이는 천국 잔치의 실상을 미리 누리는 것이며, 이 땅 위에 율법의 시대가 가고 새 시대의 자유와 충만한 기쁨이 왔음을 나타내는 것입니다. 예수 그리스도를 인격적으로 만난 사람은 누구나 변화를 체험하고 풍성한 삶을 누리게 됩니다. 예수님은 진정한 포도주의 기쁨을 선물하심으로써 아버지의 놀라운 영광을 나타내셨습니다(11절).

오늘의 감사기도

1.
2.
3.

요한복음 2:1-12 찬송가: 136장

1사흘째 되던 날 갈릴리 가나에 혼례가 있어 예수의 어머니도 거
기 계시고 2예수와 그 제자들도 혼례에 청함을 받았더니 3포도
주가 떨어진지라 예수의 어머니가 예수에게 이르되 저들에게
포도주가 없다 하니 4예수께서 이르시되 여자여 나와 무슨 상관
이 있나이까 내 때가 아직 이르지 아니하였나이다 5그의 어머니
가 하인들에게 이르되 너희에게 무슨 말씀을 하시든지 그대로
하라 하니라 6거기에 유대인의 정결 예식을 따라 두세 통 드는
돌항아리 여섯이 놓였는지라 7예수께서 그들에게 이르시되 항
아리에 물을 채우라 하신즉 아귀까지 채우니 8이제는 떠서 연회
장에게 갖다 주라 하시매 갖다 주었더니 9연회장은 물로 된 포
도주를 맛보고도 어디서 났는지 알지 못하되 물 떠온 하인들은
알더라 연회장이 신랑을 불러 10말하되 사람마다 먼저 좋은 포
도주를 내고 취한 후에 낮은 것을 내거늘 그대는 지금까지 좋은
포도주를 두었도다 하니라 11예수께서 이 첫 표적을 갈릴리 가나
에서 행하여 그의 영광을 나타내시매 제자들이 그를 믿으니라
12그 후에 예수께서 그 어머니와 형제들과 제자들과 함께 가버
나움으로 내려가셨으나 거기에 여러 날 계시지는 아니하시니라

본문 관찰

1. 본문에서 예수 그리스도에 대한 내용을 살펴보십시오(주제별 목록 작성 참조).

2. 잔칫집에 포도주가 떨어졌다는 사실을 예수님께 알린 사람은 누구입니까(3절)?

3. 본문의 하나님은 어떤 분이십니까?

깊은 묵상

1. 여러분의 삶 속에서 물(문제)과 포도주(문제 해결)는 무엇입니까?

2. 여러분은 천국의 기쁨을 누리며 살아가고 있는지 돌아보십시오.

3. 오늘 여러분에게 주시는 특별한 말씀(깨달은 점, 느낀 점, 적용점 등)은 무엇입니까?

DATE

월 일 요일

참 성전이신 그리스도

중심 단어

예수, 예루살렘, 성전, 표적

주제별 목록 작성

예수 그리스도

13절: 유월절 전에 예루살렘으로 올라가셨다

14-16절: 성전에서 장사하는 무리를 쫓아내셨다

19절: 표적을 요구하는 유대인들에게 성전을 헐면 사흘 동안에 일으키겠다고 하셨다

24절: 사람에게 의탁하지 아니하셨다

25절: 사람의 속에 있는 것을 아셨다

도움말

1. **돈 바꾸는 사람(15절):** '환전상'이라는 뜻이다. 당시 성전에는 생명의 속전을 낼 수 있도록 헬라나 로마 돈을 유대 화폐로 교환해 주면서 시세 차액을 착복하는 악덕 환전상들이 있었다.
2. **성전(21절):** 성전 중에서 특별히 하나님의 임재 처소인 지성소를 말한다. 14절의 성전과는 원어상 차이가 있다. 여기서는 영적으로 참 성전이신 예수님의 몸을 상징한다.

거룩한 성전

예수님께서 성전에 올라가셨을 때, 성전 안에는 소와 양과 비둘기를 파는 상인들이 앉아 있었습니다(13-14절). 하나님의 거룩한 성전이 장사꾼들의 욕심이 채워지는 곳으로 변질된 것입니다. 성전의 부패는 곧 하나님 아버지에 대한 모독이었습니다. 이 모습을 보신 예수님은 거룩한 분노로 그들을 모두 성전에서 내쫓으셨습니다(15-16절). 유대인들은 이런 예수님께 표적을 구했습니다. 그러자 예수님은 "이 성전을 헐라 내가 사흘 동안에 일으키리라"(19절)고 대답하셨습니다. 유대인들은 예수님의 메시야적인 권위를 인정하지 못해서 그분을 십자가에 못 박아 죽였으나, 예수님은 삼 일 만에 부활하심으로 당신의 참 성전 되심을 확증하셨습니다. 구약의 성전은 참 성전이신 예수님의 모형이었으며, 이제 예수님께서 새로운 성전으로 서시는 새로운 시대가 도래했습니다.

거룩하신 그리스도

교회가 예수 그리스도와 진리의 말씀보다 외적인 도구나 수단을 더 중요시할 때, 교회는 참모습을 잃으며 예배 또한 그 의미를 잃게 됩니다. 하나님의 은혜로 세워진 교회가 복음의 진리보다 세상의 물질과 권위 혹은 전통을 앞세울 때, 부패하고 세속화되는 것은 당연한 일입니다. 교회는 그리스도를 힘입지 않으면 세속적인 문화와 물질주의라는 거대한 흐름을 거슬러 그리스도인으로서의 생명력 있는 삶을 사는 것이 불가능합니다. 오직 예수님을 내 삶의 주인으로 모실 때만이 그리스도의 생명이 흐르는 능력의 삶을 살 수 있는 것입니다. 그러므로 우리는 새로운 성전으로 오셔서 우리와 함께 거하시는 예수님 앞에 거룩함과 순수한 신앙으로 나아가야 합니다.

오늘의 감사기도

1.
2.
3.

요한복음 2:13-25 찬송가: 208장(구 246장)

13유대인의 유월절이 가까운지라 예수께서 예루살렘으로 올라
가셨더니 14성전 안에서 소와 양과 비둘기 파는 사람들과 돈 바
꾸는 사람들이 앉아 있는 것을 보시고 15노끈으로 채찍을 만드
사 양이나 소를 다 성전에서 내쫓으시고 돈 바꾸는 사람들의 돈
을 쏟으시며 상을 엎으시고 16비둘기 파는 사람들에게 이르시되
이것을 여기서 가져가라 내 아버지의 집으로 장사하는 집을 만
들지 말라 하시니 17제자들이 성경 말씀에 주의 전을 사모하는
열심이 나를 삼키리라 한 것을 기억하더라 18이에 유대인들이
대답하여 예수께 말하기를 네가 이런 일을 행하니 무슨 표적을
우리에게 보이겠느냐 19예수께서 대답하여 이르시되 너희가 이
성전을 헐라 내가 사흘 동안에 일으키리라 20유대인들이 이르
되 이 성전은 사십육 년 동안에 지었거늘 네가 삼 일 동안에 일
으키겠느냐 하더라 21그러나 예수는 성전된 자기 육체를 가리켜
말씀하신 것이라 22죽은 자 가운데서 살아나신 후에야 제자들이
이 말씀하신 것을 기억하고 성경과 예수께서 하신 말씀을 믿었
더라 23유월절에 예수께서 예루살렘에 계시니 많은 사람이 그의
행하시는 표적을 보고 그의 이름을 믿었으나 24예수는 그의 몸
을 그들에게 의탁하지 아니하셨으니 이는 친히 모든 사람을 아
심이요 25또 사람에 대하여 누구의 증언도 받으실 필요가 없었
으니 이는 그가 친히 사람의 속에 있는 것을 아셨음이니라

본문 관찰

1. 본문에서 예수 그리스도에 대한 내용을 살펴보십시오(주제별 목록 작성 참조).

2. 예수님은 성전을 무너뜨리고 다시 세우는 것을 어떤 의미로 말씀하셨습니까(19-22절, 메시지 참조)?

3. 본문의 하나님은 어떤 분이십니까?

깊은 묵상

1. 여러분은 교회의 세속적인 모습이나 물질 만능주의로 부패한 모습을 마주할 때, 무엇을 느낍니까?

2. 여러분은 자신이 그리스도 안에서 지어져 가는 성전이라는 사실을 늘 기억하며 살고 있는지 돌아보십시오.

3. 오늘 여러분에게 주시는 특별한 말씀(깨달은 점, 느낀 점, 적용점 등)은 무엇입니까?

DATE

월 일 요일

거듭남의 원리

중심 단어

니고데모, 예수, 하나님의 나라, 영생, 사랑, 빛

주제별 목록 작성

거듭남

3절: 거듭나지 아니하면 하나님의 나라를 볼 수 없다

5절: 물과 성령으로 나는 것이다

8절: 성령으로 난 사람만이 깨달을 수 있다

15절: 예수 그리스도를 믿는 자에게 영생을 주신다

도움말

1. **니고데모(1절):** '승리자'라는 뜻이다. 예수 그리스도께 중생의 가르침을 받고 제자가 된 바리새 출신 부자다. 후에 아리마대 요셉과 함께 예수님을 장사지낸다.
2. **하나님의 나라(3절):** '하나님의 통치가 실현되는 지금의 모든 영역'(현재성)이라는 개념과 더불어 '장차 완성될 영원한 나라'(미래성)라는 두 개념이 함께 함축돼 있다.
3. **정죄(19절):** '분리, 구분'이라는 뜻이다. 재판정에서 옳고 그름을 가려 심판을 선고하는 것이다. 여기서는 '죄인으로 규정되는 근거'를 의미한다.

니고데모의 종교적 열심

거듭남은 인간의 탁월한 지식이나 경험 혹은 노력으로 되는 것이 아닙니다. 종교적 열심이 있었던 니고데모는 당시 유대 사회에서 학문과 덕을 겸비한 상류층 지도자이며, 산헤드린 공회 의원이었습니다. 그는 예수님께 "당신은 하나님께로부터 오신 선생인 줄 아나이다"(2절)라고 고백할 만큼 예수님의 신적 권위를 인정했습니다. 하지만 그는 거듭나지 못한 상태였고, 하나님의 나라에 대해서도 눈을 뜨지 못했습니다. 니고데모가 거듭남의 개념을 영적으로 이해하지 못하고 육적으로 해석해서 두 번째 모태에 들어갔다가 나오는 것으로 이해할 때, 예수님은 물과 성령으로 거듭나야 한다고 말씀하셨습니다(4-6절). 거듭난다는 것은 죄를 회개하고 하나님의 말씀과 성령으로 새롭게 태어남을 의미합니다.

하나님의 사랑

하나님께서 인간에게 주신 사랑은 큰 반면, 인간은 너무 어리석어서 주님의 사랑을 깨닫지 못했습니다. 그러나 측량할 수 없는 하나님의 사랑이 십자가를 통해 나타났고, 인간은 그 사랑의 한 부분을 깨닫게 됐습니다. 하나님은 우리로 하여금 멸망하지 않고 영생에 들어가도록 아들을 보내 주셨고, 그 아들을 믿는 자마다 구원받게 하셨습니다(16절). 하나님께서 사랑하는 아들을 이 세상에 보내신 목적은 심판 때문이 아니라 우리를 구원하시기 위해서였습니다(17절). 그러나 믿지 않는 자들은 그들의 행위가 악하여 빛보다 어둠, 즉 죄를 더 사랑하기 때문에 하나님의 정죄(심판) 아래 있습니다(18-20절). 우리는 예수님께서 십자가에 돌아가신 것이 타락한 인간을 회복시키시기 위한 하나님의 사랑 때문임을 기억해야 합니다.

오늘의 감사기도

1.
2.
3.

요한복음 3:1-21 찬송가: 224장

1그런데 바리새인 중에 니고데모라 하는 사람이 있으니 유대인
의 지도자라 2그가 밤에 예수께 와서 이르되 랍비여 우리가 당
신은 하나님께로부터 오신 선생인 줄 아나이다 하나님이 함께
하시지 아니하시면 당신이 행하시는 이 표적을 아무도 할 수 없
음이니이다 3예수께서 대답하여 이르시되 진실로 진실로 네게
이르노니 사람이 거듭나지 아니하면 하나님의 나라를 볼 수 없
느니라 4니고데모가 이르되 사람이 늙으면 어떻게 날 수 있사옵
나이까 두 번째 모태에 들어갔다가 날 수 있사옵나이까 5예수께
서 대답하시되 진실로 진실로 네게 이르노니 사람이 물과 성령
으로 나지 아니하면 하나님의 나라에 들어갈 수 없느니라 6육으
로 난 것은 육이요 영으로 난 것은 영이니 7내가 네게 거듭나야
하겠다 하는 말을 놀랍게 여기지 말라 8바람이 임의로 불매 네
가 그 소리는 들어도 어디서 와서 어디로 가는지 알지 못하나니
성령으로 난 사람도 다 그러하니라 9니고데모가 대답하여 이르
되 어찌 그러한 일이 있을 수 있나이까 10예수께서 그에게 대답
하여 이르시되 너는 이스라엘의 선생으로서 이러한 것들을 알
지 못하느냐 11진실로 진실로 네게 이르노니 우리는 아는 것을
말하고 본 것을 증언하노라 그러나 너희가 우리의 증언을 받지
아니하는도다 12내가 땅의 일을 말하여도 너희가 믿지 아니하거
든 하물며 하늘의 일을 말하면 어떻게 믿겠느냐 13하늘에서 내
려온 자 곧 인자 외에는 하늘에 올라간 자가 없느니라 14모세가
광야에서 뱀을 든 것 같이 인자도 들려야 하리니 15이는 그를 믿
는 자마다 영생을 얻게 하려 하심이니라 16하나님이 세상을 이
처럼 사랑하사 독생자를 주셨으니 이는 그를 믿는 자마다 멸망
하지 않고 영생을 얻게 하려 하심이라 17하나님이 그 아들을 세
상에 보내신 것은 세상을 심판하려 하심이 아니요 그로 말미암
아 세상이 구원을 받게 하려 하심이라 18그를 믿는 자는 심판을
받지 아니하는 것이요 믿지 아니하는 자는 하나님의 독생자의
이름을 믿지 아니하므로 벌써 심판을 받은 것이니라 19그 정죄
는 이것이니 곧 빛이 세상에 왔으되 사람들이 자기 행위가 악하
므로 빛보다 어둠을 더 사랑한 것이니라 20악을 행하는 자마다
빛을 미워하여 빛으로 오지 아니하나니 이는 그 행위가 드러날
까 함이요 21진리를 따르는 자는 빛으로 오나니 이는 그 행위가
하나님 안에서 행한 것임을 나타내려 함이라 하시니라

본문 관찰

1. 본문에서 거듭남에 대한 내용을 살펴 보십시오(주제별 목록 작성 참조).

2. 예수님께서 세상을 구원하러 오셨음에도 사람들이 심판받게 된 이유는 무엇입니까(18-20절)?

3. 본문의 하나님은 어떤 분이십니까?

깊은 묵상

1. 여러분은 거듭나는 삶을 살기 위해 어떤 노력을 하고 있습니까?

2. 예수님을 보내 주시기까지 우리를 사랑하신 하나님의 사랑을 묵상해 보십시오.

3. 오늘 여러분에게 주시는 특별한 말씀(깨달은 점, 느낀 점, 적용점 등)은 무엇입니까?

DATE

월 일 요일

세례 요한의 겸손

중심 단어

예수, 세례, 요한, 신랑, 친구, 기쁨

주제별 목록 작성

세례 요한의 마지막 증언

27절: 하늘에서 주신 바 아니면 사람이 아무 것도 받을 수 없다

28절: 자신은 그리스도가 아니라 그의 앞에 보내심을 받은 자다

29절: 자신은 신랑의 음성을 들음으로 크게 기뻐하는 신랑의 친구나 다름없다

30절: 그리스도는 흥하여야 하고 자신은 쇠하여야 한다

도움말

1. **신랑의 음성을 듣는 친구(29절)**: 유대 풍속에 따르면 신랑의 친구는 신랑의 들러리로서 결혼 의식을 주관하고, 신부와 신랑의 연락자로서 신부를 신랑에게로 인도해 주는 역할을 한다.
2. **충만하였노라(29절)**: 주체할 수 없이 넘치는 기쁨을 뜻한다.
3. **그의 증언을 받는… 인쳤느니라(33절)**: 그분의 증거를 받아들인 사람은 하나님께서 참되신 분임을 인정했다는 의미다.

세례 요한의 충만한 기쁨

요한의 제자들은 요한을 따르던 많은 사람이 예수님께로 몰려가는 것을 질투의 눈으로 바라봤습니다(26절). 그러나 요한은 그리스도 앞에 보내심을 받은 증거자로서의 소명에 대해 흔들리지 않았습니다(28절). 요한은 그리스도께서 신랑 되시며 자신은 신랑의 들러리라는 사실을 잘 알고 있었습니다. 따라서 그는 세상적인 명예나 성공, 쾌락에서 기쁨을 얻는 것이 아니라 다른 사람들을 예수님께로 인도하여 구원을 얻게 하는 데서 충만한 기쁨을 누리며 만족했습니다(29절). 세례 요한은 예수 그리스도께 모든 존귀와 영광이 돌아가기를 바라며 "그는 흥하여야 하겠고 나는 쇠하여야 하리라"(30절)고 말했습니다. 세례 요한의 겸손한 모습은 증인이 어떤 자세와 태도를 가져야 하는지를 잘 보여 줍니다.

낮은 자를 높이시는 하나님

그리스도야말로 보고 들은 것을 증거하는 하나님의 완전한 증인이십니다. 그분의 증거가 믿을 만한 이유는 하나님께서 예수님께 성령을 부어 주셨기 때문이며(34절), 그분이 바로 위로부터 오시는 이, 곧 성육신하신 하나님이시기 때문입니다. 모든 가치관과 행위의 기준이 하나님의 주권을 바르게 인식하고 그분의 속성을 아는 데 있지 않다면, 하나님의 일을 한다고 하면서도 자신을 높이고 자신의 영광만을 취하기 쉽습니다. 진정한 겸손은 창조자 하나님과 피조물인 자신의 자리를 정확하게 인식하는 데서 비롯됩니다. 그리스도만을 높이고 그 앞에 무릎 꿇고 엎드릴 때 세상의 헛된 가치관으로부터 자유로워지며 참된 만족을 누리게 됩니다.

오늘의 감사기도

1.
2.
3.

요한복음 3:22–36 찬송가: 212장(구 347장)

22그 후에 예수께서 제자들과 유대 땅으로 가서 거기 함께 유하
시며 세례를 베푸시더라 23요한도 살렘 가까운 애논에서 세례
를 베푸니 거기 물이 많음이라 그러므로 사람들이 와서 세례를
받더라 24요한이 아직 옥에 갇히지 아니하였더라 25이에 요한의
제자 중에서 한 유대인과 더불어 정결예식에 대하여 변론이 되
었더니 26그들이 요한에게 가서 이르되 랍비여 선생님과 함께
요단 강 저편에 있던 이 곧 선생님이 증언하시던 이가 세례를 베
풀매 사람이 다 그에게로 가더이다 27요한이 대답하여 이르되
만일 하늘에서 주신 바 아니면 사람이 아무 것도 받을 수 없느
니라 28내가 말한 바 나는 그리스도가 아니요 그의 앞에 보내심
을 받은 자라고 한 것을 증언할 자는 너희니라 29신부를 취하는
자는 신랑이나 서서 신랑의 음성을 듣는 친구가 크게 기뻐하나
니 나는 이러한 기쁨으로 충만하였노라 30그는 흥하여야 하겠고
나는 쇠하여야 하리라 하니라 31위로부터 오시는 이는 만물 위
에 계시고 땅에서 난 이는 땅에 속하여 땅에 속한 것을 말하느니
라 하늘로부터 오시는 이는 만물 위에 계시나니 32그가 친히 보
고 들은 것을 증언하되 그의 증언을 받는 자가 없도다 33그의 증
언을 받는 자는 하나님이 참되시다는 것을 인쳤느니라 34하나님
이 보내신 이는 하나님의 말씀을 하나니 이는 하나님이 성령을
한량 없이 주심이니라 35아버지께서 아들을 사랑하사 만물을 다
그의 손에 주셨으니 36아들을 믿는 자에게는 영생이 있고 아들
에게 순종하지 아니하는 자는 영생을 보지 못하고 도리어 하나
님의 진노가 그 위에 머물러 있느니라

본문 관찰

1. 본문에서 세례 요한의 마지막 증언에 대한 내용을 살펴보십시오(주제별 목록 작성 참조).

2. 세례 요한은 자기 자신의 신분을 그리스도가 아닌 앞서 보냄을 받은 자라고 말하며, 이를 증거할 자가 누구라고 말합니까(28절)?

3. 본문의 하나님은 어떤 분이십니까?

깊은 묵상

1. 여러분은 세상의 가치관에 맞서 말씀과 진리로 무장하기 위해 어떤 노력을 하고 있습니까?

2. 여러분은 예수님을 하나님의 아들이신 주권자로 인정하고 있는지 돌아보십시오.

3. 오늘 여러분에게 주시는 특별한 말씀(깨달은 점, 느낀 점, 적용점 등)은 무엇입니까?

DATE

월 일 요일

영원한 생명수

중심 단어

예수, 사마리아 여자, 생수, 영생

주제별 목록 작성

예수 그리스도

6절: 길 가시다가 피곤하여 우물 곁에 앉으시다

9절: 사마리아 여자를 만나 주셨다

10절: 생수를 주신다

14절: 영원히 목마르지 아니한 물을 주신다/ 영생하도록 솟아나는 샘물을 주신다

도움말

1. **예수께서 길 가시다가 피곤하여(6절):** 그리스도의 인성을 나타낸다. "여섯 시"는 해 돋을 때부터 해질 때까지를 12시로 나누는 유대 시간법에 따라 정오에 해당된다.
2. **상종하지(9절):** 문자적으로는 '함께 그릇을 사용하다'라는 뜻이다. 여기서는 '서로 교제를 나누다, 친분 관계를 맺다'라는 의미다.
3. **선물(10절):** '값없이 주는 선물, 무한하며 풍성한 선물'을 뜻하며, 여기서는 뒤이은 '생수'를 가리킨다.

생명수 되신 예수 그리스도

누구든지 영혼의 갈증을 채우기 위해서는 예수 그리스도로부터 오는 생수를 마셔야만 합니다. 당시 유대인들은 사마리아 사람들을 부정한 혼혈 민족이라는 이유로 상종하기를 꺼려했지만, 예수님은 관습과 종교적 편견을 깨고 사마리아 여인을 인격적으로 만나 주셨습니다(7-9절). 예수님은 오히려 그 여인에게 물을 달라고 하셨습니다. 예수님은 물을 통해 영적인 것을 설명하려고 하신 것입니다. 그러나 영적인 것을 깨닫지 못한 여인은 실제로 물을 구할 수 있는 방법이 있는지를 물었습니다(11절). 그리고 조상 대대로 내려오는 조상 야곱의 우물을 생각하며 예수님께 "당신이 야곱보다 더 크니이까"(12절)라고 물었습니다. 사마리아 여인의 이 질문에 대해 예수님은 "내가 주는 물은 그 속에서 영생하도록 솟아나는 샘물이 되리라"(14절)고 말씀하셨습니다.

영원한 샘물

영적인 눈을 뜨지 못한 사마리아 여인은 자신의 갈급함을 채워주실 예수님을 알아보지 못했습니다. 영적인 목마름은 오직 예수님 안에서만 채워질 수 있습니다. 이것을 깨닫지 못한 사람은 영적인 갈증을 채우지 못하고 늘 만족을 찾지 못해 방황하게 됩니다. 예레미야 선지자는 이 일이 있기 수백 년 전에 이에 대해 선포했습니다. "내 백성이 두 가지 악을 행하였나니 곧 그들이 생수의 근원되는 나를 버린 것과 스스로 웅덩이를 판 것인데 그것은 그 물을 가두지 못할 터진 웅덩이들이니라"(렘 2:13). 주님은 주님을 찾는 자에게 영원히 솟아나는 샘의 근원이 되십니다. 그것은 영혼과 삶의 필요를 채우는 완전한 만족과 기쁨이 될 것입니다.

오늘의 감사기도

1.
2.
3.

요한복음 4:1-15 찬송가: 520장(구 257장)

1예수께서 제자를 삼고 세례를 베푸시는 것이 요한보다 많다 하
는 말을 바리새인들이 들은 줄을 주께서 아신지라 2(예수께서
친히 세례를 베푸신 것이 아니요 제자들이 베푼 것이라) 3유대
를 떠나사 다시 갈릴리로 가실새 4사마리아를 통과하여야 하
겠는지라 5사마리아에 있는 수가라 하는 동네에 이르시니 야곱
이 그 아들 요셉에게 준 땅이 가깝고 6거기 또 야곱의 우물이 있
더라 예수께서 길 가시다가 피곤하여 우물 곁에 그대로 앉으시
니 때가 여섯 시쯤 되었더라 7사마리아 여자 한 사람이 물을 길
으러 왔으매 예수께서 물을 좀 달라 하시니 8이는 제자들이 먹
을 것을 사러 그 동네에 들어갔음이러라 9사마리아 여자가 이르
되 당신은 유대인으로서 어찌하여 사마리아 여자인 나에게 물
을 달라 하나이까 하니 이는 유대인이 사마리아인과 상종하지
아니함이러라 10예수께서 대답하여 이르시되 네가 만일 하나님
의 선물과 또 네게 물 좀 달라 하는 이가 누구인 줄 알았더라면
네가 그에게 구하였을 것이요 그가 생수를 네게 주었으리라 11여
자가 이르되 주여 물 길을 그릇도 없고 이 우물은 깊은데 어디서
당신이 그 생수를 얻겠사옵나이까 12우리 조상 야곱이 이 우물
을 우리에게 주셨고 또 여기서 자기와 자기 아들들과 짐승이 다
마셨는데 당신이 야곱보다 더 크니이까 13예수께서 대답하여 이
르시되 이 물을 마시는 자마다 다시 목마르려니와 14내가 주는
물을 마시는 자는 영원히 목마르지 아니하리니 내가 주는 물은
그 속에서 영생하도록 솟아나는 샘물이 되리라 15여자가 이르되
주여 그런 물을 내게 주사 목마르지도 않고 또 여기 물 길으러
오지도 않게 하옵소서

본문 관찰

1. 본문에서 예수 그리스도에 대한 내용을 살펴보십시오(주제별 목록 작성 참조).

2. 예수님께서 주시는 물은 어떤 물입니까(14절)?

3. 본문의 하나님은 어떤 분이십니까?

깊은 묵상

1. 여러분이 세상에서 가장 큰 만족을 느끼는 일은 무엇입니까?

2. 현재 여러분의 영적 상태는 어떤지 점검해 보십시오.

3. 오늘 여러분에게 주시는 특별한 말씀(깨달은 점, 느낀 점, 적용점 등)은 무엇입니까?

DATE

월 일 요일

참된 예배

중심 단어

예배, 참되다, 영, 진리

주제별 목록 작성

예배

21절: 장소의 문제가 아니다
22절: 대상을 알고 드려야 한다
23절: 하나님은 참되게 예배하는 자를 찾으신다
24절: 영과 진리로 해야 한다
25절: 그리스도께서 예배에 대한 지식을 알려 주실 것이다

도움말

1. **예배할(20절):** 원래는 종이 주인에게 문안할 때 존경의 표시로 발에 입맞추는 것을 가리켰다. 결국 바른 예배는 하나님을 향한 지극한 존경과 경외심이 수반돼야 함을 나타낸다.
2. **영(24절):** 여기서는 성령, 즉 성령의 인도하심을 받을 때 참된 예배를 드릴 수 있음을 보여 준다.
3. **진리(24절):** 여기서는 진리를 사랑하는 마음으로 해석할 수 있다. 결국 외적 의식에 치우치지 말고 진리를 사모하는 신실한 마음으로 예배드리라는 의미다.

영적 관계가 회복된 예배

예수님은 당신의 죽음과 부활을 통해 새롭게 열리게 될 시대에는 예배 장소가 문제 되지 않을 것이라고 말씀하셨습니다(21절). 하나님께 예배드리기 위해 지정된 신성한 장소와 기구, 거룩한 절기들이 필요하지 않다는 것입니다. '참된 예배'란 성령과 진리 안에서 드리는 예배입니다. 장소와 형식이 문제가 아니라 하나님과의 바른 관계가 중요하며, 어느 곳에서든지 예배할 수 있는 것입니다. 하나님은 영이시므로 "영과 진리"(24절) 곧 성령님과 예수님을 통해서만 거룩한 예배가 드려질 수 있습니다(23-24절). 예수님은 영과 진리로 예배할 때가 왔음을 가르치셨고, 메시야를 기다리고 있던 사마리아 여인에게 "네게 말하는 내가 그라"(26절) 하시며 당신을 보여 주셨습니다(25-26절).

영과 진리로 드리는 예배

정한 시간에 정한 절차를 따라 정한 장소에서 드리는 예배가 진정한 예배는 아닙니다. 관습이 오히려 예배를 방해할 때도 있습니다. 하나님은 영이시므로 보이는 사물이나 장소에 제한을 받지 않으십니다. 예배가 어떤 형식이든지 간에 우리의 관심은 오직 하나님만을 향해 있어야 합니다. 하나님께서 예배의 기준이 되시는 것입니다. 진리 안에서 성령의 인도와 감화를 받아 우리의 영이 하나님을 만나고 찬양할 때, 하나님의 거룩하심과 능력을 덧입을 수 있습니다. 외적인 것이 우리를 거룩하게 하는 것이 아니라 영과 진리로 드리는 예배가 우리를 거룩하게 합니다. "하나님은 영이시니 예배하는 자가 영과 진리로 예배할지니라"(24절).

오늘의 감사기도

1.
2.
3.

요한복음 4:16-26 찬송가: 8장(구 9장)

16이르시되 가서 네 남편을 불러 오라 17여자가 대답하여 이르되
나는 남편이 없나이다 예수께서 이르시되 네가 남편이 없다 하
는 말이 옳도다 18너에게 남편 다섯이 있었고 지금 있는 자도 네
남편이 아니니 네 말이 참되도다 19여자가 이르되 주여 내가 보
니 선지자로소이다 20우리 조상들은 이 산에서 예배하였는데 당
신들의 말은 예배할 곳이 예루살렘에 있다 하더이다 21예수께서
이르시되 여자여 내 말을 믿으라 이 산에서도 말고 예루살렘에
서도 말고 너희가 아버지께 예배할 때가 이르리라 22너희는 알
지 못하는 것을 예배하고 우리는 아는 것을 예배하노니 이는 구
원이 유대인에게서 남이라 23아버지께 참되게 예배하는 자들은
영과 진리로 예배할 때가 오나니 곧 이 때라 아버지께서는 자기
에게 이렇게 예배하는 자들을 찾으시느니라 24하나님은 영이시
니 예배하는 자가 영과 진리로 예배할지니라 25여자가 이르되
메시야 곧 그리스도라 하는 이가 오실 줄을 내가 아노니 그가 오
시면 모든 것을 우리에게 알려 주시리이다 26예수께서 이르시되
네게 말하는 내가 그라 하시니라

본문 관찰

1. 본문에서 예배에 대한 내용을 살펴보십시오(주제별 목록 작성 참조).

2. 예수님은 사마리아 여인에게 예배에서 중요한 것은 무엇이라고 알려 주셨습니까(23-24절)?

3. 본문의 하나님은 어떤 분이십니까?

깊은 묵상

1. 여러분은 하나님께 진실한 예배를 드리기 위해 어떤 노력을 하고 있습니까?

2. 여러분은 삶에서 하나님의 주권을 인정하고 있는지 돌아보십시오.

3. 오늘 여러분에게 주시는 특별한 말씀(깨달은 점, 느낀 점, 적용점 등)은 무엇입니까?

DATE

월 일 요일

생명의 양식

중심 단어

예수, 그리스도, 추수

주제별 목록 작성

참된 양식

32절: 제자들이 깨닫지 못하는 양식이다

34절: 보내신 이의 뜻을 행하는 것이다/ 그의 일을 온전히 이루는 것이다

36절: 영생에 이르는 열매다

도움말

1. **온전히(34절)**: '목적지에 도달하다'라는 뜻이다. 여기서는 계획한 바를 하나도 빠짐없이 성취하는 것을 의미한다.
2. **희어져(35절)**: '흰, 빛나는, 반짝이는'이라는 뜻이다. 여기서는 곡식이 추수할 때가 되어 들판이 황금물결을 이루며 반짝이는 상태를 가리킨다.

추수 때의 기쁨

사마리아 여인의 외침을 듣고 사람들이 예수님께로 몰려오는 사이에 제자들은 음식을 구해 돌아왔습니다(30-31절). 그런데 예수님은 제자들에게 그들이 알지 못하는 먹을 양식에 대해 말씀하셨습니다(32절). 예수님께서 말씀하신 양식은 하나님의 뜻을 행하는 것, 즉 영혼을 구원하는 데서 오는 생명의 양식입니다(34절). 들녘의 추수기는 넉 달이 지나야 다가오지만, 영혼은 이미 추수할 때가 이르렀음을 보셨던 것입니다. 그리고 몰려오는 동네 사람들을 구원하라는 말씀을 하셨습니다(35절). 말씀은 전해졌고 씨는 뿌려졌습니다. 이제 거둬들이기만 하면 되는 것입니다. 예수님은 제자들에게 그들이 얻으려고 노력하지 않은 것을 거두게 될 것이라고 말씀하셨습니다. 그러나 결국에는 뿌리는 자와 거두는 자가 다 함께 기쁨에 참여하게 될 것입니다(36-38절).

그리스도의 순종

하나님은 "나의 계명을 지키는 자라야 나를 사랑하는 자니"(요 14:21)라고 말씀하셨습니다. 하나님을 사랑하는 증거는 그분의 계명을 지키는 것입니다. 예수님은 제자들에게 "나의 양식은 나를 보내신 이의 뜻을 행하며 그의 일을 온전히 이루는 이것이니라"(34절)고 하시며 이를 분명히 나타내셨습니다. 예수님은 또한 하나님의 뜻에 온전히 순종하심으로써 완전한 사랑을 증거하셨습니다. 겟세마네 동산에서 죽음의 잔을 앞에 두셨을 때도 예수님은 "나의 원대로 마시옵고 아버지의 원대로 하옵소서"(막 14:36)라는 순종의 기도를 드리셨습니다. 하나님의 뜻에 순종하고 그분의 일을 온전히 이루기 위해 노력하는 것이 우리의 양식이 된다는 것은 놀라운 진리입니다. 하나님의 뜻을 행하고자 하면 그 뜻을 행할 능력이 하늘로부터 주어질 것입니다.

오늘의 감사기도

1.
2.
3.

요한복음 4:27-38 찬송가: 511장(구 263장)

27이 때에 제자들이 돌아와서 예수께서 여자와 말씀하시는 것을
이상히 여겼으나 무엇을 구하시나이까 어찌하여 그와 말씀하
시나이까 묻는 자가 없더라 28여자가 물동이를 버려 두고 동네
로 들어가서 사람들에게 이르되 29내가 행한 모든 일을 내게 말
한 사람을 와서 보라 이는 그리스도가 아니냐 하니 30그들이 동
네에서 나와 예수께로 오더라 31그 사이에 제자들이 청하여 이
르되 랍비여 잡수소서 32이르시되 내게는 너희가 알지 못하는
먹을 양식이 있느니라 33제자들이 서로 말하되 누가 잡수실 것
을 갖다 드렸는가 하니 34예수께서 이르시되 나의 양식은 나를
보내신 이의 뜻을 행하며 그의 일을 온전히 이루는 이것이니라
35너희는 넉 달이 지나야 추수할 때가 이르겠다 하지 아니하느
냐 그러나 나는 너희에게 이르노니 너희 눈을 들어 밭을 보라 희
어져 추수하게 되었도다 36거두는 자가 이미 삯도 받고 영생에
이르는 열매를 모으나니 이는 뿌리는 자와 거두는 자가 함께 즐
거워하게 하려 함이라 37그런즉 한 사람이 심고 다른 사람이 거
둔다 하는 말이 옳도다 38내가 너희로 노력하지 아니한 것을 거
두러 보내었노니 다른 사람들은 노력하였고 너희는 그들이 노
력한 것에 참여하였느니라

본문 관찰

1. 본문에서 참된 양식에 대한 내용을 살펴보십시오(주제별 목록 작성 참조).

2. 예수님을 만난 후 사마리아 여인은 어떤 행동을 했습니까(28-30절)?

3. 본문의 하나님은 어떤 분이십니까?

깊은 묵상

1. 하나님의 말씀을 그대로 받아들이며 순종하기 위해서는 어떤 자세가 필요합니까?

2. 오늘 여러분이 온전히 순종해야 할 하나님의 말씀은 무엇인지 점검해 보십시오.

3. 오늘 여러분에게 주시는 특별한 말씀(깨달은 점, 느낀 점, 적용점 등)은 무엇입니까?

DATE

월 일 요일

세상의 구주

중심 단어

여자의 말, 사마리아인, 갈릴리

주제별 목록 작성

사마리아인들

39절: 사마리아 여자의 증언을 듣고 예수를 믿었다

40절: 예수께 와서 함께 유하시기를 청하였다/ 예수와 함께 이틀을 유하였다

41절: 예수의 말씀을 듣고 믿는 자가 더욱 많아졌다

42절: 예수가 참으로 세상의 구주이심을 증거하였다

도움말

1. **말(42절):** 이성을 가진 말이나 구전되는 권위 있는 말이 아니라, 흔하고 가치 없는 일상적인 말을 뜻한다. 사마리아 여인의 복음 전도를 비하하는 표현이다.
2. **명절(45절):** 율법이 정한 거룩한 절기를 말한다. 여기서는 유월절을 말하는데, 이 절기는 반드시 예루살렘 성전에서 치러져야 했다.

사마리아에서의 증거

그리스도께로 인도된 사마리아인들은 예수님과의 교제를 원했습니다(40절). 유대인들은 예수님을 배척했지만, 멸시받던 사마리아인들은 예수님을 환영하며 믿음과 사랑을 표시했습니다. 그리고 예수님께서 머무시는 이틀 동안 더 많은 사람이 믿게 됐습니다. 그들의 믿음은 유대인들처럼 표적을 보고 믿는 신앙이 아니라 '말씀'을 들음에 있었습니다. 이틀 동안의 교제를 통해 그들은 예수님께서 세상의 구주이신 것을 알게 됐습니다(42절). 진리에 대한 가장 힘 있는 증거는 자신이 체험한 것을 전하는 것입니다. 자신이 직접 보고 들은 사실에 관해서는 누구든지 확신있게 전할 수 있습니다. 진리는 저주와 사망을 넘어 생명으로 옮기는 힘입니다. 그러므로 체험을 전하는 것은 그 자체로 진리를 뒷받침하는 놀라운 간증이 됩니다.

갈릴리에서의 증거

예수님은 고향을 떠나 갈릴리로 가셨습니다(43절). 그 이유는 고향 사람들이 예수님을 영접하지 않았기 때문입니다(44절). 명절에 예수님께서 하신 일들을 보고 갈릴리인들도 예수님을 영접하게 됐습니다(45절). 유월절에 많은 사람이 예수님께서 예루살렘 성전에서 행하시는 표적을 보고 그분의 이름을 믿었습니다(요 2:23). 이처럼 갈릴리에서도 모든 장벽을 뛰어넘어 예수님께서 하시는 일과 표적들이 증거가 되어 구원에 이르는 믿음이 싹트게 된 것입니다(45절).

오늘의 감사기도

1.
2.
3.

요한복음 4:39-45 찬송가: 285장(구 209장)

39여자의 말이 내가 행한 모든 것을 그가 내게 말하였다 증언하
므로 그 동네 중에 많은 사마리아인이 예수를 믿는지라 40사마
리아인들이 예수께 와서 자기들과 함께 유하시기를 청하니 거
기서 이틀을 유하시매 41예수의 말씀으로 말미암아 믿는 자가
더욱 많아 42그 여자에게 말하되 이제 우리가 믿는 것은 네 말로
인함이 아니니 이는 우리가 친히 듣고 그가 참으로 세상의 구주
신 줄 앎이라 하였더라 43이틀이 지나매 예수께서 거기를 떠나
갈릴리로 가시며 44친히 증언하시기를 선지자가 고향에서는 높
임을 받지 못한다 하시고 45갈릴리에 이르시매 갈릴리인들이 그
를 영접하니 이는 자기들도 명절에 갔다가 예수께서 명절중 예
루살렘에서 하신 모든 일을 보았음이더라

본문 관찰

1. 본문에서 사마리아인들에 대한 내용을 살펴보십시오(주제별 목록 작성 참조).

2. 갈릴리인들이 예수님을 영접하게 된 이유는 무엇입니까(45절)?

3. 본문의 하나님은 어떤 분이십니까?

깊은 묵상

1. 여러분이 갖고 있는 성령님의 음성에 대한 잘못된 습관이나 편견은 무엇입니까?

2. 여러분의 삶에서 예수님과 함께하는 시간은 얼마나 되는지 돌아보십시오.

3. 오늘 여러분에게 주시는 특별한 말씀(깨달은 점, 느낀 점, 적용점 등)은 무엇입니까?

DATE

월 일 요일

순종의 열매

중심 단어

왕의 신하, 그의 아들, 믿고 가다

주제별 목록 작성

왕의 신하의 믿음

47절: 예수의 권능을 믿었다

50절: 예수의 말씀을 믿었다

53절: 자기와 그 온 집안이 다 믿었다

도움말

1. **가나(46절)**: 나사렛에서 북동쪽으로 9km 거리에 있는 갈릴리 지방 성읍으로, 예수님께서 최초의 이적을 베푸신 곳이다.
2. **왕의 신하(46절)**: 갈릴리 분봉 왕 헤롯 안디바(마 14:1)의 궁정 관리를 맡은 자다.
3. **아이(51절)**: 걸음마를 하는 아이보다는 다소 성장한 소년에서부터 청년기 이전의 아동을 말한다.

믿음과 순종

가버나움에서 갈릴리 가나까지 먼 길을 올라와서, 예수님께 죽게 된 자기 아들을 고쳐 달라고 청한 왕의 신하가 있었습니다(46-47절). 이때 예수님은 기사와 표적을 보고 믿는 믿음이 아니라 말씀을 믿는 믿음을 요구하셨습니다(48절). 그 신하는 예수님께서 "가라 네 아들이 살아 있다"(50절)라고 하셨을 때 예수님의 말씀을 믿고 집으로 돌아갔습니다. 그는 예수님의 말씀과 방법에 전적으로 순종했습니다. 그리고 집에 돌아가는 길에 만난 종들을 통해 예수님께서 말씀하신 그날 그 시각에 아들이 치료됐다는 사실을 알게 됐습니다(52-53절). 이로써 그의 가정 전체는 놀라운 방식으로 그리스도를 믿는 순전한 믿음을 얻게 됐습니다(53절). 그의 믿음과 순종의 열매가 아들을 살렸을 뿐만 아니라, 죽어 있던 가족들의 영혼까지도 소생시키는 복음의 열매를 맺게 한 것입니다. 예수님은 이처럼 우리도 예수님의 말씀을 믿고 삶의 모든 영역에서 주님을 믿고 의지하기를 원하십니다.

말씀의 권능

말씀의 권능은 공간의 제한을 뛰어넘는 초월적인 것이며, 죽은 자를 소생시키는 생명입니다. 보이는 만물의 죽고 사는 것이나 변화들은 말씀 아래 놓여 있는 것입니다. 주님은 말씀으로 창조 세계를 지배하고 다스리십니다. 말씀은 보이지 않으나, 보이는 모든 것을 통치하고 변화시킵니다. 왜냐하면 보이는 세계가 나타나기 전에 말씀이 먼저 있었고, 말씀으로 세계가 창조됐기 때문입니다. 우리는 이 사실을 통해 세상 만사가 우연히 이뤄지는 것이 아니라 말씀의 통치를 받는다는 사실을 깨달아야 합니다. 또한 그 말씀이 곧 예수 그리스도이심을 기억해야 합니다.

오늘의 감사기도

1.
2.
3.

요한복음 4:46–54 찬송가: 471장(구 528장)

46예수께서 다시 갈릴리 가나에 이르시니 전에 물로 포도주를
만드신 곳이라 왕의 신하가 있어 그의 아들이 가버나움에서 병
들었더니 47그가 예수께서 유대로부터 갈릴리로 오셨다는 것을
듣고 가서 청하되 내려오셔서 내 아들의 병을 고쳐 주소서 하니
그가 거의 죽게 되었음이라 48예수께서 이르시되 너희는 표적
과 기사를 보지 못하면 도무지 믿지 아니하리라 49신하가 이르
되 주여 내 아이가 죽기 전에 내려오소서 50예수께서 이르시되
가라 네 아들이 살아 있다 하시니 그 사람이 예수께서 하신 말씀
을 믿고 가더니 51내려가는 길에서 그 종들이 오다가 만나서 아
이가 살아 있다 하거늘 52그 낫기 시작한 때를 물은즉 어제 일
곱 시에 열기가 떨어졌나이다 하는지라 53그의 아버지가 예수께
서 네 아들이 살아 있다 말씀하신 그 때인 줄 알고 자기와 그 온
집안이 다 믿으니라 54이것은 예수께서 유대에서 갈릴리로 오신
후에 행하신 두 번째 표적이니라

본문 관찰

1. 본문에서 왕의 신하의 믿음에 대한 내용을 살펴보십시오(주제별 목록 작성 참조).

2. 왕의 신하의 아들이 치료된 때는 언제입니까(52–53절)?

3. 본문의 하나님은 어떤 분이십니까?

깊은 묵상

1. 여러분은 눈에 보이는 표적과 기사가 아니라, 성경의 약속에 근거한 참된 믿음을 갖기 위해 어떤 노력을 하고 있습니까?

2. 여러분이 믿음으로 행동했을 때, 하나님께서 어떻게 책임져 주셨는지 떠올려 보십시오.

3. 오늘 여러분에게 주시는 특별한 말씀(깨달은 점, 느낀 점, 적용점 등)은 무엇입니까?

DATE

월 일 요일

치유하시는 예수님

중심 단어

예수, 베데스다, 병자

주제별 목록 작성

38년 된 병자

2–3절: 베데스다 못 가에 누워 있었다

5절: 서른여덟 해 동안 병자였다

6절: 예수께서 찾아와 주셨다

9절: 예수께 고침을 받았다

도움말

1. **베데스다(2절)**: '자비의 집' 또는 '넘치는 물'이라는 뜻으로, 예루살렘 성 양문 곁에 있는 간헐천이다. 양문은 제사드리는 자들이 희생양을 갖고 이곳을 통해 예루살렘으로 들어왔다고 해서 붙여진 이름이며, 예루살렘 북동쪽에 위치했다.
2. **혈기 마른 사람(3절)**: 사지가 마르고 마비돼 제대로 움직이지 못하는 사람을 가리킨다.

병자의 간절한 소망

예수님은 베데스다에서 38년 된 병자를 보셨습니다. 그의 절망과 고통을 알고 계신 예수님은 "네가 낫고자 하느냐"(6절)라고 물으심으로 절망적이던 병자에게 치유에 대한 소망을 갖게 하셨습니다. 갈급하고 간절한 소망이 있을 때, 주님의 능력은 시작됩니다. 누워서 38년을 지낸 그는 인간적인 모든 소망이 끊어진 상태였습니다. 이는 "주여 물이 움직일 때에 나를 못에 넣어 주는 사람이 없어 내가 가는 동안에 다른 사람이 먼저 내려가나이다"(7절)라는 병자의 말에서 잘 드러납니다. 하지만 '인간의 절망은 하나님의 출발'이라는 말처럼, 기적은 모든 인간적인 노력을 포기하고 전능자의 도움만을 간절히 구할 때 일어나기도 합니다. 반면에 스스로 구원하고자 하거나 스스로 할 수 있다고 자랑하는 한, 주님의 영광은 결코 나타날 수 없습니다.

그리스도의 사랑

38년 된 병자의 고통을 긍휼히 여기신 예수님은 그의 간절함을 보시고 "일어나 네 자리를 들고 걸어가라"(8절)고 말씀하셨습니다. 그리고 예수님의 말씀이 떨어짐과 동시에 38년이나 누워 있던 병자가 일어났습니다(9절). 우리를 지으신 주님은 우리가 스스로를 아는 것보다 우리를 더 잘 알고 계십니다. 또한 우리가 스스로를 사랑하는 것보다 우리를 더 사랑하십니다. 우리가 우리 스스로를 포기하고 어둠 속에 방치해 둘 때에도 주님은 우리를 위해 당신을 버리셨습니다. 그러므로 우리는 어떤 상황이 오더라도 잠잠히 주님을 바라고 신뢰할 수 있습니다. 왜냐하면 우리의 소망은 오직 주님께 있기 때문입니다.

오늘의 감사기도

1.

2.

3.

요한복음 5:1-9 찬송가: 472장(구 530장)

1그 후에 유대인의 명절이 되어 예수께서 예루살렘에 올라가시
니라 2예루살렘에 있는 양문 곁에 히브리 말로 베데스다라 하는
못이 있는데 거기 행각 다섯이 있고 3그 안에 많은 병자, 맹인,
다리 저는 사람, 혈기 마른 사람들이 누워 [물의 움직임을 기다
리니 4이는 천사가 가끔 못에 내려와 물을 움직이게 하는데 움
직인 후에 먼저 들어가는 자는 어떤 병에 걸렸든지 낫게 됨이러
라] 5거기 서른여덟 해 된 병자가 있더라 6예수께서 그 누운 것
을 보시고 병이 벌써 오래된 줄 아시고 이르시되 네가 낫고자 하
느냐 7병자가 대답하되 주여 물이 움직일 때에 나를 못에 넣어
주는 사람이 없어 내가 가는 동안에 다른 사람이 먼저 내려가나
이다 8예수께서 이르시되 일어나 네 자리를 들고 걸어가라 하시
니 9그 사람이 곧 나아서 자리를 들고 걸어가니라 이 날은 안식
일이니

본문 관찰

1. 본문에서 38년 된 병자에 대한 내용을 살펴보십시오(주제별 목록 작성 참조).

2. 베데스다에서 예수님은 38년 된 병자를 고치셨습니다. 그런데 이날은 무슨 날이었습니까(9절)?

3. 본문의 하나님은 어떤 분이십니까?

깊은 묵상

1. 여러분은 절망적인 순간이 닥쳤을 때, 가장 먼저 무엇을 합니까?

2. 여러분은 모든 일에 하나님의 주권을 인정하고 받아들이고 있는지 돌아보십시오.

3. 오늘 여러분에게 주시는 특별한 말씀(깨달은 점, 느낀 점, 적용점 등)은 무엇입니까?

DATE

월 일 요일

참된 안식

중심 단어

유대인, 안식일, 예수, 죄, 박해, 아버지, 하나님

주제별 목록 작성

유대인들

10절: 병 나은 사람에게 안식일 규례를 가르쳤다

12절: 자리를 들고 걸어가라 한 사람이 누구인지 물었다

15–16절: 안식일에 행하신 일로 예수를 박해하였다

17–18절: 하나님을 아버지로 표현하시는 예수를 죽이고자 하였다

도움말

1. **박해하게(16절):** 악의를 갖고 끝까지 뒤따라다니면서 지속적으로 고통을 주는 행위를 가리킨다.
2. **일하시니(17절):** '근면, 성실'이라는 뜻이다. 이는 하나님께서 천지 창조 후 지금까지 성실하게 일하고 계시며 또한 세상 마지막 날 신천신지(新天新地)가 이뤄지는 그날까지 쉬지 않고 꾸준히 일하실 것이라는 사실을 보여 준다.
3. **동등으로(18절):** 양이나 질에 있어서 아무런 차이가 없이 꼭 같다는 의미로, 여기서는 하나님과 신적 권위가 같음을 의미한다.

아버지께서 일하시는 안식일

예수님은 마가복음 2:27에서 "안식일이 사람을 위하여 있는 것이요 사람이 안식일을 위하여 있는 것이 아니니"라고 말씀하시며 사람이 가장 중요함을 강조하셨습니다. 그러나 유대 율법주의자들은 38년 만에 병 고침 받은 자와 함께 기쁨과 감격을 나누기는커녕 안식일에 일하는 것이 율법을 어기는 일이라며 병 나은 사람을 지적했습니다(10절). 그들이 원한 것은 은혜가 아니라 자신들의 유전과 규범이었기 때문입니다. 그래서 안식일에 병자를 고치신 예수님의 행동을 자신들의 질서에 도전하는 것으로 받아들이며 예수님을 박해한 것입니다. 하지만 예수님은 "내 아버지께서 이제까지 일하시니 나도 일한다"(17절)라고 말씀하심으로 당신이 독생자로서 하나님께 순종하는 자임을 나타내셨습니다. 이는 결국 당신이 하나님과 동등하다는 것을 의미했으므로, 유대인들은 예수님이 안식일을 범한 것만이 아니라 신성 모독이라는 엄청난 죄도 저질렀다고 생각했습니다.

죄를 용서하시는 예수님

예수님은 병 나은 사람을 다시 만나셨을 때, 그에게 "네가 나았으니 더 심한 것이 생기지 않게 다시는 죄를 범하지 말라"(14절)고 말씀하셨습니다. 이 말씀의 원뜻은 '죄 짓기를 중단하라'는 의미입니다. 하지만 이는 그가 자신의 죄 때문에 질병에 걸렸다는 것을 의미한 것이 아니라, 죄를 지어서 심판받지 않도록 주의하라는 경고의 말씀이었습니다. 예수님은 이처럼 병 고침을 받아 건강해진 사람에게 의도적으로 다시 찾아오셔서 이 말씀을 해 주셨습니다. 주님은 우리의 죄를 용서해 주시고, 깨끗하게 해 주십니다. 그렇기에 우리는 우리를 찾아오시는 주님 안에서 참된 안식을 누릴 수 있습니다.

오늘의 감사기도

1.

2.

3.

요한복음 5:10-18 찬송가: 536장(구 326장)

10유대인들이 병 나은 사람에게 이르되 안식일인데 네가 자리를
들고 가는 것이 옳지 아니하니라 11대답하되 나를 낫게 한 그가
자리를 들고 걸어가라 하더라 하니 12그들이 묻되 너에게 자리
를 들고 걸어가라 한 사람이 누구냐 하되 13고침을 받은 사람은
그가 누구인지 알지 못하니 이는 거기 사람이 많으므로 예수께
서 이미 피하셨음이라 14그 후에 예수께서 성전에서 그 사람을
만나 이르시되 보라 네가 나았으니 더 심한 것이 생기지 않게 다
시는 죄를 범하지 말라 하시니 15그 사람이 유대인들에게 가서
자기를 고친 이는 예수라 하니라 16그러므로 안식일에 이러한
일을 행하신다 하여 유대인들이 예수를 박해하게 된지라 17예수
께서 그들에게 이르시되 내 아버지께서 이제까지 일하시니 나
도 일한다 하시매 18유대인들이 이로 말미암아 더욱 예수를 죽
이고자 하니 이는 안식일을 범할 뿐만 아니라 하나님을 자기의
친 아버지라 하여 자기를 하나님과 동등으로 삼으심이러라

본문 관찰

1. 본문에서 유대인들에 대한 내용을 살펴보십시오(주제별 목록 작성 참조).

2. 예수님은 병 고침 받은 자에게 무엇을 경고하셨습니까? 그 의미는 무엇입니까(14절, 메시지 참조)?

3. 본문의 하나님은 어떤 분이십니까?

깊은 묵상

1. 여러분은 안식일의 진정한 의미가 어디에 있다고 생각합니까?

2. 여러분은 마음이 아닌 행위로만 사람을 판단하고 있지는 않은지 돌아보십시오.

3. 오늘 여러분에게 주시는 특별한 말씀(깨달은 점, 느낀 점, 적용점 등)은 무엇입니까?

DATE

월 일 요일

믿는 자가 받을 영생

중심 단어

아들, 아버지, 심판, 영생, 생명

주제별 목록 작성

하나님 아버지

19절: 아버지께서 하시는 일을 아들도 그와 같이 행한다

20절: 아들을 사랑하사 자기가 행하시는 것을 다 아들에게 보이신다

21절: 죽은 자들을 일으켜 살리신다

22절: 심판을 다 아들에게 맡기셨다

23절: 아들을 공경하게 하려 하신다

26절: 자기 속에 생명이 있음 같이 아들에게도 생명을 주어 그 속에 있게 하셨다

도움말

1. **옮겼느니라(24절)**: '한곳에서 다른 곳으로 건너가다'의 현재완료형이다. 결국 예수 그리스도를 믿는 그 순간 영원한 생명의 세계(구원)로 들어가 있다는 뜻이다.
2. **부활(29절)**: 죽지 않은 몸으로 다시 살아나는 것을 말한다. 모든 죽은 자는 믿고 안 믿고를 떠나 세상 마지막 날 하나님의 보좌 앞에서 최후 심판을 받기 위해 다시 살아난다.

생명과 심판의 권세

예수님은 유대인들에게 당신이 바로 오실 메시야요 인자이심을 주장하셨습니다(19절). 또한 예수님은 아버지께서 죽은 자들을 일으켜 살리시는 것처럼 아들도 부활의 권능을 갖고 계시며, 아버지로부터 심판의 권능도 위임받았다고 말씀하셨습니다(21-22절). 성자를 통해 성부를 믿는 자는 심판에 이르지 않고 사망에서 생명으로 옮겨집니다(24절). 현재 영적으로 죽은 자들도 성자의 음성을 듣고 믿을 때 살아납니다. 왜냐하면 성부 하나님께서 성자 예수님께 생명과 심판의 권세를 주셨기 때문입니다(26-27절). 예수님은 이 모든 말씀을 기이히 여기는 유대인들에게 무덤 속에 있는 자, 곧 죽은 자를 부활시키실 때가 온다는 놀라운 말씀을 하셨습니다(28절).

사망의 길과 생명의 길

이사야 선지자는 "그 때에 저는 자는 사슴 같이 뛸 것이며 말 못하는 자의 혀는 노래하리니 이는 광야에서 물이 솟겠고 사막에서 시내가 흐를 것임이라"(사 35:6)고 예언했습니다. 예수님은 병자를 고치시고 큰 기적을 보이시며 구약의 말씀을 성취하셨습니다. 이는 예수님께서 메시야시라는 분명한 표적이었습니다. 하지만 이런 분명한 증거에도 모든 사람이 예수님을 받아들인 것은 아니었습니다. 예수님의 말씀을 듣고 기적을 본 당시 이스라엘 사람은 생명과 사망이라는 두 갈림길로 나뉘었습니다. 하나님의 아들이신 예수님께서 말씀하시는 바를 그대로 믿은 사람들은 생명의 길로 갔지만(24절), 예수님을 거절한 사람들은 하나님과 분리된 사망의 길을 택했습니다.

오늘의 감사기도

1.
2.
3.

요한복음 5:19-29 찬송가: 615장

19그러므로 예수께서 그들에게 이르시되 내가 진실로 진실로 너
희에게 이르노니 아들이 아버지께서 하시는 일을 보지 않고는
아무 것도 스스로 할 수 없나니 아버지께서 행하시는 그것을 아
들도 그와 같이 행하느니라 20아버지께서 아들을 사랑하사 자기
가 행하시는 것을 다 아들에게 보이시고 또 그보다 더 큰 일을
보이사 너희로 놀랍게 여기게 하시리라 21아버지께서 죽은 자들
을 일으켜 살리심 같이 아들도 자기가 원하는 자들을 살리느니
라 22아버지께서 아무도 심판하지 아니하시고 심판을 다 아들에
게 맡기셨으니 23이는 모든 사람으로 아버지를 공경하는 것 같
이 아들을 공경하게 하려 하심이라 아들을 공경하지 아니하는
자는 그를 보내신 아버지도 공경하지 아니하느니라 24내가 진실
로 진실로 너희에게 이르노니 내 말을 듣고 또 나 보내신 이를
믿는 자는 영생을 얻었고 심판에 이르지 아니하나니 사망에서
생명으로 옮겼느니라 25진실로 진실로 너희에게 이르노니 죽은
자들이 하나님의 아들의 음성을 들을 때가 오나니 곧 이 때라 듣
는 자는 살아나리라 26아버지께서 자기 속에 생명이 있음 같이
아들에게도 생명을 주어 그 속에 있게 하셨고 27또 인자됨으로
말미암아 심판하는 권한을 주셨느니라 28이를 놀랍게 여기지 말
라 무덤 속에 있는 자가 다 그의 음성을 들을 때가 오나니 29선
한 일을 행한 자는 생명의 부활로, 악한 일을 행한 자는 심판의
부활로 나오리라

본문 관찰

1. 본문에서 하나님 아버지에 대한 내용을 살펴보십시오(주제별 목록 작성 참조).
2. 하나님께서 모든 심판을 아들에게 맡기신 이유는 무엇입니까(22-23절)?
3. 본문의 하나님은 어떤 분이십니까?

깊은 묵상

1. 영원한 삶을 믿는 여러분이 오늘 더 욱 힘써야 할 일은 무엇입니까?
2. 사망에서 생명으로 옮겨 주신 하나님의 은혜를 묵상해 보십시오.
3. 오늘 여러분에게 주시는 특별한 말씀(깨달은 점, 느낀 점, 적용점 등)은 무엇입니까?

DATE

월 일 요일

증거와 심판

중심 단어

심판, 증언, 구원, 증거, 아버지

주제별 목록 작성

예수님에 대한 증거

30절: 보내신 이의 뜻대로 의로운 심판을 하신다

32절: 하나님의 증언을 통하여 참되다 인정받으셨다

34절: 사람에게서 증언을 취하지 아니하신다

36절: 하나님 아버지의 역사를 이루실 것이다

37절: 하나님 아버지께서 친히 증언하셨다

도움말

1. **의로우니라(30절)**: 정해진 법이나 기준에 어긋나는 일이나 예외가 없이 그대로 공평하게 적용되는 것을 뜻한다.
2. **등불(35절)**: 기름을 태워 빛을 밝히는 램프를 가리킨다. 대낮의 큰 빛 앞에서는 아무런 가치가 없는 램프는 여기서 세례 요한의 사역의 유한성을 상징한다.
3. **역사(36절)**: 복음서에서는 주로 하나님께서 예수 그리스도에게 맡기신 구원 사역 내지 제자들이 예수님으로부터 부여받은 복음 전도 사역을 뜻한다.

하나님의 증거

예수님은 당신이 하시는 모든 말에 대해 사람의 증언을 취하지 않는다고 말씀하셨습니다(34절). 그리고 예수님을 위한 최고의 증인은 하나님이시므로 그 증언이 참되다고 하셨습니다(32절). 세례 요한은 거듭 예수님을 증거했으며, 예수님의 앞길을 비추는 등불로서 사람들을 회개하게 하고 하나님께 나아가는 길을 제시하는 안내자의 역할을 감당했습니다(35절). 그러나 보다 궁극적인 증언은 하나님의 증언입니다. 예수님의 구원 사역과 표적들은 하나님께서 예수님을 보내신 증거입니다. 뿐만 아니라 하나님은 친히 예수님을 증거하셨습니다. “성령이 비둘기 같이 하늘로부터 내려와서 그의 위에 머물렀더라”(요 1:32). 하나님은 성령이 예수님의 위에 머물게 하시고, 성령으로 세례를 주실 이가 바로 예수님이심을 분명히 말씀하셨습니다.

예수님의 심판

예수님은 당신을 드러내기 위해서가 아니라 하나님의 능력과 영광을 위해 증거를 내세우셨습니다. 예수님은 “내가 아무 것도 스스로 할 수 없노라 듣는 대로 심판하노니 나는 나의 뜻대로 하려 하지 않고 나를 보내신 이의 뜻대로 하려 하므로 내 심판은 의로우니라”(30절)고 말씀하십니다. 예수님께서 아버지를 알고 아버지의 뜻대로 행하시기 때문에 예수님께서 가지신 심판의 권리는 참되고 의로운 것입니다. 예수님의 모든 말씀과 행동은 오직 하나님의 뜻에 따른 것이었습니다. 그러나 세상은 하나님을 떠나서 불법과 죄악으로 타락해 있습니다. 우리는 이 같은 세상에서 예수님을 본받아 모든 말과 행동을 하나님의 뜻에 합당하게 따르는 구별된 그리스도인의 삶을 살아야 합니다.

오늘의 감사기도

1.
2.
3.

요한복음 5:30-38 찬송가: 510장(구 276장)

30내가 아무 것도 스스로 할 수 없노라 듣는 대로 심판하노니 나
는 나의 뜻대로 하려 하지 않고 나를 보내신 이의 뜻대로 하려
하므로 내 심판은 의로우니라 31내가 만일 나를 위하여 증언하
면 내 증언은 참되지 아니하되 32나를 위하여 증언하시는 이가
따로 있으니 나를 위하여 증언하시는 그 증언이 참인 줄 아노라
33너희가 요한에게 사람을 보내매 요한이 진리에 대하여 증언하
였느니라 34그러나 나는 사람에게서 증언을 취하지 아니하노라
다만 이 말을 하는 것은 너희로 구원을 받게 하려 함이니라 35요
한은 켜서 비추이는 등불이라 너희가 한때 그 빛에 즐거이 있기
를 원하였거니와 36내게는 요한의 증거보다 더 큰 증거가 있으
니 아버지께서 내게 주사 이루게 하시는 역사 곧 내가 하는 그
역사가 아버지께서 나를 보내신 것을 나를 위하여 증언하는 것
이요 37또한 나를 보내신 아버지께서 친히 나를 위하여 증언하
셨느니라 너희는 아무 때에도 그 음성을 듣지 못하였고 그 형상
을 보지 못하였으며 38그 말씀이 너희 속에 거하지 아니하니 이
는 그가 보내신 이를 믿지 아니함이라

본문 관찰

1. 본문에서 예수님에 대한 증거를 살펴보십시오(주제별 목록 작성 참조).

2. 예수님의 심판이 의로운 까닭은 무엇입니까(30절)?

3. 본문의 하나님은 어떤 분이십니까?

깊은 묵상

1. 여러분은 예수님의 빛을 세상에 어떤 방법으로 전하고 있습니까?

2. 여러분은 하나님의 뜻에 합당한 말과 행동을 하고 있는지 살펴보십시오.

3. 오늘 여러분에게 주시는 특별한 말씀(깨달은 점, 느낀 점, 적용점 등)은 무엇입니까?

DATE

월 일 요일

잘못된 믿음

중심 단어

성경, 영생, 영광, 영접

주제별 목록 작성

유대인들의 잘못된 믿음

40절: 예수께 가기를 원하지 아니하였다

42절: 하나님을 사랑하지 아니하였다

43절: 아버지의 이름으로 오신 예수를 영접하지 아니하였다

44절: 서로 영광을 취하고 하나님께로부터 오는 영광은 구하지 아니하였다

47절: 모세의 글(성경)과 예수의 말을 믿지 아니하였다

도움말

1. **고발하는(45절)**: '반대로 말하다'라는 뜻이다. 법정에서 상대를 해치기 위해 법률에 어긋나는 행위를 찾아내 말하는 것을 의미한다. 성도는 율법을 모두 지킬 수 없기 때문에 모세 율법은 결국 하나님의 법정에서 고소인의 역할을 한다.

율법을 이용한 유대인

율법에 가장 가까운 자들이었고 율법을 지킴으로써 스스로를 의롭다고 생각했던 유대인들이 예수 그리스도를 배척한 이유는 무엇입니까? 그들은 성경을 잘못된 방법으로 읽고 있었습니다. 그들은 율법을 주신 하나님을 사랑하지 않았고, 율법이 증거하는 그리스도도 믿지 않았습니다(39-40절). 그들에게 율법은 자신들의 사상과 행위를 뒷받침하기 위해 이용하는 도구일 뿐이었습니다. 그들은 결국 서로 영광을 취했으며, 그들의 신앙을 하나님이 아니라 인간에게 보이기 위한 위선적인 종교 의식으로 변형시켰습니다(44절). 또한 메시야에 대해 기록한 모세의 글을 믿지 않았기 때문에 그 글이 증거하는 그리스도 역시 믿을 수 없었습니다(47절).

율법의 마침이 되신 그리스도

하나님께서 인간에게 율법을 주신 이유는 율법을 주신 하나님을 경외하도록 하기 위함입니다. 인간은 죄인이며 율법의 정죄를 받을 수밖에 없습니다. 하지만 그리스도의 십자가의 은혜를 통해 율법의 요구들이 온전히 성취됐습니다. 십자가의 사랑이 우리를 죄에서 완전히 해방시켰습니다. 그래서 사랑은 율법의 완성입니다. 예수님은 인간이 져야 할 율법의 짐을 대신 지시고 율법의 마침이 되셨습니다. 그리스도 외에는 율법 앞에 완전한 자가 없습니다. 그러나 성경에서 영생을 얻는다고 생각하면서 성경을 연구하던 유대인들은 성경이 예수님에 대해 증언하고 있음에도 예수님을 그리스도로 받아들이지 않았습니다(40절).

오늘의 감사기도

1.
2.
3.

요한복음 5:39-47 찬송가: 455장(구 507장)

39너희가 성경에서 영생을 얻는 줄 생각하고 성경을 연구하거니
와 이 성경이 곧 내게 대하여 증언하는 것이니라 40그러나 너희
가 영생을 얻기 위하여 내게 오기를 원하지 아니하는도다 41나
는 사람에게서 영광을 취하지 아니하노라 42다만 하나님을 사랑
하는 것이 너희 속에 없음을 알았노라 43나는 내 아버지의 이름
으로 왔으매 너희가 영접하지 아니하나 만일 다른 사람이 자기
이름으로 오면 영접하리라 44너희가 서로 영광을 취하고 유일
하신 하나님께로부터 오는 영광은 구하지 아니하니 어찌 나를
믿을 수 있느냐 45내가 너희를 아버지께 고발할까 생각하지 말
라 너희를 고발하는 이가 있으니 곧 너희가 바라는 자 모세니라
46모세를 믿었더라면 또 나를 믿었으리니 이는 그가 내게 대하
여 기록하였음이라 47그러나 그의 글도 믿지 아니하거든 어찌
내 말을 믿겠느냐 하시니라

본문 관찰

1. 본문에서 유대인들의 잘못된 믿음에 대한 내용을 살펴보십시오(주제별 목록 작성 참조).

2. 유대인들이 예수님을 믿을 수 없었던 이유는 무엇입니까(44절)?

3. 본문의 하나님은 어떤 분이십니까?

깊은 묵상

1. 여러분은 평소에 말씀을 믿고 의지하기 위해 어떤 노력을 하고 있습니까?

2. 여러분이 삶 속에서 말씀보다 더욱 중요하게 여기는 세상의 가치는 무엇인지 점검해 보십시오.

3. 오늘 여러분에게 주시는 특별한 말씀(깨달은 점, 느낀 점, 적용점 등)은 무엇입니까?

DATE

월 일 요일

무리를 먹이신 예수님

중심 단어

예수, 갈릴리, 큰 무리, 떡, 축사, 표적

주제별 목록 작성

무리를 먹이신 예수님

2절: 큰 무리가 따랐다

4절: 유월절이 가까웠다

5, 10절: 큰 무리에게 떡이 필요했다/ 오천 명쯤이었다

9절: 보리떡 다섯 개와 물고기 두 마리가 있었다

11절: 축사하신 후에 나눠 주셨다

13절: 보리떡 다섯 개로 먹고 남은 조각이 열두 바구니에 찼다

14절: 표적을 본 사람들이 세상에 오실 그 선지자라고 하였다

도움말

1. **데나리온(7절):** 일반 노동자의 하루 품삯에 해당되는 로마의 화폐 단위다.
2. **오천 명쯤(10절):** 히브리인의 인구 계산법상(민 1:2) 성인 남자의 수를 가리킨다.
3. **그 선지자(14절):** 모세가 예언한 위대한 선지자를 말한다(신 18:15, 18).

생명의 떡

디베랴 바다 건너편의 한적한 들녘에서 생명의 떡이시며 유월절 어린 양 되신 예수님께서 큰 무리를 먹이기로 하셨습니다. 이는 예수님 당신이 생명을 주시는 분임을 나타내려 하신 것입니다. 그때 제자들이 가져올 수 있었던 것은 보리떡 다섯 개와 물고기 두 마리뿐이었습니다(9절). 그러나 예수님은 군중을 무리지어 앉히시고 떡 위에 축사하신 후에 그들을 풍족히 먹이셨습니다(11절). 그리스도의 떡을 먹고 기적을 본 자들은 그분을 "세상에 오실 그 선지자"(14절)라고 고백했습니다. 그리고 자신들의 왕국을 건설하려 했습니다(15절). 그러나 예수님은 로마로부터 힘으로 독립하기 원하는 그들의 인간적인 동기와 목적을 아셨기에 군중을 떠나 홀로 산으로 피하셨습니다(15절).

배불리 먹이시는 축복

유월절을 지키기 위해 유대인들은 일주일에서 길게는 한 달 전부터 예루살렘 성전에 모여 절기를 준비했습니다. 유월절을 예루살렘 성전에서 준비하셨던 예수님은 헤롯 왕을 피하기 위해(눅 9:7–9) 갈릴리 바다 건너편에 있는 벳새다 마을로 가셨습니다. 예수님은 그곳에서 오병이어의 표적을 보이셨습니다. 유월절 마지막 만찬에서 떡을 가져 축사하시고 떼어 나누셨던 것처럼, 예수님은 갈릴리 바다 건너편 외딴 곳에서도 유월절 어린 양이 되셔서 떡을 가져 축사하시고 수많은 사람을 넘치도록 배불리 먹이시는 축복을 주셨습니다.

오늘의 감사기도

1.
2.
3.

요한복음 6:1-15 찬송가: 198장(구 284장)

1그 후에 예수께서 디베랴의 갈릴리 바다 건너편으로 가시매
2큰 무리가 따르니 이는 병자들에게 행하시는 표적을 보았음이
러라 3예수께서 산에 오르사 제자들과 함께 거기 앉으시니 4마
침 유대인의 명절인 유월절이 가까운지라 5예수께서 눈을 들어
큰 무리가 자기에게로 오는 것을 보시고 빌립에게 이르시되 우
리가 어디서 떡을 사서 이 사람들을 먹이겠느냐 하시니 6이렇
게 말씀하심은 친히 어떻게 하실지를 아시고 빌립을 시험하고
자 하심이라 7빌립이 대답하되 각 사람으로 조금씩 받게 할지라
도 이백 데나리온의 떡이 부족하리이다 8제자 중 하나 곧 시몬
베드로의 형제 안드레가 예수께 여짜오되 9여기 한 아이가 있어
보리떡 다섯 개와 물고기 두 마리를 가지고 있나이다 그러나 그
것이 이 많은 사람에게 얼마나 되겠사옵나이까 10예수께서 이르
시되 이 사람들로 앉게 하라 하시니 그 곳에 잔디가 많은지라 사
람들이 앉으니 수가 오천 명쯤 되더라 11예수께서 떡을 가져 축
사하신 후에 앉아 있는 자들에게 나눠 주시고 물고기도 그렇게
그들의 원대로 주시니라 12그들이 배부른 후에 예수께서 제자들
에게 이르시되 남은 조각을 거두고 버리는 것이 없게 하라 하시
므로 13이에 거두니 보리떡 다섯 개로 먹고 남은 조각이 열두 바
구니에 찼더라 14그 사람들이 예수께서 행하신 이 표적을 보고
말하되 이는 참으로 세상에 오실 그 선지자라 하더라 15그러므
로 예수께서 그들이 와서 자기를 억지로 붙들어 임금으로 삼으
려는 줄 아시고 다시 혼자 산으로 떠나 가시니라

본문 관찰

1. 본문에서 무리를 먹이신 예수님에 대한 내용을 살펴보십시오(주제별 목록 작성 참조).

2. 예수 그리스도의 기적을 본 사람들은 어떻게 반응합니까(14-15절)?

3. 본문의 하나님은 어떤 분이십니까?

깊은 묵상

1. 예수님은 유월절을 통해 놀라운 축복을 주셨습니다. 여러분에게 주신 유월절의 축복은 무엇입니까?

2. 작은 것이지만 주님의 손에 믿음으로 드려질 때 기적이 일어납니다. 여러분이 주님께 드릴 수 있는 작은 헌신은 무엇인지 생각해 보십시오.

3. 오늘 여러분에게 주시는 특별한 말씀(깨달은 점, 느낀 점, 적용점 등)은 무엇입니까?

DATE

월 일 요일

참된 양식

중심 단어

무리, 떡, 양식, 영생, 인자

주제별 목록 작성

인자가 주는 양식

26절: 예수께서 보이신 표적

27절: 영생하도록 있는 양식

도움말

1. **축사하신(23절)**: '감사를 표하다'라는 뜻이다. 여기서는 하나님께 감사기도 한다는 의미다.
2. **가버나움(24절)**: '나훔의 마을'이라는 뜻이다. 갈릴리 호수 북서쪽 연안의 어촌으로, 예수님의 갈릴리 사역의 중심 무대 중 한 곳이다. 로마 군대가 주둔했고, 세관이 있었으며, 베드로의 장모가 살던 곳이기도 하다.
3. **인치신(27절)**: '도장을 찍다, 확증하다'라는 뜻으로, 본문에서는 '인정하다, 권위를 부여하다'라는 의미가 함축돼 있다. 하나님께서 예수님을 인정하신다는 도장을 찍으심을 의미한다.

성도의 평안

제자들은 바다 건너 가버나움으로 가던 도중 파도를 만났습니다(16-18절). 불안에 떨던 제자들은 예수님을 알아보지 못할 정도로 두려움에 사로잡혔습니다(19절). 그러나 주님께서 "내니 두려워하지 말라"(20절)고 말씀하실 때 그들의 두려움은 평안과 기쁨으로 바뀌었습니다. 세상 풍파와 긴 인생의 항해에서 예수님 없이는 쉼도 없고 안식도 없습니다. 언제 어디에서 갑자기 큰 파도가 일어날지 모르기 때문입니다. 하지만 우리는 불확실성 속에서도 예수님께서 우리를 돌보시고 길을 인도하신다는 사실을 믿기 때문에 주님께 모든 것을 맡기고 평안히 쉴 수 있습니다. 주님은 믿는 자녀들을 향해 오늘도 "내니 두려워하지 말라"고 말씀하십니다.

믿음의 본질

육신을 위한 양식을 얻고자 예수님을 다시 찾은 군중에게 예수님은 그들이 믿음의 본질을 잃어버린 것에 대해 책망하셨습니다(26절). 왜냐하면 이처럼 육신의 욕구를 위해 예수님을 찾아온 자들은 썩을 양식을 위해 일하는 사람들이기 때문입니다. 그런 사람은 현세에서의 복된 삶을 위해 하나님을 이용하고, 자신의 안정이 보장될 때만 하나님을 기뻐할 것입니다. 그러나 우리는 어떤 물질적인 만족도 영적인 갈증을 채워 주지 못함을 깨달아야 합니다. "썩을 양식을 위하여 일하지 말고 영생하도록 있는 양식을 위하여 하라"(27절).

오늘의 감사기도

1.
2.
3.

요한복음 6:16-29 찬송가: 228장(구 285장)

16저물매 제자들이 바다에 내려가서 17배를 타고 바다를 건너 가
버나움으로 가는데 이미 어두웠고 예수는 아직 그들에게 오시
지 아니하셨더니 18큰 바람이 불어 파도가 일어나더라 19제자들
이 노를 저어 십여 리쯤 가다가 예수께서 바다 위로 걸어 배에
가까이 오심을 보고 두려워하거늘 20이르시되 내니 두려워하지
말라 하신대 21이에 기뻐서 배로 영접하니 배는 곧 그들이 가려
던 땅에 이르렀더라 22이튿날 바다 건너편에 서 있던 무리가 배
한 척 외에 다른 배가 거기 없는 것과 또 어제 예수께서 제자들
과 함께 그 배에 오르지 아니하시고 제자들만 가는 것을 보았더
니 23(그러나 디베랴에서 배들이 주께서 축사하신 후 여럿이 떡
먹던 그 곳에 가까이 왔더라) 24무리가 거기에 예수도 안 계시고
제자들도 없음을 보고 곧 배들을 타고 예수를 찾으러 가버나움
으로 가서 25바다 건너편에서 만나 랍비여 언제 여기 오셨나이
까 하니 26예수께서 대답하여 이르시되 내가 진실로 진실로 너
희에게 이르노니 너희가 나를 찾는 것은 표적을 본 까닭이 아니
요 떡을 먹고 배부른 까닭이로다 27썩을 양식을 위하여 일하지
말고 영생하도록 있는 양식을 위하여 하라 이 양식은 인자가 너
희에게 주리니 인자는 아버지 하나님께서 인치신 자니라 28그들
이 묻되 우리가 어떻게 하여야 하나님의 일을 하오리이까 29예
수께서 대답하여 이르시되 하나님께서 보내신 이를 믿는 것이
하나님의 일이니라 하시니

본문 관찰

1. 본문에서 인자가 주는 양식에 대한 내용을 살펴보십시오(주제별 목록 작성 참조).

2. 예수님께서 말씀하시는 하나님의 일은 무엇입니까(29절)?

3. 본문의 하나님은 어떤 분이십니까?

깊은 묵상

1. 여러분은 최근에 무엇을 위한 기도를 하고 있습니까?

2. 여러분은 모든 필요를 채우실 하나님을 온전히 신뢰하고 있는지 돌아보십시오.

3. 오늘 여러분에게 주시는 특별한 말씀(깨달은 점, 느낀 점, 적용점 등)은 무엇입니까?

DATE

월 일 요일

생명의 떡

중심 단어

표적, 떡, 예수, 생명, 아버지의 뜻

주제별 목록 작성

예수 그리스도

32절: 참 떡이시다

33절: 하나님의 떡이시다

35절: 생명의 떡이시다/ 그분께 오는 자는 결코 주리지 않고 그분을 믿는 자는 영원히 목마르지 아니할 것이다

37절: 아버지께서 주시는 자는 다 그분께로 올 것이다/ 그분께 오는 자는 결코 내쫓지 아니하신다

38절: 하늘에서 내려오셔서 그분을 보내신 이의 뜻을 행하려 하신다

39절: 하나님께서 주신 자들을 하나도 잃어버리지 아니하시고 마지막 날에 다시 살려서 하나님의 뜻을 이루실 것이다

도움말

1. **내쫓지(37절)**: '바깥으로 추방하다'라는 뜻이다. 주의 자녀를 거룩한 반열에서 추방시키지 않는다는 의미로, 구원의 확실성을 강조한 표현이다.
2. **마지막 날(39절)**: 세상 종말의 때를 가리킨다. 즉, 하나님께서 선악 간에 최후 심판을 베푸시는 때, 예수 그리스도의 재림 때를 말한다.

표적을 구하는 백성

예수님의 기적을 본 무리는 여전히 영적인 것이 아니라 눈에 보이는 것을 믿었습니다. 그래서 그들은 예수님께 "우리가 보고 당신을 믿도록 행하시는 표적이 무엇이니이까"(30절)라는 어리석은 질문을 했습니다. 이에 예수님은 무지한 백성에게 참된 양식에 대해 말씀하셨습니다. 참된 양식이란 바로 예수 그리스도이십니다. 즉, 참 떡으로서 하나님의 떡이며 생명의 떡이십니다(32-35절). 생명의 떡을 먹기 위해서는 그리스도께로 가야 하며 그분을 믿어야 합니다.

예수님의 표적

"아버지께서 내게 주시는 자는 다 내게로 올 것이요 내게 오는 자는 내가 결코 내쫓지 아니하리라"(37절). 구원은 예수님께서 보증하시는 것입니다. 예수님을 보내셔서 그분을 믿는 자에게 구원을 베푸시는 것이 하나님의 뜻입니다(39절). 그 구원은 마지막 날에 예수님을 믿는 자들을 하나님께서 살리심으로 완성될 것입니다(40절). 유대인들은 기적은 믿으나 그 기적을 행하시는 예수님의 말씀은 믿지 않았습니다(36절). 그러나 예수님께서 그들에게 보이신 기적은 당신이 하나님의 아들이시며 메시야 되심을 나타내기 위한 표적이었습니다. 또한 하늘에서 내려온 참 떡이신 예수님을 맞이하고 영접하여 생명을 얻으라는 계시였습니다. 이 생명은 구하는 자 누구에게나 최후의 날까지 주어지는 영원한 것입니다.

오늘의 감사기도

1.

2.

3.

요한복음 6:30-40 찬송가: 227장(구 283장)

30그들이 묻되 그러면 우리가 보고 당신을 믿도록 행하시는 표
적이 무엇이니이까, 하시는 일이 무엇이니이까 31기록된 바 하
늘에서 그들에게 떡을 주어 먹게 하였다 함과 같이 우리 조상들
은 광야에서 만나를 먹었나이다 32예수께서 이르시되 내가 진실
로 진실로 너희에게 이르노니 모세가 너희에게 하늘로부터 떡
을 준 것이 아니라 내 아버지께서 너희에게 하늘로부터 참 떡
을 주시나니 33하나님의 떡은 하늘에서 내려 세상에 생명을 주
는 것이니라 34그들이 이르되 주여 이 떡을 항상 우리에게 주소
서 35예수께서 이르시되 나는 생명의 떡이니 내게 오는 자는 결
코 주리지 아니할 터이요 나를 믿는 자는 영원히 목마르지 아니
하리라 36그러나 내가 너희에게 이르기를 너희는 나를 보고도
믿지 아니하는도다 하였느니라 37아버지께서 내게 주시는 자는
다 내게로 올 것이요 내게 오는 자는 내가 결코 내쫓지 아니하리
라 38내가 하늘에서 내려온 것은 내 뜻을 행하려 함이 아니요 나
를 보내신 이의 뜻을 행하려 함이니라 39나를 보내신 이의 뜻은
내게 주신 자 중에 내가 하나도 잃어버리지 아니하고 마지막 날
에 다시 살리는 이것이니라 40내 아버지의 뜻은 아들을 보고 믿
는 자마다 영생을 얻는 이것이니 마지막 날에 내가 이를 다시 살
리리라 하시니라

본문 관찰

1. 본문에서 예수 그리스도에 대한 내용을 살펴보십시오(주제별 목록 작성 참조).

2. 예수님께서 말씀하신 떡은 우리가 말하는 만나와 어떤 차이가 있습니까(31-33절)?

3. 본문의 하나님은 어떤 분이십니까?

깊은 묵상

1. 여러분이 예수님과 동행하는 삶을 살고 있다는 증거는 무엇입니까?

2. 여러분은 하나님의 뜻이 삶 가운데 이뤄지기를 진정으로 원하고 있는지 점검해 보십시오.

3. 오늘 여러분에게 주시는 특별한 말씀(깨달은 점, 느낀 점, 적용점 등)은 무엇입니까?

DATE

월 일 요일

썩지 않을 양식

중심 단어

유대인, 예수, 요셉의 아들, 아버지, 영생, 생명의 떡

주제별 목록 작성

예수 그리스도

41절: 하늘에서 내려온 떡이시다

42절: 요셉의 아들이시다

44절: 아버지께 보내심을 받으셨다/ 그 분께 오는 자를 마지막 날에 다시 살리실 것이다

48절: 생명의 떡이시다

51절: 하늘에서 내려온 살아 있는 떡이시다/ 사람이 먹으면 영생하는 떡이시다

도움말

1. **이끌지(44절)**: '끌어내다, 뽑다'라는 뜻이다. 많은 무리 중에 특별히 지명해서 뽑아내는 하나님의 선택 행위를 말한다. 구원은 하나님의 불가항력적 은총으로 이뤄지는 것임을 보여 준다.
2. **살(51절)**: 인류의 구원을 위해 친히 십자가를 지시고 그 위에서 찢기신 예수 그리스도의 육신을 상징한다. 결국 그리스도의 육신을 먹는다는 말은 예수 그리스도의 십자가 죽음과 부활을 믿고 인정함을 의미한다.

영원한 생명의 양식

유대인들은 예수님께서 스스로를 가리켜 하늘에서 내려온 떡이라고 하시는 말씀에 불만을 품고 수군거렸습니다(41절). 그들은 예수님에 대해 "이는 요셉의 아들 예수가 아니냐 그 부모를 우리가 아는데 자기가 지금 어찌하여 하늘에서 내려왔다 하느냐"(42절)라고 하며 예수님의 말씀을 비판했습니다. 이에 예수님은 "나를 보내신 아버지께서 이끌지 아니하시면 아무도 내게 올 수 없으니"(44절)라고 대답하셨습니다. 예수님의 표적과 그 의미에 대한 설명을 듣고 그것을 믿는 사람은, 하나님께서 그 사람의 마음을 이끄신 결과로 진리의 가르침을 깨닫게 되며 예수 그리스도를 통해 하나님을 보게 됩니다(46절). 그러나 유대인이 가진 표적이었던 만나는 생명을 주는 양식이 아니라 하루만 지나면 썩어 버리는 양식입니다(49절). 오직 생명의 떡이신 예수 그리스도를 믿는 자라야 영원한 생명을 누릴 수 있습니다(50절).

생명으로 가는 길

예수님은 "내가 곧 생명의 떡이니라"(48절)고 말씀하신 후에 곧바로 "너희 조상들은 광야에서 만나를 먹었어도 죽었거니와"(49절)라고 하셨습니다. 이는 먹어도 죽게 될 썩을 양식을 찾지 말고, 먹으면 영생을 얻게 될 생명의 말씀을 먹으라는 뜻입니다. 예수님은 하늘에서 내려오신 살아 있는 떡이시기에 이 떡을 먹는 사람은 영생하게 됩니다. "내가 줄 떡은 곧 세상의 생명을 위한 내 살이니라"(51절). 예수님께 나아가는 자만이 생명을 얻을 수 있습니다. 우리는 하나님과의 영원한 관계가 육신의 생명을 연장하는 데 필요한 음식보다 중요하다는 사실을 분명히 깨달아야 합니다.

오늘의 감사기도

1.
2.
3.

요한복음 6:41-51　찬송가: 519장(구 251장)

41자기가 하늘에서 내려온 떡이라 하시므로 유대인들이 예수에
대하여 수군거려 42이르되 이는 요셉의 아들 예수가 아니냐 그
부모를 우리가 아는데 자기가 지금 어찌하여 하늘에서 내려왔
다 하느냐 43예수께서 대답하여 이르시되 너희는 서로 수군거리
지 말라 44나를 보내신 아버지께서 이끌지 아니하시면 아무도
내게 올 수 없으니 오는 그를 내가 마지막 날에 다시 살리리라
45선지자의 글에 그들이 다 하나님의 가르치심을 받으리라 기록
되었은즉 아버지께 듣고 배운 사람마다 내게로 오느니라 46이는
아버지를 본 자가 있다는 것이 아니니라 오직 하나님에게서 온
자만 아버지를 보았느니라 47진실로 진실로 너희에게 이르노니
믿는 자는 영생을 가졌나니 48내가 곧 생명의 떡이니라 49너희
조상들은 광야에서 만나를 먹었어도 죽었거니와 50이는 하늘에
서 내려오는 떡이니 사람으로 하여금 먹고 죽지 아니하게 하는
것이니라 51나는 하늘에서 내려온 살아 있는 떡이니 사람이 이
떡을 먹으면 영생하리라 내가 줄 떡은 곧 세상의 생명을 위한 내
살이니라 하시니라

본문 관찰

1. 본문에서 예수 그리스도에 대한 내용을 살펴보십시오(주제별 목록 작성 참조).

2. 유대인들이 예수님을 배척한 이유는 무엇입니까(41-42절)?

3. 본문의 하나님은 어떤 분이십니까?

깊은 묵상

1. 여러분은 예수님께로부터 생명의 양식을 어떻게 공급받고 있습니까?

2. 여러분이 진정으로 추구하고 간절히 바라는 것은 무엇인지 생각해 보십시오.

3. 오늘 여러분에게 주시는 특별한 말씀(깨달은 점, 느낀 점, 적용점 등)은 무엇입니까?

DATE

월 일 요일

영생을 얻을 방법

중심 단어

예수, 인자, 살, 피, 생명, 살다

주제별 목록 작성

예수 그리스도

53절: 그분의 살과 피를 먹는 자에게 생명이 있다

54절: 영생을 가진 자를 마지막 날에 다시 살리실 것이다

55절: 그분의 살은 참된 양식이요 그분의 피는 참된 음료다

56절: 그분의 살을 먹고 피를 마시는 자는 그분과 서로 함께 거한다

57절: 아버지로 말미암아 사는 것 같이 그분의 살을 먹고 피를 마시는 사람은 그분으로 말미암아 살게 될 것이다

58절: 하늘에서 내려온 떡을 먹는 자는 영원히 살 것이다

59절: 가버나움 회당에서 가르치셨다

도움말

1. **다투어(52절)**: '전투하다'라는 뜻으로 대개는 물리적인 싸움을 뜻하나 여기서는 격렬한 논쟁을 의미한다.
2. **회당(59절)**: 유대인들의 학교, 법정, 집회 및 예배의 중심 처소가 됐던 곳을 말한다.

예수님의 살과 피

구약 성경은 하나님의 계시를 종종 음식으로 표현했습니다. 유대인들은 "너는 와서 내 식물을 먹으며 내 혼합한 포도주를 마시고"(잠 9:5)라는 말씀을 잘 알고 있었습니다. 하지만 그들은 서로 다투며 "이 사람이 어찌 능히 자기 살을 우리에게 주어 먹게 하겠느냐"(52절)라고 하며 예수님을 인정하지 않았습니다. 그들은 예수님께서 생명의 떡을 먹으라고 말씀하셨을 때 그 뜻을 이해하지 못했던 것이 아니라, 예수님께서 구약의 말씀을 성취하셨다는 사실을 받아들이지 못한 것입니다. 그들은 "이는 요셉의 아들 예수가 아니냐"(요 6:42)라고 말하며 예수님께서 메시야이심을 믿지 않았습니다. 예수님은 십자가에 달리심으로써 당신의 살과 피를 우리에게 주셨습니다. 그 예수님의 살과 피를 믿음으로 먹고 마시라는 말씀은 하나님의 계시인 예수님을 영접하고 영생을 얻으라는 말씀입니다.

성만찬의 의미

우리는 성만찬 의식을 통해 믿음으로 예수님의 살과 피를 먹고 마십니다. 다시 말해서, 믿음으로 주의 만찬에 참여함으로써 예수님의 살과 피를 먹고 마시는 것입니다. 이 성만찬을 통해 우리는 믿음으로 예수님을 '생명의 주'로 받아들이게 됩니다. 말씀을 통해서든지 성만찬을 통해서든지 '믿는 마음으로 예수님을 영접하는 것'이 곧 예수님의 살과 피를 마시는 것입니다. 우리가 "내 살을 먹고 내 피를 마시는 자는 영생을 가졌고 마지막 날에 내가 그를 다시 살리리니"(54절)라는 예수님의 말씀을 영적으로 취할 때, 우리는 영원한 생명을 얻게 될 것입니다.

오늘의 감사기도

1.
2.
3.

요한복음 6:52-59 찬송가: 201장(구 240장)

52그러므로 유대인들이 서로 다투어 이르되 이 사람이 어찌 능
히 자기 살을 우리에게 주어 먹게 하겠느냐 53예수께서 이르시
되 내가 진실로 진실로 너희에게 이르노니 인자의 살을 먹지 아
니하고 인자의 피를 마시지 아니하면 너희 속에 생명이 없느니
라 54내 살을 먹고 내 피를 마시는 자는 영생을 가졌고 마지막
날에 내가 그를 다시 살리리니 55내 살은 참된 양식이요 내 피는
참된 음료로다 56내 살을 먹고 내 피를 마시는 자는 내 안에 거
하고 나도 그의 안에 거하나니 57살아 계신 아버지께서 나를 보
내시매 내가 아버지로 말미암아 사는 것 같이 나를 먹는 그 사람
도 나로 말미암아 살리라 58이것은 하늘에서 내려온 떡이니 조
상들이 먹고도 죽은 그것과 같지 아니하여 이 떡을 먹는 자는 영
원히 살리라 59이 말씀은 예수께서 가버나움 회당에서 가르치실
때에 하셨느니라

본문 관찰

1. 본문에서 예수 그리스도에 대한 내용을 살펴보십시오(주제별 목록 작성 참조).

2. 어떻게 해야 예수님 안에 거하고 생명을 얻을 수 있습니까(56-57절)?

3. 본문의 하나님은 어떤 분이십니까?

깊은 묵상

1. 여러분은 주님을 모시고 사는 자로서 어떤 노력을 하고 있습니까?

2. 여러분은 성만찬의 의미에 대해 올바로 이해하고 있는지 살펴보십시오.

3. 오늘 여러분에게 주시는 특별한 말씀(깨달은 점, 느낀 점, 적용점 등)은 무엇입니까?

DATE

월 일 요일

참된 신앙

중심 단어

말씀, 인자, 영, 생명, 아버지, 영생

주제별 목록 작성

예수 그리스도

62절: 하늘로 올리우실 것이다

63절: 생명의 말씀을 주셨다

68절: 영생의 말씀이 있으시다

69절: 하나님의 거룩하신 자다

도움말

1. **걸림(61절)**: 원래는 걸려 넘어지게 하는 장애물이나 범죄하게 하는 요소를 가리키나, 여기서는 심령이 절망에 빠진 상태를 뜻한다.
2. **마귀(70절)**: '디아발로'(고발하다)에서 파생된 말로 '거짓말로 고발하는 자'라는 뜻이다. 인간을 유혹해서 죄에 빠뜨리고 하나님께 고소하기를 즐기는 사탄의 별명이다.
3. **가룟(71절)**: 유다 지파에 속한 최남단의 성읍인 그리욧이다. 예수님을 배신한 유다의 출신지를 말한다.

성령의 역사

예수님의 기적을 보고 큰 무리가 예수님을 따랐습니다. 그들은 예수님의 능력이 자신들에게 도움이 될 것이라고 생각했습니다. 그런데 예수님은 이 땅이 아닌 영적인 세계와 영원한 생명에 대해서 말씀하셨습니다. 이에 예수님을 따르던 무리는 "이 말씀은 어렵도다 누가 들을 수 있느냐"(60절)고 하며 예수님의 말씀을 받아들이지 않았습니다. 그들은 영생의 말씀을 인간의 이성으로만 생각하려고 했습니다. 하지만 예수님의 말씀에서 영적인 의미를 깨닫게 해 주시는 분은 바로 성령님이십니다. 진리를 받아들이고 생명을 얻게 되는 것은 성령님의 능력에 의한 것이며, 성령님의 역사 없이는 누구도 예수님을 주님이라고 고백할 수 없습니다.

그리스도와의 바른 관계

두 마음을 품고 예수님을 따르던 무리는 영생에 대한 말씀을 깨닫지 못하고 예수님을 떠나기 시작했습니다(66절). 그러자 예수님은 남은 열두 제자에게 "너희도 가려느냐"(67절)고 물으셨습니다. 이때 베드로가 "주여 영생의 말씀이 주께 있사오니 우리가 누구에게로 가오리이까"(68절)라는 믿음의 대답을 했습니다. 참된 신앙은 예수 그리스도께서 주시는 무언가가 아닙니다. 그것은 예수 그리스도와의 관계에서 비롯되는 것입니다. 이때 영원한 생명으로 연합된 관계는 성령의 교통하심으로 하나님에 관한 비밀들을 깨달아 그분의 일을 하게 합니다. 그러므로 우리는 그리스도를 향한 변함없는 사랑과 열정을 간직하기 위해 그분께 소망을 두고 그분을 끊임없이 사랑해야 합니다.

오늘의 감사기도

1.
2.
3.

요한복음 6:60-71　찬송가: 546장(구 399장)

60제자 중 여럿이 듣고 말하되 이 말씀은 어렵도다 누가 들을 수
있느냐 한대 61예수께서 스스로 제자들이 이 말씀에 대하여 수
군거리는 줄 아시고 이르시되 이 말이 너희에게 걸림이 되느냐
62그러면 너희는 인자가 이전에 있던 곳으로 올라가는 것을 본
다면 어떻게 하겠느냐 63살리는 것은 영이니 육은 무익하니라
내가 너희에게 이른 말은 영이요 생명이라 64그러나 너희 중에
믿지 아니하는 자들이 있느니라 하시니 이는 예수께서 믿지 아
니하는 자들이 누구며 자기를 팔 자가 누구인지 처음부터 아심
이러라 65또 이르시되 그러므로 전에 너희에게 말하기를 내 아
버지께서 오게 하여 주지 아니하시면 누구든지 내게 올 수 없다
하였노라 하시니라 66그 때부터 그의 제자 중에서 많은 사람이
떠나가고 다시 그와 함께 다니지 아니하더라 67예수께서 열두
제자에게 이르시되 너희도 가려느냐 68시몬 베드로가 대답하되
주여 영생의 말씀이 주께 있사오니 우리가 누구에게로 가오리
이까 69우리가 주는 하나님의 거룩하신 자이신 줄 믿고 알았사
옵나이다 70예수께서 대답하시되 내가 너희 열둘을 택하지 아니
하였느냐 그러나 너희 중의 한 사람은 마귀니라 하시니 71이 말
씀은 가룟 시몬의 아들 유다를 가리키심이라 그는 열둘 중의 하
나로 예수를 팔 자러라

본문 관찰

1. 본문에서 예수 그리스도에 대한 내용을 살펴보십시오(주제별 목록 작성 참조).

2. 우리가 예수님의 말씀을 어렵다고 한 이유는 무엇입니까(60절, 메시지 참조)?

3. 본문의 하나님은 어떤 분이십니까?

깊은 묵상

1. 여러분이 예수 그리스도를 따르는 이유는 무엇입니까?

2. 여러분은 예수 그리스도와 바른 관계를 갖기 위해 노력하고 있는지 점검해 보십시오.

3. 오늘 여러분에게 주시는 특별한 말씀(깨달은 점, 느낀 점, 적용점 등)은 무엇입니까?

DATE

월 일 요일

하나님의 시간

중심 단어

예수, 갈릴리, 유대인, 초막절, 형제, 믿지 아니함, 때, 세상

주제별 목록 작성

예수 그리스도

1절: 유대인들이 죽이려 하였다

3-4절: 형제들이 스스로를 나타내라고 부추겼다

5절: 형제들이 믿지 아니하였다

6절: 하나님의 때를 준비하셨다

12절: 좋은 사람 혹은 무리를 미혹하는 사람으로 군중에게 알려지셨다

도움말

1. **초막절(2절):** 출애굽 후 사십 년 광야 생활 동안 보호해 주신 하나님의 은혜에 감사하는 절기로, 유대력 7월 15일부터 팔 일간 초막을 짓고 절기를 지켰다.
2. **내 때(6절):** 예수님의 공생애 마지막 유월절 무렵의 수난 시기를 말한다.
3. **세상(7절):** '질서가 잡힌 물질세계'라는 뜻이다. 여기서는 사탄의 활동 무대로서의 이 세상 혹은 하나님과 그 나라를 대적하는 인류를 가리키며, 좁게는 그리스도를 적대시하는 유대 사회를 가리킨다.

인간의 때

초막절이 가까워 오자 예수님의 형제들은 예수님께 유대로 가서 스스로를 나타내라고 부추겼습니다(3-4절). 왜냐하면 그들은 예수님을 믿지 않았고, 주님의 때에 대해서도 전혀 알지 못했기 때문입니다. 하지만 예수님은 "내 때는 아직 이르지 아니하였거니와 너희 때는 늘 준비되어 있느니라"(6절)고 대답하셨습니다. 예수님의 형제들이 자신을 드러내는 일을 하는 것에는 정해진 때가 없었습니다. 하지만 예수님은 우리 죄를 위해 십자가를 지셔야 하는 하나님의 때를 기다리고 계셨던 것입니다. 예수님은 세상을 정죄하셨고, 그로 인해 세상에서 미움을 받으셨고 생명에 대한 위협까지 받으셨습니다(7절). 하지만 예수님은 정해진 하나님의 시간표 안에서 십자가를 향해 묵묵히 걸어가셨습니다.

하나님의 때

예수님은 종종 때에 대해 말씀하셨는데, 이는 예정된 하나님의 시간을 의미합니다. 본문에 사용된 카이로스는 물리적인 시간이나 예정된 시간이 아니라 기회를 뜻합니다. 이것은 어떤 일을 하기에 최적의 시간과 가장 적절한 기회라는 의미입니다. 예수님은 모든 일을 하나님의 시간에 따라 행하셨습니다. 우리는 삶 속에서 일어나는 예상하지 못한 여러 일들 앞에서 조급해하고 실망하기 쉽습니다. 하지만 그리스도인은 예수님의 사역 가운데 너무도 정확했던 하나님의 타이밍을 신뢰하며, 하나님의 뜻을 따라가는 삶을 살아야 합니다.

오늘의 감사기도

1.
2.
3.

요한복음 7:1-13 찬송가: 425장(구 217장)

1그 후에 예수께서 갈릴리에서 다니시고 유대에서 다니려 아니
하심은 유대인들이 죽이려 함이러라 2유대인의 명절인 초막절
이 가까운지라 3그 형제들이 예수께 이르되 당신이 행하는 일
을 제자들도 보게 여기를 떠나 유대로 가소서 4스스로 나타나기
를 구하면서 묻혀서 일하는 사람이 없나니 이 일을 행하려 하거
든 자신을 세상에 나타내소서 하니 5이는 그 형제들까지도 예수
를 믿지 아니함이러라 6예수께서 이르시되 내 때는 아직 이르지
아니하였거니와 너희 때는 늘 준비되어 있느니라 7세상이 너희
를 미워하지 아니하되 나를 미워하나니 이는 내가 세상의 일들
을 악하다고 증언함이라 8너희는 명절에 올라가라 내 때가 아직
차지 못하였으니 나는 이 명절에 아직 올라가지 아니하노라 9이
말씀을 하시고 갈릴리에 머물러 계시니라 10그 형제들이 명절에
올라간 후에 자기도 올라가시되 나타내지 않고 은밀히 가시니
라 11명절중에 유대인들이 예수를 찾으면서 그가 어디 있느냐 하
고 12예수에 대하여 무리 중에서 수군거림이 많아 어떤 사람은
좋은 사람이라 하며 어떤 사람은 아니라 무리를 미혹한다 하나
13그러나 유대인들을 두려워하므로 드러나게 그에 대하여 말하
는 자가 없더라

본문 관찰

1. 본문에서 예수 그리스도에 대한 내용을 살펴보십시오(주제별 목록 작성 참조).

2. 초막절에 예수님의 형제들이 예수님께 유대로 가실 것을 종용한 이유는 무엇입니까(3-5절)?

3. 본문의 하나님은 어떤 분이십니까?

깊은 묵상

1. 하나님의 뜻을 따라가는 삶이 되기 위해서는 어떤 자세가 필요합니까?

2. 여러분은 가장 적절한 때를 알고 계시는 하나님께 모든 것을 맡기고 있는지 돌아보십시오.

3. 오늘 여러분에게 주시는 특별한 말씀(깨달은 점, 느낀 점, 적용점 등)은 무엇입니까?

DATE

월 일 요일

예수님에 대한 오해

중심 단어

율법, 안식일, 판단

주제별 목록 작성

예수님을 향한 오해

15절: 지식에 대하여 오해하였다

21절: 예수님의 사역에 대하여 오해하였다

23절: 안식일에 병 고친 것에 대하여 오해하였다

24절: 외모로 인하여 오해하였다

도움말

1. **할례(22절)**: 남성 성기의 귀두 부위를 덮고 있는 포피를 잘라 내는 의식이다. 하나님의 선민임을 나타내는 외적 징표를 뜻한다.
2. **외모(24절)**: 표정, 얼굴, 외형을 포함해 눈으로 보고 판단할 수 있는 모든 외적 요소들을 말한다.

새로운 가르침에 대한 오해

예수님의 설교를 들은 유대인들은 정식으로 교육받지 않은 예수님이 어떻게 글을 알고 있는지 의아해했습니다(15절). 그래서 예수님을 귀신 들린 자, 모세의 율법을 파괴하는 자, 사람들을 미혹시키는 자라고 비난했습니다. 그러나 예수님은 하나님의 뜻을 행하는 자라면 예수님의 교훈이 하나님께로부터 온 것임을 알 수 있다고 말씀하셨습니다(17절). 유대인들은 안식일에 할례를 행하면서 예수님께서 안식일에 병자를 고치신 것에 대해서는 부당하다고 생각했습니다(23절). 예수님은 그들에게 하나님의 정신에 따라 공정하게 판단할 것을 요구하시며 논쟁을 마치셨습니다.

외모로 인한 오해

유대인들은 예수 그리스도의 교훈을 직접 들었으면서도 자신들의 전통과 기득권을 수호하기 위해 마음을 열지 않았습니다. 그들이 예수님을 하나님께서 보내신 메시야로 알아보지 못한 이유는 예수님을 비천한 나사렛 출신의 교육받지 못한 목수의 아들로만 보았기 때문입니다. 그들은 예수님께서 하시는 일과 말씀을 통해 그분을 알려고 하지 않았습니다. 하지만 자신의 신념과 판단을 내려놓고 진정으로 하나님의 영광에 목적을 두고 그분의 뜻에 순종한다면, 우리는 예수님의 진정한 모습을 볼 수 있고 하나님의 마음과 뜻을 알게 될 것입니다.

오늘의 감사기도

1.
2.
3.

요한복음 7:14-24　찬송가: 135장(구 133장)

14이미 명절의 중간이 되어 예수께서 성전에 올라가사 가르치시
니 15유대인들이 놀랍게 여겨 이르되 이 사람은 배우지 아니하
였거늘 어떻게 글을 아느냐 하니 16예수께서 대답하여 이르시
되 내 교훈은 내 것이 아니요 나를 보내신 이의 것이니라 17사람
이 하나님의 뜻을 행하려 하면 이 교훈이 하나님께로부터 왔는
지 내가 스스로 말함인지 알리라 18스스로 말하는 자는 자기 영
광만 구하되 보내신 이의 영광을 구하는 자는 참되니 그 속에 불
의가 없느니라 19모세가 너희에게 율법을 주지 아니하였느냐 너
희 중에 율법을 지키는 자가 없도다 너희가 어찌하여 나를 죽이
려 하느냐 20무리가 대답하되 당신은 귀신이 들렸도다 누가 당
신을 죽이려 하나이까 21예수께서 대답하여 이르시되 내가 한
가지 일을 행하매 너희가 다 이로 말미암아 이상히 여기는도다
22모세가 너희에게 할례를 행했으니 (그러나 할례는 모세에게서
난 것이 아니요 조상들에게서 난 것이라) 그러므로 너희가 안식
일에도 사람에게 할례를 행하느니라 23모세의 율법을 범하지 아
니하려고 사람이 안식일에도 할례를 받는 일이 있거든 내가 안
식일에 사람의 전신을 건전하게 한 것으로 너희가 내게 노여워
하느냐 24외모로 판단하지 말고 공의롭게 판단하라 하시니라

본문 관찰

1. 본문에서 예수님을 향한 오해에 대한 내용을 살펴보십시오(주제별 목록 작성 참조).

2. 예수님은 보내신 이의 영광을 구하는 자에게는 무엇이 없다고 하셨습니까(18절)?

3. 본문의 하나님은 어떤 분이십니까?

깊은 묵상

1. 여러분이 사람들을 겉모습으로만 판단하지 않기 위해서는 어떤 태도를 고쳐 나가야 합니까?

2. 여러분이 하나님을 오해하고 있는 부분은 없는지 점검해 보십시오.

3. 오늘 여러분에게 주시는 특별한 말씀(깨달은 점, 느낀 점, 적용점 등)은 무엇입니까?

DATE

월 일 요일

참되신 예수님

중심 단어

그리스도, 가르치시다, 참되시다, 표적

주제별 목록 작성

예수 그리스도

25절: 유대인들이 죽이고자 하였다

28절: 성전에서 가르치셨다

29절: 하나님께로부터 보내심을 받으셨다

30절: 하나님의 때를 준비하셨다

31절: 많은 표적을 행하셨다

33절: 하나님께로 돌아가실 것이다

도움말

1. **표적(31절)**: '증거, 징조'라는 뜻이다. 여기서는 예수님께서 메시아이심을 증명할 수 있는 기적을 뜻한다.
2. **헬라인(35절)**: 발칸반도 남단의 소국(小國)으로 B.C. 8세기 이전 로마에 패권을 내주기까지 지중해를 비롯한 중근동에 막강한 영향력을 행사한 그리스 사람을 가리킨다.
3. **흩어져 사는 자(35절)**: 바벨론 유수 이후 바벨론을 비롯해 중근동, 아프리카 북부, 유럽 남부 지방 등지에 두루 흩어져 사는 유대인을 뜻한다.

메시아에 대한 잘못된 기대

유대인들은 메시아가 언제 오실지 아무도 모르며, 자신들이 기대하고 이해할 수 있는 방법으로만 메시아가 오셔야 한다는 지극히 인간적인 사고방식을 갖고 있었습니다(27절). 이에 대해 예수님은 이 땅에 스스로 오신 것이 아니라 하나님으로부터 보내심을 받았다고 말씀하시며(29절), 머지 않아 사역을 이루시고 아버지께로 돌아갈 것을 말씀하셨습니다(33절). 하지만 유대인들은 그 말의 의미를 전혀 이해하지 못했습니다. 진리에 눈을 뜨지 못한 채 끝까지 메시아이신 예수님을 알아보지 못한 유대인들은 지금까지도 메시아를 기다리며 그들만의 빗나간 종교생활을 하고 있습니다.

믿음이 없는 이해

하나님은 당신이 원하는 방식대로 일하시고 스스로를 나타내십니다. 그러므로 우리는 자신의 종교적인 틀이나 제한된 지식으로 하나님을 제한해서는 안 됩니다. 하지만 유대인들은 그들의 지식 안에서 이해되는 것만을 믿고 하나님을 찾으려 했을 뿐 믿음을 통해 올바른 이해가 가능하다는 것은 몰랐습니다. 즉, 유대인들이 예수님의 말씀을 이해할 수 없었던 이유는 그들이 예수님의 말씀을 믿지 않았기 때문입니다. 예수님은 당신의 말씀을 받아들이지 않는 유대인들에게 "너희가 나를 찾아도 만나지 못할 터이요 나 있는 곳에 오지도 못하리라"(34절)고 말씀하셨습니다. 하지만 유대인들은 여전히 인간적인 시각을 벗어나지 못한 채 예수님께서 어딘가로 떠나실 것이라고만 생각했습니다. 하나님은 우리가 믿음이라는 거울을 통해서만 볼 수 있는 분이심을 기억해야 합니다.

오늘의 감사기도

1.

2.

3.

요한복음 7:25-36 찬송가: 96장(구 94장)

25예루살렘 사람 중에서 어떤 사람이 말하되 이는 그들이 죽이
고자 하는 그 사람이 아니냐 26보라 드러나게 말하되 그들이 아
무 말도 아니하는도다 당국자들은 이 사람을 참으로 그리스도
인 줄 알았는가 27그러나 우리는 이 사람이 어디서 왔는지 아노
라 그리스도께서 오실 때에는 어디서 오시는지 아는 자가 없으
리라 하는지라 28예수께서 성전에서 가르치시며 외쳐 이르시되
너희가 나를 알고 내가 어디서 온 것도 알거니와 내가 스스로 온
것이 아니니라 나를 보내신 이는 참되시니 너희는 그를 알지 못
하나 29나는 아노니 이는 내가 그에게서 났고 그가 나를 보내셨
음이라 하시니 30그들이 예수를 잡고자 하나 손을 대는 자가 없
으니 이는 그의 때가 아직 이르지 아니하였음이러라 31무리 중
의 많은 사람이 예수를 믿고 말하되 그리스도께서 오실지라도
그 행하실 표적이 이 사람이 행한 것보다 더 많으랴 하니 32예
수에 대하여 무리가 수군거리는 것이 바리새인들에게 들린지라
대제사장들과 바리새인들이 그를 잡으려고 아랫사람들을 보내
니 33예수께서 이르시되 내가 너희와 함께 조금 더 있다가 나를
보내신 이에게로 돌아가겠노라 34너희가 나를 찾아도 만나지 못
할 터이요 나 있는 곳에 오지도 못하리라 하시니 35이에 유대인
들이 서로 묻되 이 사람이 어디로 가기에 우리가 그를 만나지 못
하리요 헬라인 중에 흩어져 사는 자들에게로 가서 헬라인을 가
르칠 터인가 36나를 찾아도 만나지 못할 터이요 나 있는 곳에 오
지도 못하리라 한 이 말이 무슨 말이냐 하니라

본문 관찰

1. 본문에서 예수 그리스도에 대한 내용을 살펴보십시오(주제별 목록 작성 참조).

2. 유대인들이 예수님을 믿지 못한 이유는 무엇입니까(메시지 참조)?

3. 본문의 하나님은 어떤 분이십니까?

깊은 묵상

1. 여러분은 우리를 세상에 보내신 하나님의 뜻을 어떻게 이뤄 가고 있습니까?

2. 여러분은 믿음으로 알게 되는 원리를 따릅니까, 아니면 이해되는 것만을 믿으려고 합니까? 여러분의 모습을 살펴보십시오.

3. 오늘 여러분에게 주시는 특별한 말씀(깨달은 점, 느낀 점, 적용점 등)은 무엇입니까?

DATE

월 일 요일

생수의 강

중심 단어

예수, 성경, 생수의 강, 성령

주제별 목록 작성

예수 그리스도

37절: 생수의 근원이시다

38절: 믿는 자에게 생수의 강이 흐르게 하신다

40절: 선지자로 칭해지셨다

43절: 쟁론의 대상이 되셨다

44-46절: 아랫사람들이 그분의 말씀을 듣고 잡기를 포기하였다

도움말

1. **쟁론(43절):** '분열, 갈라진 틈'을 뜻한다. 마음이 일치되지 않아 무리가 여러 분파로 분열됐음을 보여 준다.
2. **율법(49절):** 하나님의 백성을 세상에서 거룩히 구별하기 위해 하나님께서 친히 세우신 법을 의미한다. 시내 산에서 모세를 통해 내려 주신 이 법은 구약 이스라엘 백성의 정치, 문화, 종교 등 생활 전반을 지배했다. 이 율법의 기본 정신을 요약한 것이 십계명이다.

쟁론하는 무리

예수님은 그들이 마신 물이 바로 그리스도 당신임을 밝히시고 "누구든지 목마르거든 내게로 와서 마시라"(37절)고 말씀하십니다. 삶의 목마름을 해소할 생수의 강은 바로 믿는 자들이 받을 성령을 가리킵니다(39절). 이 말씀을 들은 무리 중에는 예수님을 모세가 약속한 예언자 또는 하나님의 기름 부음 받은 그리스도라고 생각한 이도 있었고, 하나님께 기름 부음 받은 자라면 베들레헴에서 나와야 한다고 말하는 이도 있었습니다(40-42절). 하지만 유대 종교지도자들은 생수이신 그리스도를 여전히 알아보지 못했고, 예수님을 잡아오라고 보냈던 아랫사람들이 그냥 돌아오자 "너희도 미혹되었느냐"(47절)라고 말했습니다. 그들은 사람들이 율법을 모르기 때문에 예수님의 생수의 말씀을 받아들인다고 생각했습니다.

물처럼 부어질 성령

"나를 믿는 자는 성경에 이름과 같이 그 배에서 생수의 강이 흘러나오리라"(38절). 예수 그리스도는 생수의 강이십니다. 우리에게 생명을 주시는 약속의 물은 에스겔 선지자가 환상으로 봤던 성전으로부터 흘러나오는 약속의 물이며(겔 47:1-12), 스가랴 선지자가 봤던 예루살렘으로부터 솟아나온 생수입니다(슥 14:8). 이 물은 초막절에 기념돼 오다가 오순절에 예수님을 믿는 자들에게 물처럼 부어졌던 성령의 오심으로 이뤄졌습니다(행 2:1-2). 예수님의 죽으심과 부활로 생수의 강이 믿는 자 안에 흘러 넘치게 된 것입니다. 예수님으로 인해 그분을 믿는 자들은 참된 안식과 평안을 얻게 됐습니다.

오늘의 감사기도

1.
2.
3.

요한복음 7:37-53 찬송가: 309장(구 409장)

37명절 끝날 곧 큰 날에 예수께서 서서 외쳐 이르시되 누구든지
목마르거든 내게로 와서 마시라 38나를 믿는 자는 성경에 이름
과 같이 그 배에서 생수의 강이 흘러나오리라 하시니 39이는 그
를 믿는 자들이 받을 성령을 가리켜 말씀하신 것이라 (예수께
서 아직 영광을 받지 않으셨으므로 성령이 아직 그들에게 계시
지 아니하시더라) 40이 말씀을 들은 무리 중에서 어떤 사람은 이
사람이 참으로 그 선지자라 하며 41어떤 사람은 그리스도라 하
며 어떤 이들은 그리스도가 어찌 갈릴리에서 나오겠느냐 42성경
에 이르기를 그리스도는 다윗의 씨로 또 다윗이 살던 마을 베들
레헴에서 나오리라 하지 아니하였느냐 하며 43예수로 말미암아
무리 중에서 쟁론이 되니 44그 중에는 그를 잡고자 하는 자들도
있으나 손을 대는 자가 없었더라 45아랫사람들이 대제사장들과
바리새인들에게로 오니 그들이 묻되 어찌하여 잡아오지 아니하
였느냐 46아랫사람들이 대답하되 그 사람이 말하는 것처럼 말
한 사람은 이 때까지 없었나이다 하니 47바리새인들이 대답하되
너희도 미혹되었느냐 48당국자들이나 바리새인 중에 그를 믿는
자가 있느냐 49율법을 알지 못하는 이 무리는 저주를 받은 자로
다 50그 중의 한 사람 곧 전에 예수께 왔던 니고데모가 그들에게
말하되 51우리 율법은 사람의 말을 듣고 그 행한 것을 알기 전에
심판하느냐 52그들이 대답하여 이르되 너도 갈릴리에서 왔느냐
찾아 보라 갈릴리에서는 선지자가 나지 못하느니라 하였더라
53[다 각각 집으로 돌아가고

본문 관찰

1. 본문에서 예수 그리스도에 대한 내용을 살펴보십시오(주제별 목록 작성 참조).

2. 유대 종교지도자들을 향해 그들이 율법을 어기고 있음을 지적한 사람은 누구입니까(50-51절)?

3. 본문의 하나님은 어떤 분이십니까?

깊은 묵상

1. 여러분은 생명의 떡과 물을 먹고 마시도록 초청하시는 주님의 말씀에 어떻게 응답하고 있습니까?

2. 여러분은 신령한 생명이 흘러넘치는 삶을 살고 있는지 돌아보십시오.

3. 오늘 여러분에게 주시는 특별한 말씀(깨달은 점, 느낀 점, 적용점 등)은 무엇입니까?

DATE

월 일 요일

정죄하지 않으시는 예수님

중심 단어

음행, 여자, 율법, 죄, 양심, 정죄

주제별 목록 작성

예수 그리스도

2절: 성전에서 가르치셨다

3-4절: 음행중에 끌려온 여자를 만나셨다

5-6절: 고발할 조건으로 율법의 시험을 받으셨다

7절: 죄 없는 자가 먼저 돌로 치라고 말씀하셨다

8절: 침묵하셨다/ 몸을 굽혀 손가락으로 땅에 쓰셨다

9절: 고소자들을 물러나게 하셨다

11절: 여자를 정죄하지 아니하셨다/ 여자에게 죄를 범하지 말라고 요구하셨다

도움말

1. **현장에서(4절):** '도둑질하는 바로 그 자신'이라는 의미로, 현행범을 뜻한다. 여기서는 '간음 현행범'을 말한다.
2. **죄 없는 자(7절):** 모태에서 태어나면서부터 단 한 번의 죄도 짓지 않은 것을 의미한다.

예수님의 빛

예수님은 성전에서 백성을 가르치고 계셨습니다(2절). 예수님께 많은 사람이 모이는 것을 시기한 유대인들은 예수님을 올무에 빠뜨릴 계략을 세웠습니다. 그들은 말씀을 전하시는 예수님 앞에 음행한 여인을 끌고 왔습니다(3절). 그리고 음행한 여인은 돌로 치라고 했다는 모세의 율법을 들며 예수님께서 어떻게 하실지를 시험하고자 했습니다(4-5절). 그들의 악한 동기를 모두 아셨던 예수님은 몸을 굽혀 땅에 무언가를 적으셨습니다(6절). 무엇을 적으셨는지는 알 수 없으나 사람들은 이내 잠잠해졌습니다. 그때 예수님은 외식하는 자들을 향해 "너희 중에 죄 없는 자가 먼저 돌로 치라"(7절)고 말씀하셨습니다. 그 말씀은 그들의 마음을 찔렀으며 마치 빛 앞에서 자신의 더러운 모습을 들키기라도 한 것처럼 모두 물러가게 했습니다.

사랑의 권위

모였던 사람들은 모두 양심의 가책을 느끼며 그곳을 떠났고, 예수님과 여인만 남았습니다(9절). 예수님은 그 여인에게 "너를 고발하던 그들이 어디 있느냐 너를 정죄한 자가 없느냐"(10절)라고 물으셨습니다. 자신들이 음행한 여인보다 의롭다 여기고 여인을 정죄하던 자들도 주님 앞에서는 모두 죄인일 뿐입니다. 예수님은 이 사실을 여인에게 확인시키시고 "나도 너를 정죄하지 아니하노니"(11절)라고 하시며 여인에게 자비를 베푸셨습니다. 예수님께서 보여 주신 사랑은 연약하고 죄 많은 사람들에게 새로운 기회를 줬습니다. 또한 그 사랑은 정죄하지 않는 예수님의 자비하심을 나타냈습니다. 예수님은 모든 사람이 죄인이기 때문에 율법으로서 인간이 의로워질 수 없으며, 오직 사랑의 율법만이 그 의를 이룰 수 있다는 것을 보여 주셨습니다.

오늘의 감사기도

1.
2.
3.

요한복음 8:1-11 찬송가: 276장(구 334장)

1예수는 감람 산으로 가시니라 2아침에 다시 성전으로 들어오시
니 백성이 다 나아오는지라 앉으사 그들을 가르치시더니 3서기
관들과 바리새인들이 음행중에 잡힌 여자를 끌고 와서 가운데
세우고 4예수께 말하되 선생이여 이 여자가 간음하다가 현장에
서 잡혔나이다 5모세는 율법에 이러한 여자를 돌로 치라 명하였
거니와 선생은 어떻게 말하겠나이까 6그들이 이렇게 말함은 고
발할 조건을 얻고자 하여 예수를 시험함이러라 예수께서 몸을
굽히사 손가락으로 땅에 쓰시니 7그들이 묻기를 마지 아니하는
지라 이에 일어나 이르시되 너희 중에 죄 없는 자가 먼저 돌로
치라 하시고 8다시 몸을 굽혀 손가락으로 땅에 쓰시니 9그들이
이 말씀을 듣고 양심에 가책을 느껴 어른으로 시작하여 젊은이
까지 하나씩 하나씩 나가고 오직 예수와 그 가운데 섰는 여자만
남았더라 10예수께서 일어나사 여자 외에 아무도 없는 것을 보
시고 이르시되 여자여 너를 고발하던 그들이 어디 있느냐 너를
정죄한 자가 없느냐 11대답하되 주여 없나이다 예수께서 이르시
되 나도 너를 정죄하지 아니하노니 가서 다시는 죄를 범하지 말
라 하시니라]

본문 관찰

1. 본문에서 예수 그리스도에 대한 내용을 살펴보십시오(주제별 목록 작성 참조).

2. 유대인들이 예수님께 음행한 여인을 데려온 의도는 무엇입니까(6절, 메시지 참조)?

3. 본문의 하나님은 어떤 분이십니까?

깊은 묵상

1. 여러분은 다른 사람을 판단하거나 정죄하지 않기 위해 어떤 노력을 하고 있습니까?

2. 우리에게 자비를 베푸시고 정죄하지 않으시는 하나님의 은혜를 묵상해 보십시오.

3. 오늘 여러분에게 주시는 특별한 말씀(깨달은 점, 느낀 점, 적용점 등)은 무엇입니까?

DATE

월 일 요일

생명의 빛

중심 단어

예수, 빛, 생명, 증언, 판단

주제별 목록 작성

예수 그리스도

12절: 그분을 따르는 자는 어둠에 다니지 않고 생명의 빛을 얻는다

14절: 자신을 위하여 증언하여도 그 증언이 참되다/ 자신이 어디서 오며 어디로 가는지 아신다

15절: 아무도 판단하지 아니하신다

16절: 판단하여도 그 판단이 참되다/ 그분을 보내신 이가 함께 계신다

18절: 스스로 자신을 위하여 증언하는 자가 되신다/ 아버지도 그분을 위하여 증언하여 주신다

19절: 그분을 알면 그 아버지도 알게 된다

도움말

1. **판단하지(15절):** 공개 석상에서 공식적으로 죄를 선고하거나 잘못을 엄격하게 추궁하는 것을 의미한다.

빛이신 예수님

"나는 세상의 빛이니 나를 따르는 자는 어둠에 다니지 아니하고 생명의 빛을 얻으리라"(12절). 예수님은 당신이 세상의 빛이심을 선포하셨습니다. 어두운 세상은 빛을 필요로 합니다. 그 빛을 알기 위해서 인간은 예수님을 따라야 합니다. 예수님을 따르는 사람은 빛 가운데 살아가게 되며, 삶이 변화돼 다시는 어둠 속을 헤매지 않게 됩니다. 하지만 율법학자들과 바리새인들은 "네가 너를 위하여 증언하니 네 증언은 참되지 아니하도다"(13절)라고 말하며 진리의 말씀을 받아들이지 않고 예수님을 배척했습니다.

잘못된 판단

유대인들은 예수님을 인정하지 않았으며, 예수님의 말씀이 참되지 않다고 비판했습니다. 이에 대해 예수님은 "내가 나를 위하여 증언하는 자가 되고 나를 보내신 아버지도 나를 위하여 증언하시느니라"(18절)고 말씀하셨습니다. 예수님은 당신의 권위와 하나님과의 관계에 대해 다른 증거가 필요하지 않으신 분입니다. 이 같은 예수님께 증거를 요구했던 유대인들은 결국 하나님도 모르는 자들이었습니다(19절). "너희는 육체를 따라 판단하나 나는 아무도 판단하지 아니하노라"(15절). 그들은 판단하고 정죄했지만 예수님은 아무도 판단하지 않으셨습니다. 이처럼 인간은 자신의 생각으로 잘못된 판단을 하곤 합니다. 때문에 우리는 성령님의 도우심을 받아 유대인들과 같은 그릇된 판단에 빠지지 말고, 참된 예수님을 진실과 행함으로 따르는 삶을 살아야 합니다.

오늘의 감사기도

1.
2.
3.

요한복음 8:12-20 찬송가: 84장(구 96장)

12예수께서 또 말씀하여 이르시되 나는 세상의 빛이니 나를 따
르는 자는 어둠에 다니지 아니하고 생명의 빛을 얻으리라 13바
리새인들이 이르되 네가 너를 위하여 증언하니 네 증언은 참되
지 아니하도다 14예수께서 대답하여 이르시되 내가 나를 위하여
증언하여도 내 증언이 참되니 나는 내가 어디서 오며 어디로 가
는 것을 알거니와 너희는 내가 어디서 오며 어디로 가는 것을 알
지 못하느니라 15너희는 육체를 따라 판단하나 나는 아무도 판
단하지 아니하노라 16만일 내가 판단하여도 내 판단이 참되니
이는 내가 혼자 있는 것이 아니요 나를 보내신 이가 나와 함께
계심이라 17너희 율법에도 두 사람의 증언이 참되다 기록되었으
니 18내가 나를 위하여 증언하는 자가 되고 나를 보내신 아버지
도 나를 위하여 증언하시느니라 19이에 그들이 묻되 네 아버지
가 어디 있느냐 예수께서 대답하시되 너희는 나를 알지 못하고
내 아버지도 알지 못하는도다 나를 알았더라면 내 아버지도 알
았으리라 20이 말씀은 성전에서 가르치실 때에 헌금함 앞에서
하셨으나 잡는 사람이 없으니 이는 그의 때가 아직 이르지 아니
하였음이러라

본문 관찰

1. 본문에서 예수 그리스도에 대한 내용을 살펴보십시오(주제별 목록 작성 참조).

2. 예수님의 말씀에 대한 참된 두 증인은 누구입니까(18절)?

3. 본문의 하나님은 어떤 분이십니까?

깊은 묵상

1. 여러분이 세상 속에서 잘못된 판단을 하지 않기 위해 고쳐 나가야 할 점은 무엇입니까?

2. 여러분은 세상의 빛이신 예수 그리스도 안에서 어둠을 이기며 살고 있는지 돌아보십시오.

3. 오늘 여러분에게 주시는 특별한 말씀(깨달은 점, 느낀 점, 적용점 등)은 무엇입니까?

DATE

월 일 요일

하늘에 속하신 예수님

중심 단어

죄, 예수, 죽으리라, 아버지, 인자

주제별 목록 작성

예수 그리스도

21절: 그분이 가시면 믿지 않는 자는 그분을 찾다가 죄 가운데서 죽겠고 그분이 가시는 곳에는 오지 못할 것이다

23절: 위에서 나셨으며 이 세상에 속하지 아니하신다

25절: 처음부터 자신에 대하여 말씀해 오셨다

26절: 그분을 보내신 이가 참되시기 때문에 들은 것을 세상에 말씀하셨다

28절: 들리신 후에 그분이 메시아이신 줄을 깨닫게 될 것이다/ 스스로 아무것도 하지 아니하시고 아버지께서 가르치신 대로 말씀하신다

29절: 그분을 보내신 이가 그와 함께 계신다/ 아버지께서 기뻐하시는 일을 행하므로 그분을 혼자 두지 아니하신다

도움말

1. **참되시매(26절)**: '숨겨지지 않은 것'이라는 뜻이다. 진리는 결코 감춰지지 않고 만인에게 공공연하게 드러나는 특성이 있음을 보여 준다.
2. **든(28절)**: 위로 높게 들린다는 의미다. 여기서는 예수 그리스도의 십자가 죽음에 대한 완곡한 표현으로 사용됐다.

구원의 기회

예수님은 유대인들에게 당신을 메시아로 믿지 않으면 죄 가운데서 죽을 것이라고 말씀하셨습니다(24절). 예수님을 믿지 않는 자들의 결국은 불완전한 생을 마감하고 하나님과 분리된 채로 영원한 어둠 속으로 걸어 들어가는 것입니다. 또한 예수님은 당신이 이 세상에 속하지 않으셨음을 말씀하셨습니다(23절). 여기에서 "세상"은 신적인 것에 반대되는 인간적인 것을 총칭하는 말입니다. 세상은 하나님께서 만드셨으며 그분께 사랑의 대상이 됩니다. 하지만 세상은 하나님을 대적하고, 그리스도를 알지 못하며, 주님을 따르는 사람들을 미워하기도 합니다. 예수님은 이 죄로부터 고침받기 위해서는 예수님 당신을 하나님의 아들로 받아들여야 한다고 말씀하십니다.

메시아이신 예수님

예수님의 말씀을 들은 유대인들은 여전히 예수님의 정체에 대해 의심하며 "네가 누구냐"(25절)라고 물었습니다. 하지만 십자가가 들릴 때 그들은 그리스도가 어떤 분이신지 알게 될 것이며, 그 십자가를 통해 그리스도가 오직 하나님의 뜻을 말씀하시고 그분의 뜻을 이루신 분임을 믿게 될 것입니다. 그리고 하나님과 함께 계시는 분임을 알게 될 것입니다(28절). 우리를 향한 그리스도의 사랑은 십자가에서 당신을 우리에게 주심으로 나타났습니다. 이 십자가 사랑은 예수님께서 하나님의 뜻을 온전히 이루신 것이며, 하나님을 우리에게 나타내시는 방법이기도 했습니다.

오늘의 감사기도

1.
2.
3.

요한복음 8:21-30 찬송가: 532장(구 323장)

21다시 이르시되 내가 가리니 너희가 나를 찾다가 너희 죄 가운
데서 죽겠고 내가 가는 곳에는 너희가 오지 못하리라 22유대인
들이 이르되 그가 말하기를 내가 가는 곳에는 너희가 오지 못하
리라 하니 그가 자결하려는가 23예수께서 이르시되 너희는 아래
에서 났고 나는 위에서 났으며 너희는 이 세상에 속하였고 나는
이 세상에 속하지 아니하였느니라 24그러므로 내가 너희에게 말
하기를 너희가 너희 죄 가운데서 죽으리라 하였노라 너희가 만
일 내가 그인 줄 믿지 아니하면 너희 죄 가운데서 죽으리라 25그
들이 말하되 네가 누구냐 예수께서 이르시되 나는 처음부터 너
희에게 말하여 온 자니라 26내가 너희에게 대하여 말하고 판단
할 것이 많으나 나를 보내신 이가 참되시매 내가 그에게 들은 그
것을 세상에 말하노라 하시되 27그들은 아버지를 가리켜 말씀하
신 줄을 깨닫지 못하더라 28이에 예수께서 이르시되 너희가 인
자를 든 후에 내가 그인 줄을 알고 또 내가 스스로 아무 것도 하
지 아니하고 오직 아버지께서 가르치신 대로 이런 것을 말하는
줄도 알리라 29나를 보내신 이가 나와 함께 하시도다 나는 항상
그가 기뻐하시는 일을 행하므로 나를 혼자 두지 아니하셨느니
라 30이 말씀을 하시매 많은 사람이 믿더라

본문 관찰

1. 본문에서 예수 그리스도에 대한 내용을 살펴보십시오(주제별 목록 작성 참조).

2. 유대인들이 예수님께서 메시야이심을 알게 되는 때는 언제입니까(28절, 도움말 참조)?

3. 본문의 하나님은 어떤 분이십니까?

깊은 묵상

1. 여러분은 하나님으로부터 오는 은혜와 기회들을 어떤 자세와 태도로 받아들이고 있습니까?

2. 여러분은 예수 그리스도를 믿음으로 죄를 멀리하고 새로운 삶을 살고 있는지 점검해 보십시오.

3. 오늘 여러분에게 주시는 특별한 말씀(깨달은 점, 느낀 점, 적용점 등)은 무엇입니까?

DATE

월 일 요일

자유를 주시는 예수님

중심 단어

예수, 진리, 자유, 종, 죄, 아들

주제별 목록 작성

예수 그리스도

31-32절: 그분의 말씀에 거하면 그분의 제자가 된다/ 진리를 알고 자유롭게 된다

35절: 영원히 집에 거하신다

36절: 그분이 자유롭게 해 주시면 참으로 자유로워진다

38절: 아버지에게서 본 것을 말씀하신다

도움말

1. **내 말에 거하면(31절)**: 말씀이신 그리스도 안에 거하는 것을 말한다. 일시적이거나 감정적으로 예수님께 붙어 있는 것이 아니라 그리스도와 연합해서 그 안에 내재해 있는 상태를 말한다.
2. **진리(32절)**: 누구나 인정하는 보편타당한 것으로 사물의 기초가 되는 사실을 말한다. 여기서는 예수 그리스도 또는 그리스도께서 가르치신 하나님의 말씀을 의미한다.

진리이신 예수님

"진리를 알지니 진리가 너희를 자유롭게 하리라"(32절). 예수님은 진리시며, 그 진리를 아는 자는 자유롭게 됩니다. 여기서 진리를 아는 것은 예수님과 예수님의 말씀을 지식으로 아는 것을 의미하지 않습니다. 이것은 그분을 사랑하고 그분의 말씀을 듣고 행하는 순종까지 포함하는 말입니다. 그렇게 할 때 죄와 마귀의 속박으로부터 자유로워질 수 있습니다. 유대인들에게는 율법이 있었으나 율법은 거울처럼 인간의 잘못과 죄를 알려 주는 역할을 할 뿐, 죄에서 자유롭게 하지는 못했습니다. 원죄를 가진 인간은 누구나 "죄의 종"(34절)입니다. 죄를 원하지 않더라도 종에게는 자신의 의지대로 행할 힘이 없으므로 자신을 지배하고 있는 습관과 그릇된 쾌락 등에서 벗어나지 못하는 것입니다. 오직 독생자이신 아들을 믿음으로만 하나님의 집에 거할 수 있으며 자유로워질 수 있습니다(35-36절).

참된 자유

현대 사회는 다양성 속에서 진리를 찾을 수 있다고 생각하며, 참된 하나의 진리를 추구하는 것을 고리타분하게 여깁니다. 하지만 복잡한 사회의 흐름에 따라 빠르게 변화하는 가치관은 삶의 참된 기준을 제시하지 못하며 우리를 더욱 혼란스럽고 허무하게 만들고 있습니다. 우리의 가치관을 올바르게 세울 수 있는 방법은 진리이신 주님을 아는 길뿐입니다. "아들이 너희를 자유롭게 하면 너희가 참으로 자유로우리라"(36절). 우리는 오직 주님을 통해서만 참된 자유를 누릴 수 있습니다. 만일 우리가 자유를 누리지 못하고 있다면, 영원한 만족을 얻을 수 없는 것에서 만족을 얻으려고 하는 것은 아닌지 점검해 봐야 할 것입니다.

오늘의 감사기도

1.

2.

3.

요한복음 8:31-38 찬송가: 268장(구 202장)

31그러므로 예수께서 자기를 믿은 유대인들에게 이르시되 너희
가 내 말에 거하면 참으로 내 제자가 되고 32진리를 알지니 진리
가 너희를 자유롭게 하리라 33그들이 대답하되 우리가 아브라함
의 자손이라 남의 종이 된 적이 없거늘 어찌하여 우리가 자유롭
게 되리라 하느냐 34예수께서 대답하시되 진실로 진실로 너희에
게 이르노니 죄를 범하는 자마다 죄의 종이라 35종은 영원히 집
에 거하지 못하되 아들은 영원히 거하나니 36그러므로 아들이
너희를 자유롭게 하면 너희가 참으로 자유로우리라 37나도 너희
가 아브라함의 자손인 줄 아노라 그러나 내 말이 너희 안에 있을
곳이 없으므로 나를 죽이려 하는도다 38나는 내 아버지에게서
본 것을 말하고 너희는 너희 아비에게서 들은 것을 행하느니라

본문 관찰

1. 본문에서 예수 그리스도에 대한 내용을 살펴보십시오(주제별 목록 작성 참조).

2. 예수님의 참 제자가 되는 조건은 무엇입니까(31절)?

3. 본문의 하나님은 어떤 분이십니까?

깊은 묵상

1. 여러분은 참된 진리를 어디에서 찾고 있습니까?

2. 여러분은 하나님의 말씀을 얼마나 가까이하고 있는지 돌아보십시오.

3. 오늘 여러분에게 주시는 특별한 말씀(깨달은 점, 느낀 점, 적용점 등)은 무엇입니까?

DATE

월 일 요일

진리를 대적하는 자들

중심 단어

아브라함, 진리, 마귀, 욕심, 거짓

주제별 목록 작성

서기관과 바리새인들

39절: 자신들의 아버지를 아브라함이라 고 말하였다

40절: 하나님께 들은 진리를 말한 예수를 죽이려 하였다

43절: 예수의 말씀을 깨닫지 못하였다/ 예수의 말씀을 들을 줄 알지 못하였다

44절: 거짓의 아비 마귀에게서 났다/ 거짓의 아비의 욕심대로 행하고자 하였다

45절: 예수께서 진리를 말씀하시나 예수를 믿지 아니하였다

도움말

1. 음란(41절): 간음을 비롯한 모든 성범죄를 통칭하는 말이다. 영적으로는 하나님을 떠난 우상 숭배 행위를 뜻한다. '음란한 데서 나지 않았다' 함은 영적으로 순수한 하나님의 자녀라는 말이다.

유대인들의 불신앙

유대인들은 예수님을 부인하고 있으면서도 자신들이 아브라함의 자손이라고 생각했습니다(39절). 하지만 예수님은 그들이 아브라함의 자손이라면 예수님의 말씀을 깨닫지 못하고 오히려 예수님을 죽이려 하지 않을 것이라고 지적하셨습니다(40절). 그들의 아비는 아브라함이 아닌 마귀였습니다(44절). 마귀에게서 난 자들의 특징은 살인과 거짓말입니다. 마귀는 세상을 죄로 유혹해서 사망으로 인도합니다. 그러므로 진리에 대항해 거짓을 택하는 자들은 자신들의 아버지가 마귀라는 사실을 스스로 선언하는 것입니다. 우리는 하나님의 전신 갑주를 취해서 마귀의 시험에 빠지지 않도록 항상 깨어 기도해야 합니다.

마귀의 자녀

진리에 대항해 거짓을 택하는 자들은 그들의 아버지가 마귀라는 사실을 스스로 선언하고 있는 것입니다. 하나님의 역사는 위로와 사랑과 연합과 평화의 열매를 맺지만 마귀의 일은 하나님과 교회를 멀어지게 하고, 성도의 교제를 깨뜨리며, 시험에 들게 하고, 넘어지게 합니다. 마귀는 보이지 않는 배후에서 마귀의 자녀들을 도구 삼아 진리를 대적합니다. 그러므로 그리스도인은 하나님의 전신 갑주를 취하고 시험에 들지 않도록 항상 깨어 기도해야 합니다. 이것이 바로 진리의 자녀가 승리하는 길입니다.

오늘의 감사기도

1.
2.
3.

요한복음 8:39-45 찬송가: 348장(구 388장)

39대답하여 이르되 우리 아버지는 아브라함이라 하니 예수께서
이르시되 너희가 아브라함의 자손이면 아브라함이 행한 일들을
할 것이거늘 40지금 하나님께 들은 진리를 너희에게 말한 사람
인 나를 죽이려 하는도다 아브라함은 이렇게 하지 아니하였느
니라 41너희는 너희 아비가 행한 일들을 하는도다 대답하되 우
리가 음란한 데서 나지 아니하였고 아버지는 한 분뿐이시니 곧
하나님이시로다 42예수께서 이르시되 하나님이 너희 아버지였
으면 너희가 나를 사랑하였으리니 이는 내가 하나님께로부터
나와서 왔음이라 나는 스스로 온 것이 아니요 아버지께서 나를
보내신 것이니라 43어찌하여 내 말을 깨닫지 못하느냐 이는 내
말을 들을 줄 알지 못함이로다 44너희는 너희 아비 마귀에게서
났으니 너희 아비의 욕심대로 너희도 행하고자 하느니라 그는
처음부터 살인한 자요 진리가 그 속에 없으므로 진리에 서지 못
하고 거짓을 말할 때마다 제 것으로 말하나니 이는 그가 거짓말
쟁이요 거짓의 아비가 되었음이라 45내가 진리를 말하므로 너희
가 나를 믿지 아니하는도다

본문 관찰

1. 본문에서 서기관과 바리새인들에 대한 내용을 살펴보십시오(주제별 목록 작성 참조).

2. 예수님은 마귀의 본질에 대해 어떻게 말씀하십니까(44절)?

3. 본문의 하나님은 어떤 분이십니까?

깊은 묵상

1. 마귀의 궤계에 대적하기 위해 여러분이 취해야 할 행동은 무엇입니까?

2. 여러분에게는 어떤 잘못된 믿음이 있는지 점검해 보십시오.

3. 오늘 여러분에게 주시는 특별한 말씀(깨달은 점, 느낀 점, 적용점 등)은 무엇입니까?

DATE

월 일 요일

영원한 생명이신 예수님

중심 단어

진리, 하나님, 말씀, 귀신, 공경, 영광, 아브라함

주제별 목록 작성

예수 그리스도

46절: 진리를 말씀하셨다

48절: 유대인들에게서 사마리아 사람이라는 비난과 귀신 들렸다는 말을 들으셨다

49절: 하나님을 공경하셨다

50절: 영광을 구하지 아니하셨다

51절: 믿는 자에게 영생을 주셨다

56절: 아브라함이 그분의 때를 보고 기뻐하였다

58절: 아브라함보다 먼저 계셨다

도움말

1. **공경함이거늘(49절)**: '공경'이란 상대방의 존재 가치를 인정하고 그것을 예의나 신앙으로 표현하는 행위까지 포함한다. 여기서는 경외심을 품고 하나님께 경배드리는 것을 뜻한다.
2. **알고(55절)**: 학습이나 경험이 아닌 직관적인 지식으로 아는 것을 말한다.
3. **내가 있느니라(58절)**: 이는 하나님과 동등되심을 나타내는 말(출 3:14)인 동시에 그리스도의 선재성과 그분의 영원 자존성을 강조한 표현이다(요 1:1).

성령의 능력으로 깨닫는 진리

유대인들은 예수님을 이단자라는 의미로 "사마리아 사람"이라 하고, 미쳤다는 뜻으로 "귀신이 들렸다"라고도 했습니다(48절). 그러나 예수님은 귀신 들린 것이 아니라 오직 하나님을 공경하심으로 그분의 뜻대로 순종하고 있을 뿐이며, 하나님께서 당신에게 참된 영광을 주실 것이라는 확신의 말씀을 하셨습니다(49–50절). 믿음을 가진 사람은 죽음의 한계를 뛰어넘어 영원한 생명을 소유한 사람입니다(51절). 우리는 믿음으로 현재뿐만 아니라 2,000년 전 갈보리 언덕을 볼 수 있으며, 미래도 바라볼 수 있습니다. 시간과 공간을 뛰어넘어 하나님 나라의 능력과 비밀을 누리는 것은 오직 하나님께로 난 자들이 누릴 수 있는 특권입니다. 진리를 믿고자 하면 성령님은 반드시 깨닫도록 도와주십니다.

깨닫지 못하는 유대인들

예수님은 말씀을 지키는 자에게 영생을 주겠다고 말씀하셨습니다(51절). 그러나 유대인들은 믿음의 조상인 아브라함도 죽었으니 예수님의 말씀은 잘못된 것이라고 주장했습니다(52절). 그들은 아브라함을 아버지라고 부를 만큼 위대한 인물로 생각했기에, 예수님의 말씀이 옳다면 아브라함이 살아 있어야 한다고 생각한 것입니다. 그러나 하나님이신 예수님은 아브라함보다 먼저 계신 분이며, 사람인 아브라함과 비교도 할 수 없는 분이십니다. 예수님은 진리를 깨닫지 못하는 유대인들에게 당신이 하나님으로부터 영광을 받았음을 말씀하셨습니다(54절). 그러나 유대인들은 끝까지 예수님의 말씀을 깨닫지 못하고, "아브라함이 나기 전부터 내가 있느니라"(58절)는 예수님의 말씀에 돌을 들어 예수님을 치려고 했습니다(59절).

오늘의 감사기도

1.

2.

3.

요한복음 8:46-59 찬송가: 357장(구 397장)

46너희 중에 누가 나를 죄로 책잡겠느냐 내가 진리를 말하는데
도 어찌하여 나를 믿지 아니하느냐 47하나님께 속한 자는 하나
님의 말씀을 듣나니 너희가 듣지 아니함은 하나님께 속하지 아
니하였음이로다 48유대인들이 대답하여 이르되 우리가 너를 사
마리아 사람이라 또는 귀신이 들렸다 하는 말이 옳지 아니하냐
49예수께서 대답하시되 나는 귀신 들린 것이 아니라 오직 내 아
버지를 공경함이거늘 너희가 나를 무시하는도다 50나는 내 영
광을 구하지 아니하나 구하고 판단하시는 이가 계시니라 51진실
로 진실로 너희에게 이르노니 사람이 내 말을 지키면 영원히 죽
음을 보지 아니하리라 52유대인들이 이르되 지금 네가 귀신 들
린 줄을 아노라 아브라함과 선지자들도 죽었거늘 네 말은 사람
이 내 말을 지키면 영원히 죽음을 맛보지 아니하리라 하니 53너
는 이미 죽은 우리 조상 아브라함보다 크냐 또 선지자들도 죽었
거늘 너는 너를 누구라 하느냐 54예수께서 대답하시되 내가 내
게 영광을 돌리면 내 영광이 아무 것도 아니거니와 내게 영광
을 돌리시는 이는 내 아버지시니 곧 너희가 너희 하나님이라 칭
하는 그이시라 55너희는 그를 알지 못하되 나는 아노니 만일 내
가 알지 못한다 하면 나도 너희 같이 거짓말쟁이가 되리라 나는
그를 알고 또 그의 말씀을 지키노라 56너희 조상 아브라함은 나
의 때 볼 것을 즐거워하다가 보고 기뻐하였느니라 57유대인들이
이르되 네가 아직 오십 세도 못되었는데 아브라함을 보았느냐
58예수께서 이르시되 진실로 진실로 너희에게 이르노니 아브라
함이 나기 전부터 내가 있느니라 하시니 59그들이 돌을 들어 치
려 하거늘 예수께서 숨어 성전에서 나가시니라

본문 관찰

1. 본문에서 예수 그리스도에 대한 내용을 살펴보십시오(주제별 목록 작성 참조).

2. 유대인들은 예수님을 어떤 말로 모욕했습니까(48, 52절)?

3. 본문의 하나님은 어떤 분이십니까?

깊은 묵상

1. 여러분은 하나님을 알고 그분께 전적으로 순종하신 예수님의 모습에서 무엇을 느꼈습니까?

2. 여러분은 이미 이 땅에서 영원한 생명을 누리고 있는지 점검해 보십시오.

3. 오늘 여러분에게 주시는 특별한 말씀(깨달은 점, 느낀 점, 적용점 등)은 무엇입니까?

DATE

월 일 요일

눈을 뜨게 된 맹인

중심 단어

예수, 맹인, 죄, 낮, 빛, 실로암

주제별 목록 작성

맹인

1절: 날 때부터 맹인이었다

2절: 제자들이 누구의 죄 때문에 그가 맹인으로 난 것인지 물었다

3절: 하나님이 하시는 일을 그에게 나타내고자 그리 하신 것이라 예수께서 대답하셨다

6절: 예수께서 진흙을 눈에 바르셨다

7절: 실로암에서 씻고 눈이 밝아졌다

8절: 걸인이었다

11절: 예수를 증거하였다

도움말

1. **때가 아직 낮이매(4절):** 그리스도는 세상의 빛이시며(요 8:12), 그 빛이 함께 계신 시기를 '낮'이라 한다. '밤'이란 그가 일을 마치시고 죽으시는 때를 가리킨다. 예수님은 밤이 오기 전에 하나님의 일을 하셔야만 했다.
2. **실로암(7절):** '보냄을 받다'라는 뜻이다. 유다 왕 히스기야가 앗수르의 공격에 대비해 기혼 샘물을 예루살렘 성 안으로 끌어들이기 위해 설치한 못이다. 유대 역사가 요세푸스에 의하면 예루살렘 동편 튀로페온 골짜기 입구, 즉 예루살렘 성 남동쪽에 위치했던 것으로 전해진다.

메시아의 표적

구약에서는 맹인이 고침을 받은 일이 없습니다. 맹인의 눈을 뜨게 하는 것은 메시아의 표적으로 예언된 일이었기 때문입니다(사 35:5). 유대인들은 맹인으로 태어난 것을 자신의 죄나 부모의 죄로 인해 형벌을 받는 것이라고 생각했습니다(2절). 그러나 예수님은 누구의 죄 때문이 아니라고 말씀하시며 불쌍한 맹인을 고치심으로 하나님의 영광을 나타내고자 하셨습니다(3절). 예수님은 그때가 당신이 하나님의 능력을 나타내고 일하시는 기간, 즉 빛이신 그리스도가 있는 낮이라고 말씀하시며 맹인의 눈에 진흙을 바르셨습니다(4-6절). 그리고 그에게 실로암에 가서 씻으라 명하셨습니다. 예수님의 말씀대로 행한 맹인은 밝은 눈으로 돌아올 수 있었습니다(7절). 맹인이 눈을 뜰 수 있었던 이유는 그가 예수님의 말씀에 순종했기 때문입니다(11절).

세상의 빛

"내가 세상에 있는 동안에는 세상의 빛이로라"(5절). 예수님은 세상의 빛이십니다. 하나님께 보내심을 받으셔서 이 땅에 오신 예수님은 사역하시는 동안 사람들이 하나님의 말씀을 받아들이고 그 빛 안에 거하기를 원하셨습니다. 하지만 유대인들은 빛이신 예수님께서 눈앞에 계신데도 그분의 말씀을 받아들이지 않고 의심했습니다. 날 때부터 맹인 된 사람은 예수님의 말씀에 대한 순종으로 눈을 뜨게 되는 기적을 맛봤습니다. 하지만 유대인들은 육신의 눈은 뜨고 있었으나 정작 진리이신 주님을 알아보지 못하는 영적인 맹인으로 남아 있었습니다. 이처럼 영적인 맹인이 되지 않기 위해서는 하나님의 방법에 자신을 맡기고 순종하는 모습을 지녀야 합니다. 그때 하나님은 당신을 나타내시고 영광을 드러내십니다.

오늘의 감사기도

1.
2.
3.

요한복음 9:1-12 찬송가: 330장(구 370장)

1예수께서 길을 가실 때에 날 때부터 맹인 된 사람을 보신지라
2제자들이 물어 이르되 랍비여 이 사람이 맹인으로 난 것이 누
구의 죄로 인함이니이까 자기니이까 그의 부모니이까 3예수께
서 대답하시되 이 사람이나 그 부모의 죄로 인한 것이 아니라 그
에게서 하나님이 하시는 일을 나타내고자 하심이라 4때가 아직
낮이매 나를 보내신 이의 일을 우리가 하여야 하리라 밤이 오리
니 그 때는 아무도 일할 수 없느니라 5내가 세상에 있는 동안에
는 세상의 빛이로라 6이 말씀을 하시고 땅에 침을 뱉어 진흙을
이겨 그의 눈에 바르시고 7이르시되 실로암 못에 가서 씻으라
하시니 (실로암은 번역하면 보냄을 받았다는 뜻이라) 이에 가서
씻고 밝은 눈으로 왔더라 8이웃 사람들과 전에 그가 걸인인 것
을 보았던 사람들이 이르되 이는 앉아서 구걸하던 자가 아니냐
9어떤 사람은 그 사람이라 하며 어떤 사람은 아니라 그와 비슷
하다 하거늘 자기 말은 내가 그라 하니 10그들이 묻되 그러면 네
눈이 어떻게 떠졌느냐 11대답하되 예수라 하는 그 사람이 진흙을
이겨 내 눈에 바르고 나더러 실로암에 가서 씻으라 하기에 가서
씻었더니 보게 되었노라 12그들이 이르되 그가 어디 있느냐 이
르되 알지 못하노라 하니라

본문 관찰

1. 본문에서 맹인에 대한 내용을 살펴보십시오(주제별 목록 작성 참조).

2. 예수님은 맹인을 어떻게 고치셨습니까(6-7절)?

3. 본문의 하나님은 어떤 분이십니까?

깊은 묵상

1. 여러분은 현재의 시련과 아픔을 하나님 중심의 시각으로 보기 위해 어떤 노력을 하고 있습니까?

2. 성도의 고난이 때로는 하나님께서 하시는 일을 나타내기 위한 과정이라면, 그 일을 위해 여러분이 순종해야 할 일은 무엇인지 생각해 보십시오.

3. 오늘 여러분에게 주시는 특별한 말씀(깨달은 점, 느낀 점, 적용점 등)은 무엇입니까?

DATE

월 일 요일

맹인과 유대인들

중심 단어

맹인, 예수, 안식일, 유대인, 출교

주제별 목록 작성

예수 그리스도

14절: 안식일에 맹인을 고치셨다

16절: 바리새인 중에 분쟁이 일어나게 하셨다

17절: 맹인이 선지자라고 말한 분이시다

도움말

1. **표적(16절):** '경이로운 현상, 이적, 기사, 놀라운 일'이라는 뜻이다.
2. **시인하는(22절):** 상대방의 견해에 생각을 같이해 공개적으로 인정하고 수긍하는 행위를 의미한다.
3. **출교(22절):** '회당에서 내어쫓음'이라는 뜻이다. 율법을 범한 자에게 내리는 최고의 형벌이며, 출교당한 자는 동족과의 접촉마저 금지됐기에 유대 사회에서 완전히 매장됐다.

믿음의 고백

유대인들은 맹인을 고치신 예수님의 기적을 인정할 수 없었습니다. 그래서 맹인이 예수님께 고침 받았다는 사실을 알면서도 그에게 어떻게 눈을 뜨게 된 것인지를 다시 물었습니다(15절). 유대인들은 자신들의 신학과 전통에 눈이 멀어 예수님께서 안식일을 범했다는 사실에만 집중하느라 하나님께서 일하고 계신 것을 볼 수 없었던 것입니다(16절). 반면에 맹인은 예수님께서 자신을 어떻게 고쳐 주셨는지를 분명히 말했고, 예수님을 선지자라고 고백했습니다(17절). 맹인은 예수님에 대한 정확한 지식이 없었기에 예수님을 선지자로 알고 있었지만, 그에게는 예수님에 대한 분명한 믿음이 있었습니다. 유대인들이 예수님을 그리스도로 시인하면 출교하기로 결의한 상황이었지만(22절), 그는 예수님을 부인하지 않고 용기 있게 믿음의 고백을 한 것입니다.

예수님의 종교 개혁

유대인들은 자신들의 정치적 목적을 이루기 위해 교회의 직권을 남용했습니다. 예수님은 희망 없는 맹인을 통해서 하나님의 위대한 사랑을 드러내시고 구원과 안식을 주려 하셨으나, 유대인들의 마음은 하나님의 마음에서 멀어져 있었기에 하나님의 뜻을 알지 못했습니다. 하나님은 사람을 살리기 위해 율법과 안식일을 주셨는데, 그 뜻에 무지했던 유대인들은 사람의 생명보다 자신들의 기준을 더 높은 자리에 두고 있었던 것입니다. 예수님께서 이 같은 놀라운 기적을 행하신 이유는 바로 이렇게 잘못된 방향으로 가고 있던 유대인들의 신앙을 바로잡아 주시기 위해서였습니다.

오늘의 감사기도

1.
2.
3.

요한복음 9:13-25 찬송가: 374장(구 423장)

13그들이 전에 맹인이었던 사람을 데리고 바리새인들에게 갔
더라 14예수께서 진흙을 이겨 눈을 뜨게 하신 날은 안식일이라
15그러므로 바리새인들도 그가 어떻게 보게 되었는지를 물으니
이르되 그 사람이 진흙을 내 눈에 바르매 내가 씻고 보나이다 하
니 16바리새인 중에 어떤 사람은 말하되 이 사람이 안식일을 지
키지 아니하니 하나님께로부터 온 자가 아니라 하며 어떤 사람
은 말하되 죄인으로서 어떻게 이러한 표적을 행하겠느냐 하여
그들 중에 분쟁이 있었더니 17이에 맹인되었던 자에게 다시 묻
되 그 사람이 네 눈을 뜨게 하였으니 너는 그를 어떠한 사람이
라 하느냐 대답하되 선지자니이다 하니 18유대인들이 그가 맹인
으로 있다가 보게 된 것을 믿지 아니하고 그 부모를 불러 묻되
19이는 너희 말에 맹인으로 났다 하는 너희 아들이냐 그러면 지
금은 어떻게 해서 보느냐 20그 부모가 대답하여 이르되 이 사람
이 우리 아들인 것과 맹인으로 난 것을 아나이다 21그러나 지금
어떻게 해서 보는지 또는 누가 그 눈을 뜨게 하였는지 우리는 알
지 못하나이다 그에게 물어 보소서 그가 장성하였으니 자기 일
을 말하리이다 22그 부모가 이렇게 말한 것은 이미 유대인들이
누구든지 예수를 그리스도로 시인하는 자는 출교하기로 결의하
였으므로 그들을 무서워함이러라 23이러므로 그 부모가 말하기
를 그가 장성하였으니 그에게 물어 보소서 하였더라 24이에 그
들이 맹인이었던 사람을 두 번째 불러 이르되 너는 하나님께 영
광을 돌리라 우리는 이 사람이 죄인인 줄 아노라 25대답하되 그
가 죄인인지 내가 알지 못하나 한 가지 아는 것은 내가 맹인으로
있다가 지금 보는 그것이니이다

본문 관찰

1. 본문에서 예수 그리스도에 대한 내용을 살펴보십시오(주제별 목록 작성 참조).

2. 맹인은 유대인들 앞에서 예수님을 누구라고 고백했습니까(17절)?

3. 본문의 하나님은 어떤 분이십니까?

깊은 묵상

1. 여러분이 생각하는 올바른 신앙의 전통은 무엇입니까?

2. 여러분은 사람들 앞에서 예수님을 그리스도라고 용기 있게 고백하고 있는지 돌아보십시오.

3. 오늘 여러분에게 주시는 특별한 말씀(깨달은 점, 느낀 점, 적용점 등)은 무엇입니까?

DATE

월 일 요일

맹인의 믿음

중심 단어

그 사람(예수), 맹인, 인자, 믿다, 심판

주제별 목록 작성

예수 그리스도

30절: 맹인의 눈을 뜨게 하셨다

33절: 하나님께로부터 오셨다

35절: 인자이시다

36-37절: 맹인이 믿고자 하였다

39절: 심판하러 오셨다/ 맹인을 보게 하신다/ 보는 자를 맹인 되게 하신다

도움말

1. **제자(27절):** 단순히 배우고 학습하는 자가 아니라 스승의 가르침을 배우고 깨달으며 자기 행동의 지표로 삼는 자를 뜻한다.
2. **만나사(35절):** 우연히 만났다는 의미와 수소문해서 찾아냈다는 두 가지 의미가 있다. 여기서는 일부러 찾아가서 만난 것으로 보는 것이 좋다.
3. **절하는지라(38절):** 원래 종이 주인에게 존경심을 갖고 그 발에 입 맞추는 것을 가리켰다. '예배하다'라는 말로도 번역되는데, 여기서는 주님께 경배드린다는 뜻이다.

만나 주시는 예수님

유대인들은 모세가 하나님의 말씀을 받았다는 것을 지식으로 알았습니다. 그래서 그들은 자신들이 모세의 제자라고 말하며, 어디서 왔는지도 모르는 예수님을 인정할 수 없다고 했습니다(28절). 그러나 지식과 이론으로 아는 것이 아니라 인격적인 만남으로 아는 것이 진정한 앎이요, 살아 있는 지식입니다. 맹인이었던 사람은 예수님만이 하실 수 있는 표적을 보고도 예수님을 믿지 않는 유대인들을 이상히 여겼습니다(30절). 그들은 맹인이었던 사람의 확실한 증언을 듣고 더는 책잡을 것이 없게 되자 그를 쫓아내 버렸습니다(34절). 이 소식을 들으신 예수님은 유대 사회에서 추방당한 그를 만나 주셨습니다(35절). 예수님은 당신으로 인해 핍박받은 자를 홀로 두지 않으시고, 그에게 당신이 하나님의 아들이라는 위대한 계시를 보여 주셨습니다.

고침 받을 수 없는 자들

맹인은 예수님께 순종함으로 실로암에서 눈을 뜬 후, 자신을 고치신 분이 하나님께로부터 오신 분임을 믿게 됐습니다. 하지만 그는 이로 인해 유대인들에게서 쫓겨나게 됩니다. 그때 주님께서 그를 찾아와 만나 주셨습니다. 그리고 당신이 그리스도이심을 말씀해 주시자 그는 "주여 내가 믿나이다"(38절) 하고 믿음의 고백을 했습니다. 우리는 자신의 눈먼 것을 인정할 때 비로소 예수님의 '빛'을 보게 됩니다. 예수님은 병든 자와 눈먼 자를 고치기 위해 오셨기에 자신을 스스로 의롭다고 하는 자는 그대로 둘 수밖에 없으셨습니다. 예수님은 '우리도 맹인이란 말입니까?'라는 바리새인들의 질문에, 자신의 눈먼 상태를 인정하지 않는 자에게는 자신의 죄가 그대로 있다고 답하셨습니다(40-41절).

오늘의 감사기도

1.
2.
3.

요한복음 9:26-41 찬송가: 313장(구 352장)

26그들이 이르되 그 사람이 네게 무엇을 하였느냐 어떻게 네 눈
을 뜨게 하였느냐 27대답하되 내가 이미 일렀어도 듣지 아니하
고 어찌하여 다시 듣고자 하나이까 당신들도 그의 제자가 되려
하나이까 28그들이 욕하여 이르되 너는 그의 제자이나 우리는
모세의 제자라 29하나님이 모세에게는 말씀하신 줄을 우리가 알
거니와 이 사람은 어디서 왔는지 알지 못하노라 30그 사람이 대
답하여 이르되 이상하다 이 사람이 내 눈을 뜨게 하였으되 당신
들은 그가 어디서 왔는지 알지 못하는도다 31하나님이 죄인의
말을 듣지 아니하시고 경건하여 그의 뜻대로 행하는 자의 말은
들으시는 줄을 우리가 아나이다 32창세 이후로 맹인으로 난 자
의 눈을 뜨게 하였다 함을 듣지 못하였으니 33이 사람이 하나님
께로부터 오지 아니하였으면 아무 일도 할 수 없으리이다 34그
들이 대답하여 이르되 네가 온전히 죄 가운데서 나서 우리를 가
르치느냐 하고 이에 쫓아내어 보내니라 35예수께서 그들이 그
사람을 쫓아냈다 하는 말을 들으셨더니 그를 만나사 이르시되
네가 인자를 믿느냐 36대답하여 이르되 주여 그가 누구시오니이
까 내가 믿고자 하나이다 37예수께서 이르시되 네가 그를 보았
거니와 지금 너와 말하는 자가 그이니라 38이르되 주여 내가 믿
나이다 하고 절하는지라 39예수께서 이르시되 내가 심판하러 이
세상에 왔으니 보지 못하는 자들은 보게 하고 보는 자들은 맹인
이 되게 하려 함이라 하시니 40바리새인 중에 예수와 함께 있던
자들이 이 말씀을 듣고 이르되 우리도 맹인인가 41예수께서 이
르시되 너희가 맹인이 되었더라면 죄가 없으려니와 본다고 하
니 너희 죄가 그대로 있느니라

본문 관찰

1. 본문에서 예수 그리스도에 대한 내용을 살펴보십시오(주제별 목록 작성 참조).

2. 예수님께서 세상에 오신 이유는 무엇입니까(39절)?

3. 본문의 하나님은 어떤 분이십니까?

깊은 묵상

1. 진실한 믿음을 따르기 위해 외롭게 싸워야 할 때, 여러분은 어떻게 대처하고 있습니까?

2. 여러분은 자신의 연약함을 겸손히 인정하고 주님 앞으로 나아가고 있는지 점검해 보십시오.

3. 오늘 여러분에게 주시는 특별한 말씀(깨달은 점, 느낀 점, 적용점 등)은 무엇입니까?

DATE

월 일 요일

두 목자

중심 단어

목자, 음성, 목숨, 삯꾼

주제별 목록 작성

예수 그리스도

7절: 양의 문이시다

8절: 그분보다 먼저 온 자는 다 절도요 강도이므로 양들이 듣지 아니한다

9절: 누구든지 그분으로 말미암아 들어가면 구원을 받는다/ 들어가며 나오며 꼴을 얻는다

10절: 양으로 생명을 얻게 하고 더 풍성히 얻게 하려고 오셨다

11절: 선한 목자이시다/ 양들을 위하여 목숨을 버리셨다

14절: 그분의 양을 알고 양도 그분을 안다

16절: 다른 양들도 인도하여 한 무리가 되어 한 목자에게 있게 하신다

17절: 다시 목숨을 얻기 위하여 목숨을 버리신다

18절: 목숨을 스스로 버리신다/ 목숨을 버릴 권세도 있고 다시 얻을 권세도 있으시다/ 이 계명을 아버지에게서 받으셨다

도움말

1. **목자(2절)**: '양을 돌보며 기르는 자'라는 뜻이다. 신약에서는 악한 것으로부터 영혼을 지키고 양육하는 참 목자 되신 예수님을 비유한다.
2. **삯꾼(12절)**: 의무에는 소홀하면서 대가에만 욕심을 내는 신실하지 못한 자를 상징한다.

삯꾼 목자

"내가 진실로 진실로 너희에게 이르노니 문을 통하여 양의 우리에 들어가지 아니하고 다른 데로 넘어가는 자는 절도며 강도요" (1절). 예수님께서 양의 목자 비유를 사용하신 데는 목적이 있었습니다. 하나님은 구약 시대 이스라엘의 악한 지도자들을 목자로 비유하며 책망하신 일이 있었습니다(겔 34장; 슥 11장). 그런데 예수님은 거기에서 한 걸음 더 나아가 이스라엘 백성을 잘못 인도하는 모든 지도자는 한결같이 도적이요, 강도라고 선언하고 계십니다(1절). 이것은 유대의 종교지도자들을 염두에 두고 하신 말씀입니다. 하지만 그들은 예수님께서 비유로 하신 말씀이 무슨 뜻인지 깨닫지 못했습니다(6절).

선한 목자

품삯에 눈이 어두운 삯꾼은 자신의 생명을 위해 살다가 위기가 오면 양 떼를 버리고 도망합니다(12–13절). 하지만 선한 목자이신 예수님은 당신의 목숨을 버려 우리의 죄를 대속하셨습니다(11절). 예수님은 당신을 핍박하는 유대 종교지도자들이나 로마에 의해 희생당하신 것이 아니었습니다. 예수님은 자발적으로 죽으시고 다시 사실 권세를 하나님으로부터 받으신 것입니다(17–18절). 양 떼를 살리기 위해 목자의 대속적인 죽음이 필요했기 때문입니다(14–16절). 구약 성경의 위대한 예언자들에 의해 예언된 것처럼 메시야가 오셔서 사방에 흩어진 잃어버린 양들을 모으시고, 혈통적 이스라엘이 아닌 영적 이스라엘 백성을 만드실 것이라는 하나님의 약속은 목자이신 예수님을 통해서 이뤄졌습니다.

오늘의 감사기도

1.

2.

3.

요한복음 10:1-18 찬송가: 569장(구 442장)

1내가 진실로 진실로 너희에게 이르노니 문을 통하여 양의 우
리에 들어가지 아니하고 다른 데로 넘어가는 자는 절도며 강도
요 2문으로 들어가는 이는 양의 목자라 3문지기는 그를 위하여
문을 열고 양은 그의 음성을 듣나니 그가 자기 양의 이름을 각
각 불러 인도하여 내느니라 4자기 양을 다 내놓은 후에 앞서 가
면 양들이 그의 음성을 아는 고로 따라오되 5타인의 음성은 알
지 못하는 고로 타인을 따르지 아니하고 도리어 도망하느니라
6예수께서 이 비유로 그들에게 말씀하셨으나 그들은 그가 하신
말씀이 무엇인지 알지 못하니라 7그러므로 예수께서 다시 이르
시되 내가 진실로 진실로 너희에게 말하노니 나는 양의 문이라
8나보다 먼저 온 자는 다 절도요 강도니 양들이 듣지 아니하였
느니라 9내가 문이니 누구든지 나로 말미암아 들어가면 구원을
받고 또는 들어가며 나오며 꼴을 얻으리라 10도둑이 오는 것은
도둑질하고 죽이고 멸망시키려는 것뿐이요 내가 온 것은 양으
로 생명을 얻게 하고 더 풍성히 얻게 하려는 것이라 11나는 선한
목자라 선한 목자는 양들을 위하여 목숨을 버리거니와 12삯꾼은
목자가 아니요 양도 제 양이 아니라 이리가 오는 것을 보면 양을
버리고 달아나나니 이리가 양을 물어 가고 또 헤치느니라 13달
아나는 것은 그가 삯꾼인 까닭에 양을 돌보지 아니함이나 14나
는 선한 목자라 나는 내 양을 알고 양도 나를 아는 것이 15아버
지께서 나를 아시고 내가 아버지를 아는 것 같으니 나는 양을 위
하여 목숨을 버리노라 16또 이 우리에 들지 아니한 다른 양들이
내게 있어 내가 인도하여야 할 터이니 그들도 내 음성을 듣고 한
무리가 되어 한 목자에게 있으리라 17내가 내 목숨을 버리는 것
은 그것을 내가 다시 얻기 위함이니 이로 말미암아 아버지께서
나를 사랑하시느니라 18이를 내게서 빼앗는 자가 있는 것이 아
니라 내가 스스로 버리노라 나는 버릴 권세도 있고 다시 얻을 권
세도 있으니 이 계명은 내 아버지에게서 받았노라 하시니라

본문 관찰

1. 본문에서 예수 그리스도에 대한 내용을 살펴보십시오(주제별 목록 작성 참조).

2. 도둑이 오는 이유와 예수님께서 오신 이유는 각각 무엇입니까(10절)?

3. 본문의 하나님은 어떤 분이십니까?

깊은 묵상

1. 여러분은 목자이신 예수님을 얼마나 진심으로 따르고 있습니까?

2. 여러분은 교회 안에서 삯꾼과 같은 태도로 영혼을 대한 적은 없는지 돌아보십시오.

3. 오늘 여러분에게 주시는 특별한 말씀(깨달은 점, 느낀 점, 적용점 등)은 무엇입니까?

DATE

월 일 요일

목자의 음성

중심 단어

유대인, 분쟁, 귀신, 예수, 그리스도, 아버지, 음성

주제별 목록 작성

예수 그리스도

25절: 아버지의 이름으로 행하여 증거하신다
27절: 양을 아신다/ 양은 따른다
28절: 영생을 주신다/ 양을 빼앗기지 아니하신다
30절: 아버지와 하나이시다

도움말

1. **수전절(22절)**: '봉헌'이라는 뜻이다. B.C. 164년 유다 마카비가 수리아 왕 안티오쿠스 에피파네스 군대에 의해 더럽혀진 성전을 정결하게 하고 하나님께 봉헌한 날을 기념하는 절기다. 유대력 9월(기슬르월, 양력 11-12월) 25일부터 8일간 지켜졌다.
2. **행각(23절)**: 여러 개의 기둥 위에 세워진 구조물이다. 주랑(柱廊) 혹은 회랑(回廊)이라고도 한다. 독립적으로 세워진 원주형 주랑도 있고 빙 둘러 가면서 집의 바깥채에 연결된 주랑도 있다. 솔로몬 행각은 헤롯 성전 이방인의 뜰 동쪽 편에 있었는데, 그것이 솔로몬 시대에 만들어졌다 해서 붙여진 이름이다.
3. **하나(30절)**: 문자적으로 '하나'라기보다 '질적으로 동등하다'라는 뜻이다.

하나 되게 하시는 예수님

예수님의 말씀으로 유대인들 사이에 다시 한번 분쟁이 일어났습니다(19절). 그들은 예수님을 향해 귀신 들렸다고도 하고, 귀신은 맹인의 눈을 뜨게 할 수 없다고 하기도 하며 각자의 의견을 내세웠습니다(20-21절). 결국 그들은 수전절에 솔로몬 행각을 거니시는 예수님께 가서 정말 그리스도이신지를 증명해 보이라고 요청했습니다(23-24절). 이에 예수님은 유대인들의 불신앙을 책망하시며 당신을 믿는 자에게는 영원한 생명이 있음을 약속하셨습니다(28절). 예수님과 하나님께서 하나이신 것은 예수님께서 하나님을 사랑하시고 하나님께 완전히 순종하신 것을 통해 알 수 있습니다. 예수님은 우리를 사랑하시므로 우리가 주님과 하나 되게 해 주셨습니다.

목자이신 예수님

예수님은 유대인들에게 그들이 예수님의 말씀을 믿지 않는 이유는 그들이 예수님의 양이 아니기 때문이라고 말씀하셨습니다(26절). "내 양은 내 음성을 들으며 나는 그들을 알며 그들은 나를 따르느니라"(27절). 양의 특징은 목자의 음성을 듣고, 목자를 믿고 따르는 것입니다. 예수님은 당신을 목자로 믿고 따르는 자들은 영생을 얻게 된다고 계속해서 말씀해 주셨지만, 유대인들은 여전히 예수님의 능력과 권위를 의심하며 예수님을 따르지 않았습니다. 이는 그들이 예수님께 속하지 않았다는 증거입니다. 그러나 분명한 것은 예수님께서 아버지와 한 분이시라는 것입니다. "나와 아버지는 하나이니라"(30절). 예수님은 곧 하나님이십니다. 그러므로 우리는 목자이신 예수님만 따르는 삶을 살아야 합니다.

오늘의 감사기도

1.
2.
3.

요한복음 10:19-30 찬송가: 286장(구 218장)

19이 말씀으로 말미암아 유대인 중에 다시 분쟁이 일어나니 20그
중에 많은 사람이 말하되 그가 귀신 들려 미쳤거늘 어찌하여 그
말을 듣느냐 하며 21어떤 사람은 말하되 이 말은 귀신 들린 자의
말이 아니라 귀신이 맹인의 눈을 뜨게 할 수 있느냐 하더라 22예
루살렘에 수전절이 이르니 때는 겨울이라 23예수께서 성전 안
솔로몬 행각에서 거니시니 24유대인들이 에워싸고 이르되 당신
이 언제까지나 우리 마음을 의혹하게 하려 하나이까 그리스도
이면 밝히 말씀하소서 하니 25예수께서 대답하시되 내가 너희에
게 말하였으되 믿지 아니하는도다 내가 내 아버지의 이름으로
행하는 일들이 나를 증거하는 것이거늘 26너희가 내 양이 아니
므로 믿지 아니하는도다 27내 양은 내 음성을 들으며 나는 그들
을 알며 그들은 나를 따르느니라 28내가 그들에게 영생을 주노
니 영원히 멸망하지 아니할 것이요 또 그들을 내 손에서 빼앗을
자가 없느니라 29그들을 주신 내 아버지는 만물보다 크시매 아
무도 아버지 손에서 빼앗을 수 없느니라 30나와 아버지는 하나
이니라 하신대

본문 관찰

1. 본문에서 예수 그리스도에 대한 내용을 살펴보십시오(주제별 목록 작성 참조).

2. 예수님은 유대인들에게 당신이 메시아이신 증거를 어떻게 설명하십니까(25절)?

3. 본문의 하나님은 어떤 분이십니까?

깊은 묵상

1. 여러분은 하나님과의 관계 그리고 사람들과의 관계에서 어떻게 하나 됨을 느끼고 있습니까?

2. 여러분은 목자이신 예수님의 음성을 듣고 따라가고 있는지 돌아보십시오.

3. 오늘 여러분에게 주시는 특별한 말씀(깨달은 점, 느낀 점, 적용점 등)은 무엇입니까?

DATE

월 일 요일

예수님의 반론

중심 단어

유대인, 예수, 선한 일, 신성모독, 율법, 신, 믿다

주제별 목록 작성

유대인들

31절: 돌을 들어 예수를 치려 하였다

33절: 예수를 사람으로 보고 자칭 하나님이라 하는 것을 신성모독이라고 여겼다

39절: 예수를 잡고자 하였다

도움말

1. **신성모독(33절)**: 원래는 가치 없는 말로 상대방의 인신을 공격하거나 명예를 더럽히는 행위를 말한다. 여기서는 하나님의 신성을 모독하는 불경죄를 가리킨다.

성경에 입각한 논쟁

유대인들은 예수님께서 하나님이시라는 선언을 신성모독이라고 오해했습니다. 그들은 예수님께 "네가 사람이 되어 자칭 하나님이라 함이로라"(33절)고 말했습니다. 이에 예수님은 "내가 말하기를 너희는 신들이며 다 지존자의 아들들이라"는 시편 82:6 말씀을 인용하시며, '성경 자체가 하나님께 특정한 사명을 위임받은 사람들을 신이라고 부르는데 어찌하여 내가 나 자신을 그렇게 불러서는 안 된다는 말인가?'라고 반문하셨습니다(35-36절). 예수님은 철저히 성경에 근거를 둔 논증을 하셨으므로 거기에는 반론의 여지가 없었습니다. 예수님은 아버지의 일을 행하셨기에 그 행하는 일을 믿는다면 당신과 하나님 아버지가 하나이심을 알 수 있을 것이라고 말씀하셨습니다(37-38절).

요단 강 저편

하나님과의 첫 만남이나 깊은 영적 교제의 장소가 있는 사람은 영혼의 간절한 목마름이나 삶의 중요한 전환점에서 그곳을 다시 찾기 마련입니다. 야곱도 인생에서 길이 막히고 모든 일이 꼬여 위기를 만났을 때 벧엘로 돌아갔습니다. 예수님도 마지막 사역을 앞두고 사역을 시작하셨던 출발점으로 되돌아가셨습니다. 그곳은 바로 요한에게서 세례를 받고 하나님의 목소리를 들으셨던 요단 강이었습니다(40절). 그리고 요한이 아무 표적도 행하지 않았으나 그리스도에 대한 그의 진실한 증언을 듣고 많은 사람이 예수님을 믿은 곳이기도 했습니다(41-42절).

오늘의 감사기도

1.
2.
3.

요한복음 10:31-42 찬송가: 535장(구 325장)

31유대인들이 다시 돌을 들어 치려 하거늘 32예수께서 대답하시
되 내가 아버지로 말미암아 여러 가지 선한 일로 너희에게 보였
거늘 그 중에 어떤 일로 나를 돌로 치려 하느냐 33유대인들이 대
답하되 선한 일로 말미암아 우리가 너를 돌로 치려는 것이 아니
라 신성모독으로 인함이니 네가 사람이 되어 자칭 하나님이라
함이로라 34예수께서 이르시되 너희 율법에 기록된 바 내가 너
희를 신이라 하였노라 하지 아니하였느냐 35성경은 폐하지 못하
나니 하나님의 말씀을 받은 사람들을 신이라 하셨거든 36하물며
아버지께서 거룩하게 하사 세상에 보내신 자가 나는 하나님의
아들이라 하는 것으로 너희가 어찌 신성모독이라 하느냐 37만
일 내가 내 아버지의 일을 행하지 아니하거든 나를 믿지 말려니
와 38내가 행하거든 나를 믿지 아니할지라도 그 일은 믿으라 그
러면 너희가 아버지께서 내 안에 계시고 내가 아버지 안에 있음
을 깨달아 알리라 하시니 39그들이 다시 예수를 잡고자 하였으
나 그 손에서 벗어나 나가시니라 40다시 요단 강 저편 요한이 처
음으로 세례 베풀던 곳에 가사 거기 거하시니 41많은 사람이 왔
다가 말하되 요한은 아무 표적도 행하지 아니하였으나 요한이
이 사람을 가리켜 말한 것은 다 참이라 하더라 42그리하여 거기
서 많은 사람이 예수를 믿으니라

본문 관찰

1. 본문에서 유대인들에 대한 내용을 살펴보십시오(주제별 목록 작성 참조).

2. 유대인들은 무엇 때문에 예수님을 돌로 치려고 했습니까(33절)?

3. 본문의 하나님은 어떤 분이십니까?

깊은 묵상

1. 여러분이 믿음을 따라 행동한 것에 대해 누군가 물어본다면 자신 있게 대답할 준비가 되어 있습니까?

2. 예수님께서 하나님이시라는 사실을 믿지 않는 사람들에게 어떻게 예수님을 증거할 수 있을지 생각해 보십시오.

3. 오늘 여러분에게 주시는 특별한 말씀(깨달은 점, 느낀 점, 적용점 등)은 무엇입니까?

DATE

월 일 요일

부활의 능력

중심 단어

나사로, 예수, 영광, 빛, 잠들었도다, 죽음

주제별 목록 작성

나사로

1절: 병들었다/ 마리아와 그 자매 마르다의 마을 베다니에 살았다

2절: 향유를 주께 붓고 머리털로 그분의 발을 닦던 마리아의 오라버니다

4절: 죽을 병이 아니라 하나님의 영광을 위하여 병들었다

5절: 예수께 본래 사랑받았다

죽음

11절: 예수께서 잠들었다고 표현하셨다/ 예수께서 깨우러 오실 것이다

도움말

1. **사랑하시더니(5절)**: 미완료형으로, 예수 그리스도께서 오래전부터 그들을 사랑해 오셨고 지금도 여전히 사랑하신다는 뜻이다.
2. **낮에 다니면(9절)**: '빛이신 그리스도 안에서 살아가면'이라는 뜻이다. 빛이신 그리스도를 영접한 자만이 어둠의 권세인 사탄의 지배에서 벗어나 참된 안식을 할 수 있다.
3. **실족하느니라(10절)**: '돌로 발을 때리다'라는 뜻이다. 유혹하거나 위협해서 죄의 걸림돌에 넘어지게 하는 행위를 말한다.

믿는 자의 위기

마리아와 마르다 자매의 오라비인 나사로는 어느 날 병이 들었습니다(1–2절). 그는 평소에 예수님의 사랑을 받던 자였습니다(3절). 나사로가 죽게 되자, 그의 누이들은 예수님께 사람을 보내 이 상황을 알렸습니다. 그들은 예수님께서 이 소식을 알게 되면 곧 오실 것이라 믿었습니다. 그러나 예수님은 지체하셨습니다(6절). 예수님은 치료의 능력을 갖고 계셨지만, 나사로의 병과 죽음을 통해 하나님의 영광을 나타내고자 하셨던 것입니다(4절). 그리고 이틀 뒤, 예수님은 나사로를 보고자 제자들과 함께 핍박과 위협의 땅인 유대로 가셨습니다(7–8절). 제자들은 예수님을 잡아 돌로 치려 하던 곳으로 다시 돌아가고자 하시는 예수님을 이해할 수 없었습니다. 이에 예수님은 제자들에게 비유를 들어 하나님의 일을 하러 가야 한다는 것을 말씀해 주셨습니다(9–10절).

부활을 위한 죽음

예수님은 이미 죽은 나사로에 대해 "우리 친구 나사로가 잠들었도다"(11절)라고 말씀하셨습니다. 죽음을 잠과 같다고 말씀하신 것입니다. 잠이란 언제든지 깨어날 수 있는 상태를 말합니다. 기독교는 성도의 죽음이 곧 부활을 기다리는 것이기에 죽음을 잠자는 것으로 표현합니다. 예수님은 야이로의 딸에 대해 잠자고 있다고 말씀하셨고(마 9:24), 바울은 주님의 부활의 증인으로서 잠들어 있는 사람들에 대해 말했습니다(살전 4:13). 우리를 잠에서 깨어나게 하실 분, 곧 부활의 능력을 가지신 분이 바로 예수님이십니다. 저녁에 잠들고 아침에 깨어나듯이 우리는 죽음 이후에 그리스도로 말미암아 다시 깨어나는 것입니다.

오늘의 감사기도

1.

2.

3.

요한복음 11:1-16 찬송가: 288장(구 204장)

1어떤 병자가 있으니 이는 마리아와 그 자매 마르다의 마을 베
다니에 사는 나사로라 2이 마리아는 향유를 주께 붓고 머리털
로 주의 발을 닦던 자요 병든 나사로는 그의 오라버니더라 3이
에 그 누이들이 예수께 사람을 보내어 이르되 주여 보시옵소서
사랑하시는 자가 병들었나이다 하니 4예수께서 들으시고 이르
시되 이 병은 죽을 병이 아니라 하나님의 영광을 위함이요 하나
님의 아들이 이로 말미암아 영광을 받게 하려 함이라 하시더라
5예수께서 본래 마르다와 그 동생과 나사로를 사랑하시더니
6나사로가 병들었다 함을 들으시고 그 계시던 곳에 이틀을 더
유하시고 7그 후에 제자들에게 이르시되 유대로 다시 가자 하시
니 8제자들이 말하되 랍비여 방금도 유대인들이 돌로 치려 하였
는데 또 그리로 가시려 하나이까 9예수께서 대답하시되 낮이 열
두 시간이 아니냐 사람이 낮에 다니면 이 세상의 빛을 보므로 실
족하지 아니하고 10밤에 다니면 빛이 그 사람 안에 없는 고로 실
족하느니라 11이 말씀을 하신 후에 또 이르시되 우리 친구 나사
로가 잠들었도다 그러나 내가 깨우러 가노라 12제자들이 이르되
주여 잠들었으면 낫겠나이다 하더라 13예수는 그의 죽음을 가리
켜 말씀하신 것이나 그들은 잠들어 쉬는 것을 가리켜 말씀하심
인 줄 생각하는지라 14이에 예수께서 밝히 이르시되 나사로가
죽었느니라 15내가 거기 있지 아니한 것을 너희를 위하여 기뻐
하노니 이는 너희로 믿게 하려 함이라 그러나 그에게로 가자 하
시니 16디두모라고도 하는 도마가 다른 제자들에게 말하되 우리
도 주와 함께 죽으러 가자 하니라

본문 관찰

1. 본문에서 나사로와 죽음에 대한 내용을 살펴보십시오(주제별 목록 작성 참조).

2. 예수님은 나사로의 병을 죽을 병이 아니라고 하시며 이 병에 대해 어떻게 말씀하십니까(4절)?

3. 본문의 하나님은 어떤 분이십니까?

깊은 묵상

1. 여러분이 현재 인내로 소망하며 기다리고 있는 것은 무엇입니까?

2. 여러분은 육체의 죽음 이후에 예수님께서 다시 살리실 것을 분명히 고백할 수 있는지 점검해 보십시오.

3. 오늘 여러분에게 주시는 특별한 말씀(깨달은 점, 느낀 점, 적용점 등)은 무엇입니까?

DATE

월 일 요일

영생을 누리는 믿음

중심 단어

예수, 나사로, 무덤, 마르다, 살아나리라, 부활, 생명

주제별 목록 작성

마르다의 신앙

21절: 예수께서 함께 계시지 않았던 것을 원망하였다

22절: 예수께서 하나님께 구하시면 하나님께서 주실 것을 알았다

24절: 예수께서 베푸실 기적을 부활 때에 살아나는 것으로 오해했다

27절: 예수의 부활 능력과 예수가 하나님의 아들이심을 믿었다

도움말

1. **베다니(18절):** '고뇌의 집'이라는 뜻이다. 예루살렘 동편 1km 지점의 감람 산 동쪽 기슭의 산간마을이며, 나사로 남매의 고향이다.

그리스도인의 부활

마르다는 나사로의 죽음 이후 예수님께서 찾아오시자 "주께서 여기 계셨더라면 내 오라버니가 죽지 아니하였겠나이다"(21절)라는 원망의 말을 했습니다. 그녀의 이 같은 원망은 나사로를 잃은 그녀의 아픔과 슬픔을 생각할 때 이해될 수 있습니다. 그러나 마르다는 곧, 그녀 안에 잠재된 신앙으로 "나는 이제라도 주께서 무엇이든지 하나님께 구하시는 것을 하나님이 주실 줄을 아나이다"(22절)라는 소망을 나타냈습니다. 나사로가 다시 살 것이라는 예수님의 말씀에 대한 마르다의 신앙은 미래의 부활을 믿는 믿음이었습니다(24절). 예수님을 믿는 사람은 이미 그분이 주신 영원한 생명, 부활의 생명을 가졌습니다. 따라서 육체적인 죽음은 하나님과 함께 또 다른 차원의 삶으로 들어가는 것을 의미합니다. 그런데 오늘 본문의 예수님께서 말씀하시는 것은 현재의 부활입니다. 생명을 소유한 자는 부활의 생명을 장래에 갖는 것이 아니라 이미 소유했고, 이 생명을 소유한 자가 미래의 부활도 경험하게 됩니다.

부활과 생명이신 예수님

예수님은 부활이요 생명이십니다(25절). 그러므로 예수님을 믿는 자는 영생을 얻게 됩니다. 그렇다면, 하나님께서 주신 영원한 생명의 능력은 지금 우리에게 무엇을 가능하게 합니까? 그것은 미래에 있을 부활만을 약속하는 것이 아니라 현재 삶에서의 승리를 가르쳐 줍니다. 시기의 문제가 아니라 지금 내가 갖고 있는 생명이 어떤 것인지를 아는 자각이 필요합니다. 예수님을 믿는 자에게 있는 생명은 죄와 사망과 모든 약함을 이기는 생명입니다. 그러므로 우리는 이 진리를 실제 삶에 적용함으로 승리하는 삶을 살아야 합니다.

오늘의 감사기도

1.
2.
3.

요한복음 11:17-27 찬송가: 470장

17예수께서 와서 보시니 나사로가 무덤에 있은 지 이미 나흘이
라 18베다니는 예루살렘에서 가깝기가 한 오 리쯤 되매 19많은
유대인이 마르다와 마리아에게 그 오라비의 일로 위문하러 왔
더니 20마르다는 예수께서 오신다는 말을 듣고 곧 나가 맞이하
되 마리아는 집에 앉았더라 21마르다가 예수께 여짜오되 주께서
여기 계셨더라면 내 오라버니가 죽지 아니하였겠나이다 22그러
나 나는 이제라도 주께서 무엇이든지 하나님께 구하시는 것을
하나님이 주실 줄을 아나이다 23예수께서 이르시되 네 오라비가
다시 살아나리라 24마르다가 이르되 마지막 날 부활 때에는 다
시 살아날 줄을 내가 아나이다 25예수께서 이르시되 나는 부활
이요 생명이니 나를 믿는 자는 죽어도 살겠고 26무릇 살아서 나
를 믿는 자는 영원히 죽지 아니하리니 이것을 네가 믿느냐 27이
르되 주여 그러하외다 주는 그리스도시요 세상에 오시는 하나
님의 아들이신 줄 내가 믿나이다

본문 관찰

1. 본문에서 마르다의 신앙에 대한 내용을 살펴보십시오(주제별 목록 작성 참조).

2. 예수님께서 정의하시는 부활의 진정한 의미는 무엇입니까(25-26절)?

3. 본문의 하나님은 어떤 분이십니까?

깊은 묵상

1. 여러분은 하나님을 원망하는 마음이 들 때, 그분의 뜻을 헤아리기 위해 어떤 노력을 하고 있습니까?

2. 그리스도인이 죽음에 대해 가져야 할 신앙관은 무엇인지 생각해 보십시오.

3. 오늘 여러분에게 주시는 특별한 말씀(깨달은 점, 느낀 점, 적용점 등)은 무엇입니까?

DATE

월 일 요일

생명이신 예수님

중심 단어

마리아, 예수, 비통히 여기시다, 사랑

주제별 목록 작성

예수 그리스도

28절: 마리아를 부르셨다

33절: 마리아와 유대인들이 우는 것을 보시고 심령에 비통히 여기시고 불쌍히 여기셨다

35절: 눈물을 흘리셨다

36절: 나사로를 사랑하셨다

38절: 비통히 여기시며 무덤에 가셨다

39절: 무덤 돌을 옮겨 놓으라고 하셨다

40절: 당신의 말을 믿고 따르면 하나님의 영광을 볼 것이라고 말씀하셨다

41-42절: 무덤 돌이 옮겨진 후 눈을 들어 하나님께 감사기도를 하셨다

43절: 나사로에게 나오라고 외치셨다

44절: 수족이 베로 동여지고 수건으로 얼굴이 싸인 나사로가 나오자 풀어 놓아 다니게 하라고 말씀하셨다

도움말

1. **가만히(28절)**: '비밀스럽게, 개인적으로'라는 의미다.
2. **우는(33절)**: 깊은 슬픔에 잠겨 눈물 흘리며 흐느껴 우는 것을 뜻한다. 참고로 35절에서 예수님의 울음은 조용하게 눈물지으며 우는 것을 뜻한다.
3. **불쌍히 여기사(33절)**: '마음이 동요하다, 고통하다'라는 뜻이다. 여기서는 무리의 믿음 없음을 불쌍히 여겨 마음이 매우 괴롭고 고통스러운 상태를 가리킨다.

예수님의 긍휼

마리아는 주의 발 앞에 엎드려 울면서 극한 슬픔을 드러냈습니다. 예수님은 마리아와 조문을 온 유대인들이 우는 것을 보시고 그들의 상처받은 마음과 슬픔을 너무나 깊이 느껴 비통해하셨습니다(33절). 그리고 사랑하는 자의 슬픔을 당신의 슬픔과 괴로움으로 느끼시며 눈물을 흘리셨습니다(35절). 예수님의 눈물은 그들을 향한 긍휼의 눈물이기도 했지만, 동시에 부활이며 생명 되시는 예수님을 믿지 못하는 사람들에 대한 안타까움의 눈물이기도 했습니다. 그들은 눈앞에 닥친 현실의 문제만 바라보느라 하나님의 뜻을 미처 깨닫지 못하고 하나님의 영광을 바라보지 못했지만, 주님은 그런 사람들을 사랑하셨습니다.

예수님의 기적

예수님은 사람들의 슬픔과 고통을 함께 느끼셨습니다. 그러나 주님은 슬픔에 잠겨 있는 사람들에게 소망이 되어 주십니다. 주님은 나사로의 무덤으로 가셔서 돌을 옮겨 놓으라고 명하셨습니다(39절). 예수님께서 기적을 베푸실 것이라는 기대가 없던 마르다는 이미 시체에서 냄새가 난다는 현실적인 대답을 했지만, 예수님은 "네가 믿으면 하나님의 영광을 보리라 하지 아니하였느냐"(40절) 하시며 이 일이 하나님의 영광을 위한 것임을 나타내셨습니다. 그리고 모인 무리가 다 듣도록 하나님께 기도하시고(41-42절), 큰 소리로 나사로에게 나오라고 명령하셨습니다(43절). 그러자 모두가 보는 앞에서 죽은 자가 살아나는 기적이 일어났습니다(44절). 예수님의 기적은 모인 무리와 제자들이 하나님께서 예수님을 보내셨음을 믿도록 하기 위한 것이었습니다.

오늘의 감사기도

1.
2.
3.

요한복음 11:28-44 찬송가: 383장(구 433장)

28이 말을 하고 돌아가서 가만히 그 자매 마리아를 불러 말하
되 선생님이 오셔서 너를 부르신다 하니 29마리아가 이 말을 듣
고 급히 일어나 예수께 나아가매 30예수는 아직 마을로 들어오
지 아니하시고 마르다가 맞이했던 곳에 그대로 계시더라 31마리
아와 함께 집에 있어 위로하던 유대인들은 그가 급히 일어나 나
가는 것을 보고 곡하러 무덤에 가는 줄로 생각하고 따라가더니
32마리아가 예수 계신 곳에 가서 뵈옵고 그 발 앞에 엎드리어 이
르되 주께서 여기 계셨더라면 내 오라버니가 죽지 아니하였겠
나이다 하더라 33예수께서 그가 우는 것과 또 함께 온 유대인
들이 우는 것을 보시고 심령에 비통히 여기시고 불쌍히 여기사
34이르시되 그를 어디 두었느냐 이르되 주여 와서 보옵소서 하
니 35예수께서 눈물을 흘리시더라 36이에 유대인들이 말하되 보
라 그를 얼마나 사랑하셨는가 하며 37그 중 어떤 이는 말하되 맹
인의 눈을 뜨게 한 이 사람이 그 사람은 죽지 않게 할 수 없었더
냐 하더라 38이에 예수께서 다시 속으로 비통히 여기시며 무덤
에 가시니 무덤이 굴이라 돌로 막았거늘 39예수께서 이르시되
돌을 옮겨 놓으라 하시니 그 죽은 자의 누이 마르다가 이르되 주
여 죽은 지가 나흘이 되었으매 벌써 냄새가 나나이다 40예수께
서 이르시되 내 말이 네가 믿으면 하나님의 영광을 보리라 하지
아니하였느냐 하시니 41돌을 옮겨 놓으니 예수께서 눈을 들어
우러러 보시고 이르시되 아버지여 내 말을 들으신 것을 감사하
나이다 42항상 내 말을 들으시는 줄을 내가 알았나이다 그러나
이 말씀 하옵는 것은 둘러선 무리를 위함이니 곧 아버지께서 나
를 보내신 것을 그들로 믿게 하려 함이니이다 43이 말씀을 하시
고 큰 소리로 나사로야 나오라 부르시니 44죽은 자가 수족을 베
로 동인 채로 나오는데 그 얼굴은 수건에 싸였더라 예수께서 이
르시되 풀어 놓아 다니게 하라 하시니라

본문 관찰

1. 본문에서 예수 그리스도에 대한 내용을 살펴보십시오(주제별 목록 작성 참조).

2. 마리아와 유대인들이 우는 것을 보신 예수님의 마음은 어떠셨습니까(33절)?

3. 본문의 하나님은 어떤 분이십니까?

깊은 묵상

1. 여러분은 언제 우리와 함께 아파하시는 주님의 사랑을 느낍니까?

2. 여러분은 슬픔과 고통의 문제를 예수님께 내어놓고 주님과 함께 해결하려고 하는지 돌아보십시오.

3. 오늘 여러분에게 주시는 특별한 말씀(깨달은 점, 느낀 점, 적용점 등)은 무엇입니까?

DATE

월 일 요일

백성을 위해 죽을 한 사람

중심 단어

예수, 대제사장, 공회, 표적, 가야바, 모의하다

주제별 목록 작성

예수 그리스도

45절: 하신 일을 통하여 많은 유대인을 믿게 하셨다

47–48절: 많은 표적을 통하여 대제사장들과 바리새인들을 두려움에 빠뜨리셨다

50–52절: 죽음을 통하여 인류를 구원하실 분이다

53절: 살인 모의의 대상이 되셨다

54절: 모의의 계획을 아시고 드러나게 다니지 아니하셨다

56–57절: 대제사장들과 바리새인들이 명절에 잡으려고 하였다

도움말

1. **공회(47절):** 대제사장을 제외한 바리새인, 사두개인, 서기관 등 모두 70인으로 구성된 유대의 최고 의결 기구 산헤드린을 가리킨다.
2. **가야바(49절):** 예수 그리스도에게 십자가 사형을 선고한 대제사장(A.D. 18–36년)이다. 전직 대제사장 안나스의 사위다. 로마 총독 발레리우스 그라투스에 의해 임명됐다가 비텔리우스 총독에 의해 면직된다.

예수님의 죽음을 모의하는 자들

사두개파는 극히 정치적인 성향의 당파로, 부유하고 귀족적이었으며 로마 정부에 협력했습니다. 그들은 자신들의 부귀와 안일, 권력자로서의 지위만 유지할 수 있다면 기꺼이 로마에 협력하고자 했습니다. 그래서 그들은 예수님께서 당신을 따르는 무리를 세력화해서 폭동이라도 일으키면 자신들의 모든 것을 잃게 될지도 모른다는 두려움이 있었습니다(48절). 또한 그들은 예수님께서 율법을 준수하지 않음으로써 자신들의 권위에 도전할 뿐만 아니라 종교적인 질서를 어지럽히고 있다고 생각했습니다. 결국 대제사장 가야바는 예수님을 죽이려는 모의를 꾸미면서 한 사람이 백성을 위해 죽음으로써 온 민족이 망하지 않게 되는 것이 유익하다는 말을 했습니다(50절). 그는 자신도 모르는 사이에 대제사장으로서 예언적인 말을 하게 된 것입니다.

예수님의 죽음에 동조하는 자들

예수님은 생의 마지막 유월절을 보내기 위해 예루살렘으로 올라가시기 전, 빈 들 가까운 곳에서 당신의 사랑하는 제자들과 함께 머무셨습니다(54절). 그러는 동안 예루살렘에서는 예수님에 대한 체포령이 공식적으로 내려졌습니다(57절). 유월절에 자기를 성결하게 하기 위해 예루살렘으로 올라온 사람들은 예수님께서 예루살렘으로 오실 것인지 아닌지를 놓고 술렁이고 있었습니다(56절). 사람들은 하나님의 뜻보다 자신의 명예와 출세를 생각하며 예수님을 십자가에 못 박는 일에 동조했던 것입니다. 이처럼 오늘날에도 자신의 명예와 출세를 위해 예수님을 다시금 못 박는 일들이 행해지고 있습니다. 혹시 우리 또한 자신의 유익을 위해 예수님을 죽이려고 한 적은 없는지 살펴봐야겠습니다.

오늘의 감사기도

1.
2.
3.

요한복음 11:45-57 찬송가: 290장(구 412장)

45마리아에게 와서 예수께서 하신 일을 본 많은 유대인이 그
를 믿었으나 46그 중에 어떤 자는 바리새인들에게 가서 예수께
서 하신 일을 알리니라 47이에 대제사장들과 바리새인들이 공회
를 모으고 이르되 이 사람이 많은 표적을 행하니 우리가 어떻게
하겠느냐 48만일 그를 이대로 두면 모든 사람이 그를 믿을 것이
요 그리고 로마인들이 와서 우리 땅과 민족을 빼앗아 가리라 하
니 49그 중의 한 사람 그 해의 대제사장인 가야바가 그들에게 말
하되 너희가 아무 것도 알지 못하는도다 50한 사람이 백성을 위
하여 죽어서 온 민족이 망하지 않게 되는 것이 너희에게 유익한
줄을 생각하지 아니하는도다 하였으니 51이 말은 스스로 함이
아니요 그 해의 대제사장이므로 예수께서 그 민족을 위하시고
52또 그 민족만 위할 뿐 아니라 흩어진 하나님의 자녀를 모아 하
나가 되게 하기 위하여 죽으실 것을 미리 말함이러라 53이 날부
터는 그들이 예수를 죽이려고 모의하니라 54그러므로 예수께서
다시 유대인 가운데 드러나게 다니지 아니하시고 거기를 떠나
빈 들 가까운 곳인 에브라임이라는 동네에 가서 제자들과 함께
거기 머무르시니라 55유대인의 유월절이 가까우매 많은 사람이
자기를 성결하게 하기 위하여 유월절 전에 시골에서 예루살렘
으로 올라갔더니 56그들이 예수를 찾으며 성전에 서서 서로 말
하되 너희 생각에는 어떠하냐 그가 명절에 오지 아니하겠느냐
하니 57이는 대제사장들과 바리새인들이 누구든지 예수 있는 곳
을 알거든 신고하여 잡게 하라 명령하였음이러라

본문 관찰

1. 본문에서 예수 그리스도에 대한 내용을 살펴보십시오(주제별 목록 작성 참조).

2. 대제사장 가야바의 제안으로 어떤 일들이 벌어졌습니까(53절)?

3. 본문의 하나님은 어떤 분이십니까?

깊은 묵상

1. 여러분은 세상과 타협하지 않고 예수님만 따르는 제자의 삶을 살기 위해 어떤 노력을 하고 있습니까?

2. 여러분은 세상의 위협과 핍박이 더해질 때 어디에서 위로를 찾고 있는지 점검해 보십시오.

3. 오늘 여러분에게 주시는 특별한 말씀(깨달은 점, 느낀 점, 적용점 등)은 무엇입니까?

DATE

월 일 요일

마리아의 향유

중심 단어

예수, 마리아, 향유, 장례

주제별 목록 작성

마리아의 헌신

3절: 지극히 비싼 향유를 가져다가 예수의 발에 부었다/ 머리털로 그분의 발을 닦았다

7절: 예수의 장례할 날을 예비하였다

도움말

1. **나드(3절):** 히말라야산 다년생 식물 '나르드'(감송향)의 뿌리에서 채취한 고급 향료다.
2. **삼백 데나리온(5절):** 데나리온은 로마 은전으로, 1데나리온은 성인 남자의 하루 품삯에 해당하는 가치다(마 20:13). 따라서 300데나리온은 1년 치 품삯에 해당한다.

예수님의 장례를 예비한 마리아

예수님은 죽었던 나사로를 다시 살리신 후에 그가 사는 베다니를 다시 방문하셨습니다(1절). 베다니 마을에서는 예수님을 위한 기쁨과 감사의 잔치가 열렸습니다(2절). 마리아는 예수님께 나아와 값비싼 향유를 예수님의 발에 붓고, 자기 머리털로 예수님의 발을 닦았습니다(3절). 그 향유는 노동자의 1년 품삯에 해당하는 300데나리온이나 하는 지극히 비싼 것이었습니다. 예수님을 위해 그 향유가 든 옥합을 깨뜨려 머리털로 예수님의 발을 닦은 것은 마리아의 헌신과 겸손의 표현이었습니다. 돈궤를 맡고 그 돈을 훔쳐 가던 가룟 유다는 마리아에게 돈을 낭비한다며 불만을 표시했지만(5-6절), 예수님은 그를 가만 두라고 하시며 마리아의 행위가 당신의 장례를 예비하는 것임을 말씀하셨습니다(7절).

진실을 은폐하는 자들

예수님께서 죽었던 나사로를 다시 살려 주신 사건은 예수님께서 그리스도시라는 진리에 대한 부인할 수 없는 증거였습니다. 많은 사람이 나사로 때문에 예수님을 믿게 됐습니다. 그러나 유대 종교지도자들은 나사로가 다시 살아난 것을 보면서도 예수님을 믿지 않았습니다. 그들은 많은 유대인이 예수님을 믿게 되자 이제는 나사로까지 죽이려고 모의했습니다(10-11절). 자신들의 이해 관계 때문에 부활의 증인인 나사로를 죽임으로 진실을 은폐하려고 한 것입니다. 이는 당시 종교의 부패가 어느 정도인지를 단적으로 보여 줍니다. 그들은 하나님도, 종교도, 민족성도 없는 타락한 지도자 집단이었습니다.

오늘의 감사기도

1.
2.
3.

요한복음 12:1-11 찬송가: 211장(구 346장)

1유월절 엿새 전에 예수께서 베다니에 이르시니 이 곳은 예수께
서 죽은 자 가운데서 살리신 나사로가 있는 곳이라 2거기서 예
수를 위하여 잔치할새 마르다는 일을 하고 나사로는 예수와 함
께 앉은 자 중에 있더라 3마리아는 지극히 비싼 향유 곧 순전한
나드 한 근을 가져다가 예수의 발에 붓고 자기 머리털로 그의 발
을 닦으니 향유 냄새가 집에 가득하더라 4제자 중 하나로서 예
수를 잡아 줄 가룟 유다가 말하되 5이 향유를 어찌하여 삼백 데
나리온에 팔아 가난한 자들에게 주지 아니하였느냐 하니 6이렇
게 말함은 가난한 자들을 생각함이 아니요 그는 도둑이라 돈궤
를 맡고 거기 넣는 것을 훔쳐 감이러라 7예수께서 이르시되 그
를 가만 두어 나의 장례할 날을 위하여 그것을 간직하게 하라
8가난한 자들은 항상 너희와 함께 있거니와 나는 항상 있지 아
니하리라 하시니라 9유대인의 큰 무리가 예수께서 여기 계신 줄
을 알고 오니 이는 예수만 보기 위함이 아니요 죽은 자 가운데서
살리신 나사로도 보려 함이러라 10대제사장들이 나사로까지 죽
이려고 모의하니 11나사로 때문에 많은 유대인이 가서 예수를 믿
음이러라

본문 관찰

1. 본문에서 마리아의 헌신에 대한 내용을 살펴보십시오(주제별 목록 작성 참조).

2. 향유를 예수님의 발에 부은 마리아를 꾸중한 제자는 누구입니까? 그 까닭은 무엇입니까(4-6절)?

3. 본문의 하나님은 어떤 분이십니까?

깊은 묵상

1. 여러분이 예수님을 위해 부어드리고자 하는 향유는 무엇입니까?

2. 여러분이 드리려고 하는 향유는 세상적인 가치와 함께 여러분의 온전한 마음이 담겨 있는지 살펴보십시오.

3. 오늘 여러분에게 주시는 특별한 말씀(깨달은 점, 느낀 점, 적용점 등)은 무엇입니까?

DATE

월 일 요일

이스라엘의 왕

중심 단어

호산나, 이스라엘의 왕, 어린 나귀, 영광, 한 알의 밀, 생명

주제별 목록 작성

예수 그리스도

12절: 명절에 예루살렘으로 오셨다
13절: 백성이 이스라엘의 왕으로 맞으셨다
14절: 어린 나귀를 타셨다
15절: 예언을 이루셨다
16절: 제자들이 깨닫지 못한 일을 하셨다
20-21절: 헬라인 몇이 뵙고자 하였다
23절: 영광을 얻을 때가 오셨다
24절: 밀알의 교훈을 알려 주셨다

도움말

1. **호산나(13절):** '제발 우리를 구원하소서'라는 뜻이다. 원래 하나님의 구원을 갈망하는 짧은 기도(시 118:25)였는데 신약에서는 예루살렘에 입성하는 예수님을 향해 외친 찬양으로 사용됐다.
2. **시온(15절):** 예루살렘의 높은 산봉우리 또는 예루살렘 전체를 지칭한다. 참고로 팔레스타인 북방 헤르몬 산을 가리키는 경우도 있다.
3. **헬라인(20절):** 발칸반도 남단의 그리스에서 출생한 순수한 그리스 사람이다. 헬라 시민권을 가진 이방인은 '헬레니스타이'라 한다.

평화의 왕이신 예수님

명절에 모인 큰 무리는 이스라엘의 민족주의를 상징하는 종려나무 가지를 갖고 예수님을 민족의 해방자로서 그들의 수도인 예루살렘으로 맞아들였습니다(12-13절). 그들은 예수님을 정치적인 왕으로 맞아들인 것입니다. 그러나 예수님은 아무런 대답도 하지 않으신 채 묵묵히 한 어린 나귀에 타셨습니다(14절). 나귀는 평화와 겸손의 모습을 상징합니다. 스가랴 9:10에서 나귀를 타고 오시는 분이 '이방 사람에게 화평을 전할 것이요 그의 통치는 바다에서 바다까지 이를 것이다'라고 했습니다. 예수님은 이방인들이 예수님을 찾아왔을 때, 인자가 영광을 얻는 때 곧 십자가에 못 박히는 때가 왔음을 말씀하셨습니다(23절). 예수님께서 세상에 오신 것은 유대인만이 아닌 모든 사람이 믿어 구원에 이르도록 하기 위함입니다.

한 알의 밀알

예수님께서 스스로를 인자라고 말씀하신 것은 십자가 상의 승리를 뜻했습니다(23절). 땅에 떨어져 썩어짐으로 생명을 잉태하는 한 알의 밀알처럼 예수님은 땅에 떨어져 죽으심으로 영광스러운 새 생명을 탄생시키실 것입니다(24절). 죽음으로써 많은 열매를 맺는 것이 기독교의 신앙 원리이자 생명의 원리입니다. 하나님 나라의 확장을 위해 자기를 희생하고 버리는 자는 오히려 생명을 얻고, 주를 위해 드리지 않는 자는 오히려 생명을 잃어 버리는 것이 자연스러운 생명의 신비이자 법칙입니다. 만일 그리스도인의 삶에 어떤 변화나 열매도 나타나지 않는다면, 그것은 그가 밀알로 썩어지는 삶을 살지 않기 때문입니다.

오늘의 감사기도

1.
2.
3.

요한복음 12:12-25 찬송가: 331장(구 375장)

12그 이튿날에는 명절에 온 큰 무리가 예수께서 예루살렘으로
오신다는 것을 듣고 13종려나무 가지를 가지고 맞으러 나가 외
치되 호산나 찬송하리로다 주의 이름으로 오시는 이 곧 이스
라엘의 왕이시여 하더라 14예수는 한 어린 나귀를 보고 타시니
15이는 기록된 바 시온 딸아 두려워하지 말라 보라 너의 왕이 나
귀 새끼를 타고 오신다 함과 같더라 16제자들은 처음에 이 일을
깨닫지 못하였다가 예수께서 영광을 얻으신 후에야 이것이 예
수께 대하여 기록된 것임과 사람들이 예수께 이같이 한 것임이
생각났더라 17나사로를 무덤에서 불러내어 죽은 자 가운데서 살
리실 때에 함께 있던 무리가 증언한지라 18이에 무리가 예수를
맞음은 이 표적 행하심을 들었음이러라 19바리새인들이 서로 말
하되 볼지어다 너희 하는 일이 쓸 데 없다 보라 온 세상이 그를
따르는도다 하니라 20명절에 예배하러 올라온 사람 중에 헬라
인 몇이 있는데 21그들이 갈릴리 벳새다 사람 빌립에게 가서 청
하여 이르되 선생이여 우리가 예수를 뵈옵고자 하나이다 하니
22빌립이 안드레에게 가서 말하고 안드레와 빌립이 예수께 가서
여쭈니 23예수께서 대답하여 이르시되 인자가 영광을 얻을 때가
왔도다 24내가 진실로 진실로 너희에게 이르노니 한 알의 밀이
땅에 떨어져 죽지 아니하면 한 알 그대로 있고 죽으면 많은 열
매를 맺느니라 25자기의 생명을 사랑하는 자는 잃어버릴 것이요
이 세상에서 자기의 생명을 미워하는 자는 영생하도록 보전하
리라

본문 관찰

1. 본문에서 예수 그리스도에 대한 내용을 살펴보십시오(주제별 목록 작성 참조).

2. 예수님께서 어린 나귀를 타고 예루살렘에 입성하신 이유는 무엇입니까(14-15절)?

3. 본문의 하나님은 어떤 분이십니까?

깊은 묵상

1. 여러분은 삶에서 예수님께 어떻게 찬양을 올려드리고 있습니까?

2. 여러분의 삶에서 썩어진 밀알이 돼야 할 부분은 무엇인지 점검해 보십시오.

3. 오늘 여러분에게 주시는 특별한 말씀(깨달은 점, 느낀 점, 적용점 등)은 무엇입니까?

DATE

월 일 요일

빛과 어둠

중심 단어

영광, 소리, 심판, 빛, 어둠

주제별 목록 작성

예수 그리스도의 예고

26절: 섬김에 대한 예고

28절: 영광에 대한 예고

31절: 심판에 대한 예고

33절: 십자가 죽음에 대한 예고

도움말

1. **세상의 임금(31절)**: '세상'은 영적으로 하나님의 권세에 도전하는 악의 영역을 상징한다. 결국 세상을 어지럽히는 공중 권세 잡은 자, 즉 사탄을 가리킨다.
2. **빛의 아들(36절)**: '빛을 소유한 자손' 곧 '하나님의 자녀'(요 1:12)를 뜻한다. 빛이신 예수를 영접한 자에게 주어지는 특권이다.

어둠의 권세를 깨뜨리신 분

예수님의 십자가는 세상을 향한 하나님의 사랑이며, 사탄의 권세를 깨뜨리는 것이었습니다. 또한 십자가는 유대인이나 이방인 할 것 없이 모든 인간을 하나님께로 이끄는 유일한 길인 것을 알려주셨습니다(32절). 그러나 유대인들은 인자를 영원히 계속되는 왕국과 연관시켜서 생각하고 있었습니다(단 7:14; 사 9:7). 인자이신 예수님은 유대인들이 이해하지 못한 십자가를 통해 죄와 죽음의 권세를 깨뜨리심으로 하나님의 나라를 이 땅에 심으셨습니다. 세상 모든 나라의 권세와 위엄은 시간이 지나면 쇠하지만, 십자가 위에 세운 그리스도의 나라는 사랑의 희생과 함께 영원히 그 나라를 넓혀 갈 것입니다.

분별 있는 성도의 삶

빛이 있어서 존재를 인식할 수 있다는 것은 우리에게 존재를 인식할 수 없는 밤 또한 있다는 것을 알려 줍니다. 빛과 어둠, 낮과 밤이 교차되는 것을 보며 우리가 깨달아야 하는 것은 빛이 분명함과 같이 어둠도 분명히 존재한다는 것입니다. 전등이 켜졌을 때 사물의 위치를 알 수 있고 낮 동안에 길을 분간할 수 있듯이, 그리스도 안에 속해 있어야만 죄와 어둠을 분별할 수 있는 것입니다. 예수님께서도 "빛이 있을 동안에 다녀 어둠에 붙잡히지 않게 하라"(35절)고 말씀하셨습니다. 시간은 순환하는 것이 아니라 처음과 끝이 분명한 직선을 달리고 있습니다. 하나님 나라의 완성을 향해 나아가고 있는 것입니다. 그때까지 우리는 빛과 어둠을 잘 분별해 빛의 자녀로 살아야 할 것입니다.

오늘의 감사기도

1.
2.
3.

요한복음 12:26-36 찬송가: 139장(구 128장)

26사람이 나를 섬기려면 나를 따르라 나 있는 곳에 나를 섬기는
자도 거기 있으리니 사람이 나를 섬기면 내 아버지께서 그를 귀
히 여기시리라 27지금 내 마음이 괴로우니 무슨 말을 하리요 아
버지여 나를 구원하여 이 때를 면하게 하여 주옵소서 그러나 내
가 이를 위하여 이 때에 왔나이다 28아버지여, 아버지의 이름을
영광스럽게 하옵소서 하시니 이에 하늘에서 소리가 나서 이르
되 내가 이미 영광스럽게 하였고 또다시 영광스럽게 하리라 하
시니 29곁에 서서 들은 무리는 천둥이 울었다고도 하며 또 어떤
이들은 천사가 그에게 말하였다고도 하니 30예수께서 대답하여
이르시되 이 소리가 난 것은 나를 위한 것이 아니요 너희를 위한
것이니라 31이제 이 세상에 대한 심판이 이르렀으니 이 세상의
임금이 쫓겨나리라 32내가 땅에서 들리면 모든 사람을 내게로
이끌겠노라 하시니 33이렇게 말씀하심은 자기가 어떠한 죽음으
로 죽을 것을 보이심이러라 34이에 무리가 대답하되 우리는 율
법에서 그리스도가 영원히 계신다 함을 들었거늘 너는 어찌하
여 인자가 들려야 하리라 하느냐 이 인자는 누구냐 35예수께서
이르시되 아직 잠시 동안 빛이 너희 중에 있으니 빛이 있을 동안
에 다녀 어둠에 붙잡히지 않게 하라 어둠에 다니는 자는 그 가는
곳을 알지 못하느니라 36너희에게 아직 빛이 있을 동안에 빛을
믿으라 그리하면 빛의 아들이 되리라 예수께서 이 말씀을 하시
고 그들을 떠나가서 숨으시니라

본문 관찰

1. 본문에서 예수 그리스도의 예고에 대한 내용을 살펴보십시오(주제별 목록 작성 참조).

2. 빛의 아들이 되기 위해서는 어떻게 해야 합니까(35-36절)?

3. 본문의 하나님은 어떤 분이십니까?

깊은 묵상

1. 여러분은 빛의 자녀로 살기 위해 무엇을 실천하고 있습니까?

2. 여러분은 빛과 어둠을 잘 분별하고 있는지 점검해 보십시오.

3. 오늘 여러분에게 주시는 특별한 말씀(깨달은 점, 느낀 점, 적용점 등)은 무엇입니까?

DATE

월 일 요일

마지막 날과 심판

중심 단어

표적, 이사야, 사람, 하나님, 빛, 심판, 영생

주제별 목록 작성

말(예수 그리스도의 말씀)

48절: 예수의 말을 받지 아니하는 자를 마지막 날에 심판할 것이다

49절: 예수께서 자의로 말씀하신 것이 아니라 그분을 보내신 아버지께서 친히 명령하여 주신 말씀이다

50절: 그 명령은 영생이다

도움말

1. **이사야(38절):** 유다 왕 웃시야, 요담, 아하스, 히스기야 4대 왕 때(B.C. 739–681년) 사역한 선지자로, 메시야에 대해 많은 예언을 했다.
2. **완고하게(40절):** '바위처럼 단단하게 만든다'라는 뜻으로, 결코 깨우침도 뉘우침도 없는 돌 같은 심령 상태를 상징한다.

심판의 예언

예수님은 많은 군중을 향해 어둠에서 돌이켜 빛이신 주님께 나아오라고 마지막으로 말씀하셨습니다(46절). 인간은 예수 그리스도 안에서 하나님을 만나며, 하나님은 예수 그리스도 안에서 인간을 만난다는 것입니다. 예수님을 믿는 것은 하나님을 믿는 것이며, 예수님을 보는 것은 하나님을 보는 것입니다. 인간을 향한 예수님의 사랑은 그 사랑에 반응하는 자에 따라서 구원도 되고 심판도 되는 것입니다. 예수님은 인간을 구원하시기 위해 오셨지만, 그분을 저버리고 거부하는 자는 심판을 받습니다(48절). 예수님은 아버지의 명령을 따라 말씀하셨습니다(49절). 사람이 진리를 듣고도 행하지 않는다면 그 말씀이 그를 심판할 것입니다.

하나님의 지혜

하나님은 당신의 계획을 위해 인간의 불신앙까지도 사용하십니다. 하나님의 지혜는 이방인을 구원하기 위해 유대인의 불신앙과 복음에 냉담한 그들의 완고한 마음을 사용하셨습니다. 하나님의 진리를 거부하고 핍박하는 유대인들의 박해를 피해 흩어졌던 사람들이 복음을 전 세계로 전파한 것입니다. 유대인의 불신앙을 이방인을 향한 구원의 기회로 삼으셨고, 예수님을 죽이려는 악한 자들의 음모를 인류를 구원하는 십자가의 구속 사역으로 이루셨습니다. 하나님은 때로 사탄이 조장하는 어둠을 빛의 역사로 이끌어 내십니다. 악한 자의 손은 그들이 알지 못하는 가운데 하나님의 뜻을 이루는 도구가 됐습니다. 이처럼 하나님의 지혜와 능력은 모든 것 위에 뛰어납니다.

오늘의 감사기도

1.
2.
3.

요한복음 12:37-50 찬송가: 499장(구 277장)

37이렇게 많은 표적을 그들 앞에서 행하셨으나 그를 믿지 아니
하니 38이는 선지자 이사야의 말씀을 이루려 하심이라 이르되
주여 우리에게서 들은 바를 누가 믿었으며 주의 팔이 누구에게
나타났나이까 하였더라 39그들이 능히 믿지 못한 것은 이 때문
이니 곧 이사야가 다시 일렀으되 40그들의 눈을 멀게 하시고 그
들의 마음을 완고하게 하셨으니 이는 그들로 하여금 눈으로 보
고 마음으로 깨닫고 돌이켜 내게 고침을 받지 못하게 하려 함이
라 하였음이더라 41이사야가 이렇게 말한 것은 주의 영광을 보
고 주를 가리켜 말한 것이라 42그러나 관리 중에도 그를 믿는 자
가 많되 바리새인들 때문에 드러나게 말하지 못하니 이는 출교
를 당할까 두려워함이라 43그들은 사람의 영광을 하나님의 영광
보다 더 사랑하였더라 44예수께서 외쳐 이르시되 나를 믿는 자
는 나를 믿는 것이 아니요 나를 보내신 이를 믿는 것이며 45나를
보는 자는 나를 보내신 이를 보는 것이니라 46나는 빛으로 세상
에 왔나니 무릇 나를 믿는 자로 어둠에 거하지 않게 하려 함이로
라 47사람이 내 말을 듣고 지키지 아니할지라도 내가 그를 심판
하지 아니하노라 내가 온 것은 세상을 심판하려 함이 아니요 세
상을 구원하려 함이로라 48나를 저버리고 내 말을 받지 아니하
는 자를 심판할 이가 있으니 곧 내가 한 그 말이 마지막 날에 그
를 심판하리라 49내가 내 자의로 말한 것이 아니요 나를 보내신
아버지께서 내가 말할 것과 이를 것을 친히 명령하여 주셨으니
50나는 그의 명령이 영생인 줄 아노라 그러므로 내가 이르는 것
은 내 아버지께서 내게 말씀하신 그대로니라 하시니라

본문 관찰

1. 본문에서 말(예수 그리스도의 말씀)에 대한 내용을 살펴보십시오(주제별 목록 작성 참조).

2. 예수님께서 세상에 오신 목적은 무엇입니까(47-50절)?

3. 본문의 하나님은 어떤 분이십니까?

깊은 묵상

1. 여러분이 하나님의 빛 가운데 있기 위해 가장 먼저 고쳐야 할 점은 무엇입니까?

2. 여러분은 하나님의 말씀에 얼마나 순종하고 있는지 돌아보십시오.

3. 오늘 여러분에게 주시는 특별한 말씀(깨달은 점, 느낀 점, 적용점 등)은 무엇입니까?

DATE

월 일 요일

섬기시는 예수님

중심 단어

예수, 사랑, 가룟 유다, 하나님, 발을 씻으시다, 베드로

주제별 목록 작성

예수 그리스도

1절: 아버지께로 돌아가실 때가 이른 줄 아셨다/ 세상에 있는 자기 사람들을 끝까지 사랑하셨다

3절: 아버지께서 모든 것을 당신 손에 맡기신 것과 당신이 하나님께로부터 오셨다가 하나님께로 돌아가실 것을 아셨다

4절: 만찬을 끝내고 겉옷을 벗고 수건을 가져다가 허리에 두르셨다

5절: 대야에 물을 떠서 제자들의 발을 씻으셨다

도움말

1. **자기 사람들(1절):** '자기 자신에게 속한 사람들'을 뜻한다. 일차적으로 제자들, 나아가서는 예수님을 믿고 구원받은 모든 성도를 말한다.
2. **상관(8절):** '몫, 상속분'이라는 뜻이다. 여기서 '상관이 없다' 함은 천국을 유업으로 물려받지 못한다는 뜻이다.
3. **목욕한(10절):** 몸을 깨끗하게 씻어 더러운 먼지를 제거하는 목욕 행위다. 여기서는 중생하게 하시는 성령의 은혜로 죄 사함을 입어 정결하게 되는 것을 상징한다.

씻음과 연합

예수님은 저녁을 드시던 자리에서 일어나셔서 제자들의 발을 씻기 시작하셨습니다(4-5절). 한 사람씩 씻어 주시고, 베드로의 차례가 됐습니다. 그러나 베드로는 "주께서 내 발을 씻으시나이까"(6절)라며 예수님께서 발을 씻어 주시는 의미를 이해하지 못했습니다. 예수님은 그런 베드로에게 "내가 너를 씻어 주지 아니하면 네가 나와 상관이 없느니라"(8절)는 말씀을 전하셨습니다. 여기에서 씻는 것은 영적인 의미로, '죄의 씻음'을 뜻합니다. 이미 깨끗한 자는 그리스도와 연합한 자이며, 발을 씻는 것은 매일의 죄를 씻는 것을 상징합니다. 매일 발을 씻듯이, 일상생활 속에서 더러워진 것은 회개를 통해 씻겨져야 한다는 것을 보여 주신 것입니다. 그렇게 그 자리는 그리스도와 관계를 맺어 하나 된 자리였으며, 정결하게 된 자들의 만찬 자리였습니다. 그러나 깨끗하지 못했던 한 사람, 가룟 유다는 그리스도와 상관이 없는 자였기에 배반을 계획했습니다(10-11절).

섬김과 사랑

제자들의 발을 닦으시는 주님은 종의 모습을 보여 주셨습니다. '고난받는 종'으로서의 메시야는 제자들에게 낯설고 이해되지 않았습니다. 그러나 진정한 승리자는 섬기는 자이며, 사랑하는 마음으로 낮은 곳에 가기를 기뻐하는 자입니다. 그래서 높은 보좌에 앉으신 하나님이신 예수님께서 섬기는 종으로 이 세상에 오셔서 고난받으신 것입니다. 하나님을 사랑하는 자는 인간을 사랑합니다. 그리고 그 사랑은 섬기는 모습을 통해 나타납니다. 하나님의 세계에서는 섬기는 자가 높은 자이며, 섬기는 곳에서 그 위대함이 드러납니다.

오늘의 감사기도

1.
2.
3.

요한복음 13:1–11 찬송가: 467장

1유월절 전에 예수께서 자기가 세상을 떠나 아버지께로 돌아가
실 때가 이른 줄 아시고 세상에 있는 자기 사람들을 사랑하시되
끝까지 사랑하시니라 2마귀가 벌써 시몬의 아들 가룟 유다의 마
음에 예수를 팔려는 생각을 넣었더라 3저녁 먹는 중 예수는 아
버지께서 모든 것을 자기 손에 맡기신 것과 또 자기가 하나님께
로부터 오셨다가 하나님께로 돌아가실 것을 아시고 4저녁 잡수
시던 자리에서 일어나 겉옷을 벗고 수건을 가져다가 허리에 두
르시고 5이에 대야에 물을 떠서 제자들의 발을 씻으시고 그 두
르신 수건으로 닦기를 시작하여 6시몬 베드로에게 이르시니 베
드로가 이르되 주여 주께서 내 발을 씻으시나이까 7예수께서 대
답하여 이르시되 내가 하는 것을 네가 지금은 알지 못하나 이 후
에는 알리라 8베드로가 이르되 내 발을 절대로 씻지 못하시리이
다 예수께서 대답하시되 내가 너를 씻어 주지 아니하면 네가 나
와 상관이 없느니라 9시몬 베드로가 이르되 주여 내 발뿐 아니
라 손과 머리도 씻어 주옵소서 10예수께서 이르시되 이미 목욕
한 자는 발밖에 씻을 필요가 없느니라 온 몸이 깨끗하니라 너희
가 깨끗하나 다는 아니니라 하시니 11이는 자기를 팔 자가 누구
인지 아심이라 그러므로 다는 깨끗하지 아니하다 하시니라

본문 관찰

1. 본문에서 예수 그리스도에 대한 내용을 살펴보십시오(주제별 목록 작성 참조).

2. 예수님께 자신의 발을 씻기시지 못하게 했던 베드로의 태도는 어떻게 변합니까(8–9절)?

3. 본문의 하나님은 어떤 분이십니까?

깊은 묵상

1. 여러분은 예수님과 같이 섬기는 자가 되기 위해 어떤 부분을 노력하고 있습니까?

2. 여러분은 가정, 학교, 직장, 교회 등에서 사랑으로 사람들을 섬기고 있는지 살펴보십시오.

3. 오늘 여러분에게 주시는 특별한 말씀(깨달은 점, 느낀 점, 적용점 등)은 무엇입니까?

DATE

월 일 요일

예언된 배반

중심 단어

선생, 주, 행한 것 같이, 본, 영접

주제별 목록 작성

예수 그리스도

13절: 선생 또는 주라 불리셨다

14절: 주와 선생이 되어 발을 씻겼으니 제자들도 서로 발을 씻기는 것이 옳다 하셨다

15절: 섬김을 행하게 하기 위하여 행함의 본을 보이셨다

16–17절: 종이 주인보다 크지 못하고 보냄을 받은 자가 보낸 자보다 크지 못하다는 것을 알고 행하면 복이 있다고 하셨다

18–19절: 가룟 유다의 배신을 미리 알리심으로 일이 일어날 때에 믿게 하셨다

도움말

1. **내 떡을 먹는 자(18절):** 함께 식사하며 교제를 나눌 정도로 교분이 두터운 친구를 뜻하는 유대 문학적 표현이다. 이 구절은 가룟 유다의 배신에 대한 구약 성경의 예언을 인용한 것이다(시 41:9).
2. **발꿈치를 들었다(18절):** 말이 뒷발질하듯 은혜를 원수로 갚는다는 뜻의 유대 문학적 표현이다.

예수님의 섬김

예수님은 제자들의 발을 씻기심으로 그들의 마음까지도 씻어 주셨습니다. 주님께서 친히 허리를 굽혀 섬기심으로써 서로 높아지고자 경쟁하던 제자들을 단결하는 제자 공동체로 만드신 것입니다(14절). 예수님은 성도의 교제 안에서 어떻게 행해야 하는지 본을 보여 주시기 위해 낮은 자가 되셔서 친히 제자들의 발을 씻기셨습니다(15절). 하나님의 나라에서 높은 자는 섬김을 받는 자가 아니라 섬기는 자입니다. 예수님은 또한 종이 주인보다 크지 못하고 보냄을 받은 자가 보낸 자보다 크지 못하다고 말씀하셨습니다(16절). 예수님은 이것을 알고 행하는 자가 복이 있다고 말씀하셨습니다(17절).

예수님의 예언

예수님의 사랑과 겸손의 섬김은 제자들의 마음에 감화와 깨우침을 줬습니다. 그러나 가룟 유다의 마음은 여전히 냉랭했습니다. 그래서 예수님은 시편 41:9 말씀을 인용하시며 "내 떡을 먹는 자가 내게 발꿈치를 들었다"(18절)라고 말씀하신 것입니다. 이 말은 곧 '반역'을 의미합니다. 당시에 식사를 함께한다는 것은 우정의 표시이자 서로에 대한 충성을 나타내는 행위였습니다. 다윗이 요나단을 사랑하고 그와의 우정을 추억해 요나단의 절름발이 아들 므비보셋을 자기 식탁에서 함께 먹도록 한 사실에서 그 의미를 알 수 있습니다(삼하 9:7–13). 예수님께서 당신이 반역으로 팔려갈 것을 예고하신 이유는 그 일이 일어날 때, 예수님께서 그리스도이심을 제자들이 믿고 그들의 신앙이 흔들리지 않도록 돕기 위해서였습니다(19절).

오늘의 감사기도

1.
2.
3.

요한복음 13:12-20 찬송가: 447장(구 448장)

12그들의 발을 씻으신 후에 옷을 입으시고 다시 앉아 그들에게
이르시되 내가 너희에게 행한 것을 너희가 아느냐 13너희가 나
를 선생이라 또는 주라 하니 너희 말이 옳도다 내가 그러하다
14내가 주와 또는 선생이 되어 너희 발을 씻었으니 너희도 서로
발을 씻어 주는 것이 옳으니라 15내가 너희에게 행한 것 같이 너
희도 행하게 하려 하여 본을 보였노라 16내가 진실로 진실로 너
희에게 이르노니 종이 주인보다 크지 못하고 보냄을 받은 자가
보낸 자보다 크지 못하나니 17너희가 이것을 알고 행하면 복이
있으리라 18내가 너희 모두를 가리켜 말하는 것이 아니니라 나
는 내가 택한 자들이 누구인지 앎이라 그러나 내 떡을 먹는 자
가 내게 발꿈치를 들었다 한 성경을 응하게 하려는 것이니라
19지금부터 일이 일어나기 전에 미리 너희에게 일러 둠은 일이
일어날 때에 내가 그인 줄 너희가 믿게 하려 함이로라 20내가 진
실로 진실로 너희에게 이르노니 내가 보낸 자를 영접하는 자는
나를 영접하는 것이요 나를 영접하는 자는 나를 보내신 이를 영
접하는 것이니라

본문 관찰

1. 본문에서 예수 그리스도에 대한 내용을 살펴보십시오(주제별 목록 작성 참조).

2. 예수님은 미리 예언된 배반을 어떤 말씀에 비유하며 말씀하십니까? 그 뜻은 무엇입니까(18절, 메시지 참조)?

3. 본문의 하나님은 어떤 분이십니까?

깊은 묵상

1. 여러분이 섬기는 자가 되기 위해 내려놓은 것은 무엇입니까?

2. 그리스도의 식탁에 함께 참여한 여러분은 어떤 공동체를 이뤄 가야 할지 생각해 보십시오.

3. 오늘 여러분에게 주시는 특별한 말씀(깨달은 점, 느낀 점, 적용점 등)은 무엇입니까?

DATE

월 일 요일

예수를 팔 자

중심 단어

예수, 팔리라, 떡, 유다, 사탄, 밤

주제별 목록 작성

예수 그리스도

21절: 심령이 괴로우셨다/ 당신을 팔 자가 있음을 알리셨다

23절: 사랑하는 제자가 예수의 품에 의지하여 눕도록 배려하셨다

26절: 떡 한 조각을 적셔서 유다에게 주셨다

27절: 유다에게 속히 행하라고 하셨다

도움말

1. **의지하여(23절):** 직역하면 '눕다, 기대다'라는 뜻이다. 한쪽 팔로 받치고 두 다리를 뻗어 비스듬히 누운 자세로 음식을 먹던 당시 유대인들의 식사 자세를 말한다.
2. **조각(26절):** 큰 덩이의 떡에서 떼어낸 작은 떡 조각이다. 당시에는 주인 자신이 먹을 음식물의 일부를 떼어 손님에게 주는 것이 지극한 우정과 사랑의 표시였다.
3. **명절(29절):** 유월절, 칠칠절, 초막절 등 율법이 정한 절기를 말한다. 여기서는 특별히 유월절을 가리킨다.

밤의 때를 허락하신 예수님

예수님은 가룟 유다의 배신을 미리 아시고 마음이 괴로우셨습니다(21절). 제자들은 자신들 중 한 명이 주님을 배반할 것이라는 예수님의 말씀에 그 자가 누구인지 궁금해하며 물었습니다(24-25절). 그러자 예수님은 가룟 시몬의 아들 유다에게 떡 한 조각을 적셔서 주시며 배신할 자가 그임을 알려 주셨습니다(26절). 유다의 마음이 더 이상 돌이킬 수 없는 악으로 향한 것을 아신 주님은 유다에게 "네가 하는 일을 속히 하라"(27절)고 말씀하셨습니다. 때는 밤이었고 유다는 밖으로 나갔습니다(30절). 예수님은 밤의 때를 허락하셨습니다. 예수님은 당신을 죽이려는 사탄의 계획을 통해 오히려 구원을 가져오실 수 있는 분이기 때문입니다. 사람이 그리스도를 떠나 자기 자신의 길로 행할 때 그곳은 언제나 밤입니다. 그러나 예수 그리스도를 따라 걷는 자는 빛 가운데로 걸어가게 될 것입니다.

죄에서 돌아서지 않은 가룟 유다

가룟 유다는 예수님의 떡을 받고도 예수님을 배신하려는 생각을 돌이키지 않고 밖으로 나갔습니다(30절). 죄는 사랑의 호소에도 반응하지 않는 무감동한 것이며 무정한 마음에서 비롯됩니다. 우리의 마음은 그릇입니다. 마음을 겸손과 사랑과 성결로 채우지 않으면 교만과 미움과 더러움으로 채워집니다. 마음에 무엇을 담을 것인지는 자신의 선택입니다. 바로 이 마음을 빼앗고 나뉘게 하기 위해 사탄은 호시탐탐 기회를 노리고 있습니다. 우리가 진정으로 주님을 따르기를 원하고 그렇게 되도록 간구한다면, 주님은 우리의 마음과 생각을 지켜 주실 것입니다.

오늘의 감사기도

1.
2.
3.

요한복음 13:21-30 찬송가: 381장(구 425장)

21예수께서 이 말씀을 하시고 심령이 괴로워 증언하여 이르시되
내가 진실로 진실로 너희에게 이르노니 너희 중 하나가 나를 팔
리라 하시니 22제자들이 서로 보며 누구에게 대하여 말씀하시
는지 의심하더라 23예수의 제자 중 하나 곧 그가 사랑하시는 자
가 예수의 품에 의지하여 누웠는지라 24시몬 베드로가 머릿짓을
하여 말하되 말씀하신 자가 누구인지 말하라 하니 25그가 예수
의 가슴에 그대로 의지하여 말하되 주여 누구니이까 26예수께서
대답하시되 내가 떡 한 조각을 적셔다 주는 자가 그니라 하시고
곧 한 조각을 적셔서 가룟 시몬의 아들 유다에게 주시니 27조각
을 받은 후 곧 사탄이 그 속에 들어간지라 이에 예수께서 유다에
게 이르시되 네가 하는 일을 속히 하라 하시니 28이 말씀을 무슨
뜻으로 하셨는지 그 앉은 자 중에 아는 자가 없고 29어떤 이들은
유다가 돈궤를 맡았으므로 명절에 우리가 쓸 물건을 사라 하시
는지 혹은 가난한 자들에게 무엇을 주라 하시는 줄로 생각하더
라 30유다가 그 조각을 받고 곧 나가니 밤이러라

본문 관찰

1. 본문에서 예수 그리스도에 대한 내용을 살펴보십시오(주제별 목록 작성 참조).

2. 예수님께서 주신 떡을 받고 유다는 어떻게 행동합니까(27-30절)?

3. 본문의 하나님은 어떤 분이십니까?

깊은 묵상

1. 여러분은 마음을 지키기 위해 어떤 노력을 하고 있습니까?

2. 우리에게 끝까지 기회를 주기 원하시는 하나님의 사랑을 묵상해 보십시오.

3. 오늘 여러분에게 주시는 특별한 말씀(깨달은 점, 느낀 점, 적용점 등)은 무엇입니까?

DATE

월 일 요일

새 계명

중심 단어

새 계명, 사랑하라, 내 제자

주제별 목록 작성

새 계명

34절: 예수께서 우리를 사랑하신 것 같이 서로 사랑하라

35절: 서로 사랑함으로 예수의 제자인 줄 알게 하라

베드로

36절: 예수께 가시는 곳을 물었다

37절: 주를 위하여 목숨을 버릴 것을 맹세하였다

38절: 예수로부터 세 번 부인하게 될 것을 예언받았다

도움말

1. **작은 자(33절):** 원래는 갓 태어난 아이를 가리키는 단어로, 상대방을 친근하게 부르는 호칭으로도 자주 사용된다.
2. **사랑(34절):** 예수님께서 모범을 보이신 자기 희생적이고 헌신적인 사랑을 가리킨다. 부모 자식 간의 사랑인 '스토르게'나 남녀 간의 사랑인 '에로스'나 친구 간의 우정인 '필리아'와는 구별된다.

사랑의 계명

예수님은 곧 떠나시게 될 상황에서 제자들에게 새 계명을 주셨습니다. "내가 너희를 사랑한 것 같이"(34절)라는 주님의 말씀은 사랑의 근원이 예수님이심을 보여 줍니다. 서로 사랑하는 것은 예수님의 제자가 할 수 있는 가장 가치 있는 일입니다. 진정한 사랑의 공동체를 이룰 때, 비로소 교회가 예수님의 진정한 제자라는 것을 세상이 알게 될 것입니다(35절). 예수님은 당신을 배반하는 무리를 끝까지 사랑하셨고 용서하셨습니다. 놀라운 사랑을 보여 주신 예수님의 제자 된 우리도 그분의 계명을 따라 사랑을 실천해야 합니다. 서로 사랑하며 섬기는 것이 진정한 제자의 모습입니다.

베드로의 고백

예수님은 남겨질 제자들에게 서로 사랑하라는 계명을 주셨습니다(34절). 그 사랑을 통해 사람들이 주님을 믿게 되는 것이 예수님께서 제자들에게 바라신 유일한 계명이었습니다. 그러나 베드로는 예수님께서 말씀하신 제자의 사명을 이해하지 못했습니다. 베드로는 예수님과의 인간적인 이별만을 생각하며 주님을 따라가는 것이 주님을 위하는 일이라고 생각했습니다. 그래서 그는 주님을 위해 목숨을 바치겠다고 고백했습니다(37절). 하지만 주님은 베드로가 인간적인 의지로 주님을 사랑하다가 넘어지게 될 것을 미리 아셨습니다. 주님을 위해 목숨을 바칠 각오를 했던 베드로였지만, 그는 결국 예수님을 세 번이나 부인하게 됩니다(38절).

오늘의 감사기도

1.
2.
3.

요한복음 13:31-38 찬송가: 454장(구 508장)

31그가 나간 후에 예수께서 이르시되 지금 인자가 영광을 받았
고 하나님도 인자로 말미암아 영광을 받으셨도다 32만일 하나님
이 그로 말미암아 영광을 받으셨으면 하나님도 자기로 말미암
아 그에게 영광을 주시리니 곧 주시리라 33작은 자들아 내가 아
직 잠시 너희와 함께 있겠노라 너희가 나를 찾을 것이나 일찍이
내가 유대인들에게 너희는 내가 가는 곳에 올 수 없다고 말한 것
과 같이 지금 너희에게도 이르노라 34새 계명을 너희에게 주노
니 서로 사랑하라 내가 너희를 사랑한 것 같이 너희도 서로 사랑
하라 35너희가 서로 사랑하면 이로써 모든 사람이 너희가 내 제
자인 줄 알리라 36시몬 베드로가 이르되 주여 어디로 가시나이
까 예수께서 대답하시되 내가 가는 곳에 네가 지금은 따라올 수
없으나 후에는 따라오리라 37베드로가 이르되 주여 내가 지금은
어찌하여 따라갈 수 없나이까 주를 위하여 내 목숨을 버리겠나
이다 38예수께서 대답하시되 네가 나를 위하여 네 목숨을 버리
겠느냐 내가 진실로 진실로 네게 이르노니 닭 울기 전에 네가 세
번 나를 부인하리라

본문 관찰

1. 본문에서 새 계명과 베드로에 대한 내용을 살펴보십시오(주제별 목록 작성 참조).

2. 주님을 위해 목숨을 버리겠다는 베드로에게 예수님은 어떻게 대답하십니까(38절)?

3. 본문의 하나님은 어떤 분이십니까?

깊은 묵상

1. 예수님의 제자가 되기 위해 여러분이 최선을 다해야 할 부분은 무엇입니까?

2. 여러분은 예수님께서 주신 새 계명을 삶 속에서 얼마나 실천하고 있는지 점검해 보십시오.

3. 오늘 여러분에게 주시는 특별한 말씀(깨달은 점, 느낀 점, 적용점 등)은 무엇입니까?

DATE

월 일 요일

소망의 약속

중심 단어

아버지, 거처, 예비, 영접, 길, 진리, 생명, 믿으라

주제별 목록 작성

예수 그리스도

1절: 위로하신다
2절: 거처를 예비하신다
3절: 다시 오셔서 제자들을 영접하고 함께하실 것이다
6절: 길과 진리와 생명이시다
10절: 아버지 안에 거하신다
11절: 당신이 곧 하나님이심을 믿으라고 권고하신다
12절: 그분을 믿음으로 더 큰 일도 하게 하신다
13절: 아버지의 영광을 나타내실 것이다

도움말

1. **근심하지(1절):** '동요하다, 고통하다'라는 뜻이다. 마음속에 여러 감정이 뒤섞여 매우 혼란하고 번잡스러운 상태를 말한다.
2. **거할 곳(2절):** 여행자들을 위해 편히 쉴 수 있게 마련된 휴식처를 가리켰다. 여기서는 천국을 가리킨다. 이는 성도가 장차 갈 천국은 영원히 쉴 수 있는 참된 안식처임을 말해 준다.
3. **내가 곧 길이요(6절):** '내가 -다'라는 표현은 예수님 당신의 신적인 권위를 나타내는 말이다. '길'은 예수님 당신을 가리키는 말로서, 당신이야말로 생명과 진리와 부활에 이르는 유일한 길임을 선포하신 것이다(요 10:7-9).

길과 진리와 생명 되신 예수님

가룟 유다의 배반, 베드로의 부인 그리고 예수님의 죽음에 대한 예고를 들은 제자들의 마음은 불안과 근심으로 가득했습니다. 그런 제자들의 마음을 아시고 예수님은 당신을 믿으라고 다시 한번 말씀하셨습니다(1절). 그리고 불안에 떨고 있는 제자들에게 두 가지를 약속하셨습니다. 첫째는 예수님께서 제자들을 위해 아버지의 집에 거할 곳을 준비하신다는 약속이었습니다(2절). 둘째는 예수님께서 다시 오셔서 제자들을 천국으로 영접해 주신다는 약속이었습니다(3절). 예수님께서 우리의 처소를 예비하기 위해 아버지의 집으로 가신다는 것은 곧 십자가의 죽음을 가리키는 것이었습니다. 예수님은 십자가에서 죽으심으로 우리가 하나님께 나아가는 길이 되셨고, 그분만이 우리가 따를 진리가 되시며, 우리에게 생명을 주시는 분이 되셨습니다(6절).

함께하시는 예수님

하나님의 아들을 믿는 자들에게 놀라운 약속이 주어졌습니다. 이 약속은 제자들이 언젠가는 예수님께서 행하신 바를 행하게 될 것이며, 그보다 더 큰 일도 하게 된다는 약속이었습니다(12절). 이 말씀은 복음이 제자들에 의해 세계로 전파됨을 의미합니다. 예수님은 우리와 함께하실 것을 약속하시면서 아버지와 아들이 하나 됨 같이, 아들을 믿는 자도 아들 안에서 아버지와 하나 됨을 교훈하신 것입니다. 믿는 자의 능력은 예수님의 이름으로 하나님께 구함으로써 주어지는데, 이는 예수님께서 아버지의 영광을 위해 성도의 기도를 들어 응답해 주시기 때문입니다(13-14절). 믿음으로 구함으로써 승리하는 삶을 사는 것이 하나님을 믿는 자들의 능력입니다.

오늘의 감사기도

1.
2.
3.

요한복음 14:1-14 찬송가: 370장(구 455장)

1너희는 마음에 근심하지 말라 하나님을 믿으니 또 나를 믿으라
2내 아버지 집에 거할 곳이 많도다 그렇지 않으면 너희에게 일
렀으리라 내가 너희를 위하여 거처를 예비하러 가노니 3가서 너
희를 위하여 거처를 예비하면 내가 다시 와서 너희를 내게로 영
접하여 나 있는 곳에 너희도 있게 하리라 4내가 어디로 가는지
그 길을 너희가 아느니라 5도마가 이르되 주여 주께서 어디로
가시는지 우리가 알지 못하거늘 그 길을 어찌 알겠사옵나이까
6예수께서 이르시되 내가 곧 길이요 진리요 생명이니 나로 말미
암지 않고는 아버지께로 올 자가 없느니라 7너희가 나를 알았더
라면 내 아버지도 알았으리로다 이제부터는 너희가 그를 알았
고 또 보았느니라 8빌립이 이르되 주여 아버지를 우리에게 보
여 주옵소서 그리하면 족하겠나이다 9예수께서 이르시되 빌립
아 내가 이렇게 오래 너희와 함께 있으되 네가 나를 알지 못하
느냐 나를 본 자는 아버지를 보았거늘 어찌하여 아버지를 보이
라 하느냐 10내가 아버지 안에 거하고 아버지는 내 안에 계신 것
을 네가 믿지 아니하느냐 내가 너희에게 이르는 말은 스스로 하
는 것이 아니라 아버지께서 내 안에 계셔서 그의 일을 하시는 것
이라 11내가 아버지 안에 거하고 아버지께서 내 안에 계심을 믿
으라 그렇지 못하겠거든 행하는 그 일로 말미암아 나를 믿으라
12내가 진실로 진실로 너희에게 이르노니 나를 믿는 자는 내가
하는 일을 그도 할 것이요 또한 그보다 큰 일도 하리니 이는 내
가 아버지께로 감이라 13너희가 내 이름으로 무엇을 구하든지
내가 행하리니 이는 아버지로 하여금 아들로 말미암아 영광을
받으시게 하려 함이라 14내 이름으로 무엇이든지 내게 구하면
내가 행하리라

본문 관찰

1. 본문에서 예수 그리스도에 대한 내용을 살펴보십시오(주제별 목록 작성 참조).

2. 도마의 질문에 예수님은 어떻게 대답하십니까(5-7절)?

3. 본문의 하나님은 어떤 분이십니까?

깊은 묵상

1. 우리가 근심하지 말아야 할 근본적인 이유는 무엇이라고 생각합니까?

2. 여러분은 일상 속에서 주님을 얼마나 신뢰하고 있는지 돌아보십시오.

3. 오늘 여러분에게 주시는 특별한 말씀(깨달은 점, 느낀 점, 적용점 등)은 무엇입니까?

DATE

월 일 요일

진리의 영

중심 단어

사랑, 계명, 보혜사, 진리의 영

주제별 목록 작성

보혜사

16절: 영원토록 함께하실 것이다

17절: 진리의 영이시다

18절: 고아와 같이 버려두지 아니하시고 함께하기 위하여 오실 것이다

도움말

1. **보혜사(16절):** 도움을 주기 위해 가까이 부름을 받은 자를 뜻한다. 헬라에서는 대개 법률 자문가나 변호사를 가리킬 때 사용됐는데, 복음서에서는 성도들의 유일한 조언자요, 영혼의 스승이신 성령을 가리킨다.
2. **고아(18절):** 부모 없는 아이가 어둠 속에서 방황하는 모습을 비유적으로 표현한 이 단어는 스승을 잃은 제자들의 영적 혼돈 상태를 생생하게 묘사해 준다.

다시 오실 예수님

예수님은 제자들에게 보혜사를 보내 주겠다고 말씀하셨습니다(16절). 보혜사는 진리의 영이십니다. 세상은 그분을 받을 수 없지만, 제자들은 그분을 알고 그분은 그들 안에 거하실 것입니다(17절). 보혜사, 곧 성령님은 예수님을 믿는 자들에게 찾아오셔서 그들 속에 함께 거하시며 예수님의 부활을 증거하시는 영입니다. 예수님은 제자들에게 인자한 아버지의 마음으로 "내가 너희를 고아와 같이 버려두지 아니하고 너희에게로 오리라"(18절)고 말씀하셨습니다. 예수님은 당신의 부활과 임재에 대해 약속하심으로써 근심하는 제자들에게 다시금 용기를 주셨습니다.

예수님과 동행하는 삶

예수님은 계명을 지키는 자가 바로 당신을 사랑하는 자이며 그 사랑으로 말미암아 아버지께 사랑받을 것이라고 말씀하셨습니다(21절). 예수님은 당신의 말을 지키고 순종하는 자에게 그분의 사랑을 나타내십니다. 그러므로 예수님께 순종하지 않고 그 말씀을 지키지 않는 자는 그리스도와 동행할 수 없습니다. 오직 하나님께 순종할 때만이 우리가 하나님을 더 깊이 알게 된다는 것을 항상 기억해야 할 것입니다.

오늘의 감사기도

1.

2.

3.

요한복음 14:15-24 찬송가: 188장(구 180장)

15너희가 나를 사랑하면 나의 계명을 지키리라 16내가 아버지께
구하겠으니 그가 또 다른 보혜사를 너희에게 주사 영원토록 너
희와 함께 있게 하리니 17그는 진리의 영이라 세상은 능히 그를
받지 못하나니 이는 그를 보지도 못하고 알지도 못함이라 그러
나 너희는 그를 아나니 그는 너희와 함께 거하심이요 또 너희 속
에 계시겠음이라 18내가 너희를 고아와 같이 버려두지 아니하
고 너희에게로 오리라 19조금 있으면 세상은 다시 나를 보지 못
할 것이로되 너희는 나를 보리니 이는 내가 살아 있고 너희도 살
아 있겠음이라 20그 날에는 내가 아버지 안에, 너희가 내 안에,
내가 너희 안에 있는 것을 너희가 알리라 21나의 계명을 지키는
자라야 나를 사랑하는 자니 나를 사랑하는 자는 내 아버지께 사
랑을 받을 것이요 나도 그를 사랑하여 그에게 나를 나타내리라
22가룟인 아닌 유다가 이르되 주여 어찌하여 자기를 우리에게는
나타내시고 세상에는 아니하려 하시나이까 23예수께서 대답하
여 이르시되 사람이 나를 사랑하면 내 말을 지키리니 내 아버지
께서 그를 사랑하실 것이요 우리가 그에게 가서 거처를 그와 함
께 하리라 24나를 사랑하지 아니하는 자는 내 말을 지키지 아니
하나니 너희가 듣는 말은 내 말이 아니요 나를 보내신 아버지의
말씀이니라

본문 관찰

1. 본문에서 보혜사에 대한 내용을 살펴 보십시오(주제별 목록 작성 참조).

2. 예수님을 사랑하기 위해 우리가 해야 하는 것은 무엇입니까(21, 23절)?

3. 본문의 하나님은 어떤 분이십니까?

깊은 묵상

1. 여러분의 삶 속에서 계명을 지키기 위해 변화돼야 할 부분은 무엇입니까?

2. 여러분은 하나님과 동행하는 삶을 살고 있는지 점검해 보십시오.

3. 오늘 여러분에게 주시는 특별한 말씀(깨달은 점, 느낀 점, 적용점 등)은 무엇입니까?

DATE

월 일 요일

보혜사 성령님

중심 단어

너희, 아버지, 성령, 평안, 세상의 임금

주제별 목록 작성

평안

27절: 예수께서 주셨다/ 세상이 주는 것과 다르다/ 마음에 근심하고 두려워할 필요가 없다

도움말

1. **평안(27절):** 구약에서는 번영, 물질의 복, 건강 등 주로 외적 행복의 의미로 많이 사용됐으나 신약에서는 마음에 근심이 없는 평온한 상태 등 내적 의미로 사용됐다.
2. **관계할 것이 없으니(30절):** 사탄(세상 임금)은 예수님과 아무 상관이 없으며 어떤 권리도 주장할 자격이 없다는 뜻이다.

주님의 평안

"평안을 너희에게 끼치노니"(27절). 예수님은 제자들에게 평안을 주신다고 말씀하셨습니다. 예수님께서 주시는 평안은 세상이 주는 일시적이고 상대적인 평안이 아니라 영원하고 절대적인 평안입니다. 세상이 주는 평안은 환경에서 오는 것이기에 재물이나 지위나 권력 같은 환경이 변하면 쉽게 사라져 버리지만, 주님께서 주시는 평안은 하나님과의 관계와 영혼 구원과 하나님의 사랑에서 오는 것이므로 영원히 이어집니다. 주님은 당신께서 아버지께로 돌아가시는 것을 제자들이 기뻐하기 원하셨습니다(28절). 십자가는 패배가 아니요 승리였으며, 사람들은 십자가를 통해 하나님에 대한 예수님의 순종과 인간의 죄를 대속하시는 사랑을 보게 될 것입니다(30-31절).

은혜의 시대

하나님께서 우리에게 주시는 은혜는 성령의 역사를 통해 오는 것입니다. 그래서 신약 시대를 은혜의 시대라고 말합니다. 하나님께서 우리와 함께 계시다가 성령님께서 오심으로 하나님께서 우리 안에 거하시는 시대가 온 것입니다. 성도는 기도와 말씀을 통해 성령님과 지속적으로 교제할 수 있으며, 세상을 이길 힘과 능력을 공급받을 수 있습니다. 이 성령 충만은 성도가 삶의 모든 영역에서 하나님의 온전한 다스리심을 받음으로 그분의 인도하심을 따르는 상태를 말합니다. 성령님을 믿고 그분의 인도하심을 온 힘을 다해 따라갈 때, 성도의 생활에 평안과 기쁨과 승리가 넘치게 될 것입니다.

오늘의 감사기도

1.
2.
3.

요한복음 14:25-31 찬송가: 408장(구 466장)

25내가 아직 너희와 함께 있어서 이 말을 너희에게 하였거니와
26보혜사 곧 아버지께서 내 이름으로 보내실 성령 그가 너희에
게 모든 것을 가르치고 내가 너희에게 말한 모든 것을 생각나게
하리라 27평안을 너희에게 끼치노니 곧 나의 평안을 너희에게
주노라 내가 너희에게 주는 것은 세상이 주는 것과 같지 아니하
니라 너희는 마음에 근심하지도 말고 두려워하지도 말라 28내가
갔다가 너희에게로 온다 하는 말을 너희가 들었나니 나를 사랑
하였더라면 내가 아버지께로 감을 기뻐하였으리라 아버지는 나
보다 크심이라 29이제 일이 일어나기 전에 너희에게 말한 것은
일이 일어날 때에 너희로 믿게 하려 함이라 30이 후에는 내가 너
희와 말을 많이 하지 아니하리니 이 세상의 임금이 오겠음이라
그러나 그는 내게 관계할 것이 없으니 31오직 내가 아버지를 사
랑하는 것과 아버지께서 명하신 대로 행하는 것을 세상이 알게
하려 함이로라 일어나라 여기를 떠나자 하시니라

본문 관찰

1. 본문에서 평안에 대한 내용을 살펴보십시오(주제별 목록 작성 참조).
2. 보혜사 성령님께서 오셔서 하시는 일은 무엇입니까(26절)?
3. 본문의 하나님은 어떤 분이십니까?

깊은 묵상

1. 여러분은 성령님의 인도하심을 따르는 생활을 하기 위해 어떤 노력을 하고 있습니까?
2. 여러분이 어려울 때 함께하시며 평안을 주시는 성령님을 묵상해 보십시오.
3. 오늘 여러분에게 주시는 특별한 말씀(깨달은 점, 느낀 점, 적용점 등)은 무엇입니까?

DATE

월 일 요일

참포도나무

중심 단어

참포도나무, 농부, 열매, 가지, 제자

주제별 목록 작성

참포도나무이신 예수 그리스도

2절: 예수 안에 있어 열매를 맺게 하신다
3절: 말씀으로 깨끗하게 하신다
4절: 예수 안에 거하게 하신다
5절: 예수를 떠나서는 아무 것도 할 수 없다
7절: 무엇이든지 원하는 대로 구하면 이루게 하신다
8절: 열매를 많이 맺어서 그분의 제자가 되게 하신다

도움말

1. **참포도나무(1절):** 포도나무는 무화과나무, 감람나무와 함께 팔레스타인을 대표하는 나무다. 구약에서 포도나무는 종종 열매 맺지 못하는 이스라엘에 비유됐다. 반면, 예수님은 당신을 참포도나무에 비유해 당신에게 접붙인 가지는 풍성하게 열매 맺을 수 있음을 교훈하신다.
2. **깨끗하게 하시느니라(2절):** 쓸데없는 부분을 잘라내고 줄기를 짧게 해서 그 가지가 더 좋은 열매를 맺도록 돕는 것을 말한다.
3. **거하라(4절):** '–안에 머물러 있으라'는 뜻으로, 예수 그리스도와의 유기적이고 영속적인 생명의 연합을 강조한 표현이다.

포도나무와 가지

"나는 포도나무요 너희는 가지라"(5절). 예수님은 포도나무이십니다. 가지인 우리는 열매를 맺기 위해 포도나무이신 예수님께 붙어 있어야 합니다. 가지가 몸체에 신실하게 붙어 있는 것이 결국 생명을 얻고 열매를 얻는 유일한 길입니다. 주님 안에 거함으로 양분을 공급받아 저절로 열매를 맺는 것입니다. 예수님께서 유대교의 구조와 절기를 새롭게 하셨듯이 포도나무 비유를 통해 새 이스라엘의 모습을 조명해 주십니다. 바로 예수님 안에서 신실하게 거하는 것이 새 이스라엘의 조건입니다. 그러나 그리스도 안에 거하지 않고 그리스도 밖에 있는 자들에게는 포도나무에서 떨어진 가지처럼 불에 던져져 살라지는 최후의 심판이 기다리고 있습니다(6절).

주님 안에 거하는 자

주님은 포도나무 가지에 열매가 맺히고 무르익어 결실하게 되는 것을 기도하여 구함으로써 얻을 수 있다고 말씀하십니다. 그리스도와 연합한 자가 그분의 말씀을 따라 기도할 때 그 기도가 응답받는다는 약속은 감춰진 보화와 같은 놀라운 비밀입니다. 그리스도 안에 거하고 말씀에 합당하게 살아갈 때, 그리스도인은 무엇이든지 원하는 대로 구하는 것을 받게 되며 점점 더 풍성한 복을 누리게 됩니다(7절). 이렇게 그리스도인다운 삶의 열매를 많이 맺으며 아버지를 영화롭게 하는 자는 주님의 제자로 일컬음을 받게 될 것입니다(8절).

오늘의 감사기도

1.
2.
3.

요한복음 15:1-8 찬송가: 440장(구 497장)

1나는 참포도나무요 내 아버지는 농부라 2무릇 내게 붙어 있어
열매를 맺지 아니하는 가지는 아버지께서 그것을 제거해 버리
시고 무릇 열매를 맺는 가지는 더 열매를 맺게 하려 하여 그것을
깨끗하게 하시느니라 3너희는 내가 일러준 말로 이미 깨끗하여
졌으니 4내 안에 거하라 나도 너희 안에 거하리라 가지가 포도
나무에 붙어 있지 아니하면 스스로 열매를 맺을 수 없음 같이 너
희도 내 안에 있지 아니하면 그러하리라 5나는 포도나무요 너희
는 가지라 그가 내 안에, 내가 그 안에 거하면 사람이 열매를 많
이 맺나니 나를 떠나서는 너희가 아무 것도 할 수 없음이라 6사
람이 내 안에 거하지 아니하면 가지처럼 밖에 버려져 마르나니
사람들이 그것을 모아다가 불에 던져 사르느니라 7너희가 내 안
에 거하고 내 말이 너희 안에 거하면 무엇이든지 원하는 대로 구
하라 그리하면 이루리라 8너희가 열매를 많이 맺으면 내 아버지
께서 영광을 받으실 것이요 너희는 내 제자가 되리라

본문 관찰

1. 본문에서 참포도나무이신 예수 그리스도에 대한 내용을 살펴보십시오(주제별 목록 작성 참조).

2. 예수님과 성도의 관계는 무엇에 비유할 수 있습니까(5절)?

3. 본문의 하나님은 어떤 분이십니까?

깊은 묵상

1. 열매를 많이 맺기 위해 여러분이 해야 할 일은 무엇입니까?

2. 여러분이 주님 안에서 맺을 수 있는 열매는 무엇인지 생각해 보십시오.

3. 오늘 여러분에게 주시는 특별한 말씀(깨달은 점, 느낀 점, 적용점 등)은 무엇입니까?

DATE

월 일 요일

가장 큰 사랑

중심 단어

사랑, 계명, 기쁨, 친구, 종, 택하다, 열매

주제별 목록 작성

주님의 사랑 안에 거하는 삶

10절: 주님의 계명을 지킨다

11절: 기쁨이 충만하다

12절: 주님께서 사랑하신 것 같이 서로 사랑한다

14절: 예수의 명령을 지킴으로써 예수와 친구가 된다

도움말

1. **내 기쁨(11절):** '내가 소유한 그 기쁨'이라는 뜻이다. 예수님의 제자들이 예수님께서 명하시는 계명을 지키며 그 사랑 안에 거함으로써 과실을 풍성하게 맺는 것이야말로 예수님의 기쁨이다.
2. **택하여(16절):** '밖으로 이끌어 내다'라는 뜻이다. 여기서는 첫째로 죄악 세상에서 불러내 하늘나라 백성으로 삼으시는 구원 행위를 의미하고, 둘째로 제자들을 선별해 사도로 삼으시는 임무 부여를 의미한다.

사랑의 교제

"아버지께서 나를 사랑하신 것 같이 나도 너희를 사랑하였으니 나의 사랑 안에 거하라"(9절). 하나님의 사랑을 받으신 예수님은 그 사랑으로 우리를 사랑하셨습니다. 그리고 우리에게 당신의 사랑 안에 거하라고 명령하십니다. 우리는 주님의 계명을 지킴으로 그분의 사랑 안에 거할 수 있고, 사랑의 교제를 나눌 수 있습니다(10절). 주님 안에 온전히 거하는 것은 우리에게 충만한 기쁨을 줍니다(11절). 이는 곧 예수님 안에 있는 기쁨입니다. 그리고 이어서 예수님께서 제자들에게 주신 계명은 예수님께서 그들을 사랑하신 것처럼 서로 사랑하라는 것이었습니다(12절). 가장 큰 사랑은 친구를 위해 자기 목숨을 버리는 것입니다(13절). 예수님은 바로 이 사랑을 실천하심으로써 사랑의 본을 보이셨습니다.

친구로 부르신 이유

"내가 명하는 대로 행하면 곧 나의 친구라"(14절). 예수님 당시에는 오직 아브라함만이 하나님의 친구로 불렸습니다. 그러나 이제 예수님은 당신의 열한 제자에게 친구라고 불러 주셨습니다. 친구 사이에는 비밀이 없습니다. 친구는 기쁨과 슬픔을 함께 나누고, 서로를 위해 기꺼이 수고와 희생을 아끼지 않습니다. 그래서 예수님은 제자들을 종이라 하지 않고 친구라고 부르셨습니다(15절). 그리스도 안에 거하는 삶을 통해 우리는 영원한 기쁨과 예수님과의 우정을 얻게 되는 것입니다. 예수님께서 우리를 친구로 부르신 것은 하나님의 명령에 순종함으로 열매 맺는 삶을 살게 하시려는 주님의 은혜였습니다. 그러므로 하나님께 택함 받은 우리는 하나님의 계명을 지킴으로 주님의 사랑 안에 거하며 열매 맺는 삶을 살아야 할 것입니다(10절).

오늘의 감사기도

1.

2.

3.

요한복음 15:9-17 찬송가: 434장(구 491장)

9아버지께서 나를 사랑하신 것 같이 나도 너희를 사랑하였으니
나의 사랑 안에 거하라 10내가 아버지의 계명을 지켜 그의 사랑
안에 거하는 것 같이 너희도 내 계명을 지키면 내 사랑 안에 거
하리라 11내가 이것을 너희에게 이름은 내 기쁨이 너희 안에 있
어 너희 기쁨을 충만하게 하려 함이라 12내 계명은 곧 내가 너희
를 사랑한 것 같이 너희도 서로 사랑하라 하는 이것이니라 13사
람이 친구를 위하여 자기 목숨을 버리면 이보다 더 큰 사랑이 없
나니 14너희는 내가 명하는 대로 행하면 곧 나의 친구라 15이제
부터는 너희를 종이라 하지 아니하리니 종은 주인이 하는 것을
알지 못함이라 너희를 친구라 하였노니 내가 내 아버지께 들은
것을 다 너희에게 알게 하였음이라 16너희가 나를 택한 것이 아
니요 내가 너희를 택하여 세웠나니 이는 너희로 가서 열매를 맺
게 하고 또 너희 열매가 항상 있게 하여 내 이름으로 아버지께
무엇을 구하든지 다 받게 하려 함이라 17내가 이것을 너희에게
명함은 너희로 서로 사랑하게 하려 함이라

본문 관찰

1. 본문에서 주님의 사랑 안에 거하는 삶에 대한 내용을 살펴보십시오(주제별 목록 작성 참조).
2. 예수님께서 우리를 종이 아닌 친구라고 말씀하신 이유는 무엇입니까(15절)?
3. 본문의 하나님은 어떤 분이십니까?

깊은 묵상

1. 여러분이 주님과 인격적으로 깊은 관계를 맺기 위해 행해야 할 것은 무엇입니까?
2. 여러분은 삶 속에서 주님의 계명을 얼마나 따르고 실천하는지 점검해 보십시오.
3. 오늘 여러분에게 주시는 특별한 말씀(깨달은 점, 느낀 점, 적용점 등)은 무엇입니까?

DATE

월 일 요일

예수님의 증인

중심 단어

세상, 너희(제자들), 나(예수), 미워하다, 박해하다

주제별 목록 작성

그리스도의 제자들

18절: 세상이 미워한다

19절: 세상에 속한 자가 아니다/ 세상에서 예수의 택함을 입었다

20절: 주인이신 예수보다 크지 못하다/ 세상의 박해를 받는다/ 예수의 말을 지키는 자들은 제자들의 말도 지킨다

26절: 아버지께서 보내실 성령을 받을 것이다

도움말

1. **세상(18절):** 여기서는 공중 권세 잡은 자(사탄)가 지배하는 죄악된 불신 세상을 말한다.
2. **그 죄(22절):** '빗나간'이라는 뜻이다. 하나님으로부터 떠나는 것이 죄임을 의미한다.

세상의 박해

그리스도를 따르는 신앙이 분명해짐에 따라 세상의 미움도 분명해집니다(18절). 또한 제자들이 당하는 수난은 그리스도와 제자들이 운명을 같이하는 존재임을 보여 줍니다(19절). 그리스도를 핍박하는 자는 제자들도 핍박하며, 그리스도의 말을 순종하는 자는 제자들의 말에도 순종할 것입니다(20절). 그리스도에 대한 불신앙은 하나님에 대한 불신앙이요, 그리스도를 미워하는 것은 곧 하나님을 미워하는 것입니다. 더욱이 그리스도의 표적을 보고 진리를 들었음에도 그리스도를 거부하는 죄는 결코 핑계를 댈 수 없습니다(22절). 그리스도에 대한 참 증거자이신 진리의 보혜사 성령님께서 오셔서 예수님에 대해 증거하실 것이며, 제자들은 그리스도의 삶과 죽음과 부활을 친히 목도함으로 예수님의 증인이 될 것입니다(26-27절).

믿음의 시련

진리를 따르는 일은 때로 사람들에게 미움을 받기도 하며 고독해지기도 합니다. 예수님께서 제자들에게 말씀하셨던 것처럼 오늘 우리에게 동일하게 적용되는 것은, 진리의 증인이 되면 필연적으로 세상의 박해와 미움을 받게 된다는 사실입니다(18-19절). 하지만 예수님께서 이미 수치와 모욕과 멸시의 길을 가셨기 때문에, 제자들도 그 좁은 길을 따르는 것이 당연합니다. 기독교의 역사를 살펴보면, 핍박은 오히려 신앙의 부흥을 가져왔음을 알 수 있습니다. 이런 믿음의 시련을 거치고 나면 영광의 면류관이 주어지기에, 그리스도인은 환난 중에도 기뻐할 수 있는 것입니다.

오늘의 감사기도

1.

2.

3.

요한복음 15:18-27　찬송가: 336장(구 383장)

18세상이 너희를 미워하면 너희보다 먼저 나를 미워한 줄을 알
라 19너희가 세상에 속하였으면 세상이 자기의 것을 사랑할 것
이나 너희는 세상에 속한 자가 아니요 도리어 내가 너희를 세상
에서 택하였기 때문에 세상이 너희를 미워하느니라 20내가 너희
에게 종이 주인보다 더 크지 못하다 한 말을 기억하라 사람들이
나를 박해하였은즉 너희도 박해할 것이요 내 말을 지켰은즉 너
희 말도 지킬 것이라 21그러나 사람들이 내 이름으로 말미암아
이 모든 일을 너희에게 하리니 이는 나를 보내신 이를 알지 못함
이라 22내가 와서 그들에게 말하지 아니하였더라면 죄가 없었으
려니와 지금은 그 죄를 핑계할 수 없느니라 23나를 미워하는 자
는 또 내 아버지를 미워하느니라 24내가 아무도 못한 일을 그들
중에서 하지 아니하였더라면 그들에게 죄가 없었으려니와 지금
은 그들이 나와 내 아버지를 보았고 또 미워하였도다 25그러나
이는 그들의 율법에 기록된 바 그들이 이유 없이 나를 미워하였
다 한 말을 응하게 하려 함이라 26내가 아버지께로부터 너희에
게 보낼 보혜사 곧 아버지께로부터 나오시는 진리의 성령이 오
실 때에 그가 나를 증언하실 것이요 27너희도 처음부터 나와 함
께 있었으므로 증언하느니라

본문 관찰

1. 본문에서 그리스도의 제자들에 대한 내용을 살펴보십시오(주제별 목록 작성 참조).

2. 세상이 그리스도와 제자들을 미워하는 이유는 무엇입니까(19절)?

3. 본문의 하나님은 어떤 분이십니까?

깊은 묵상

1. 여러분은 예수님을 따른다는 이유로 고난을 당할 때 어떻게 이겨 냅니까?

2. 여러분이 환난 중에도 기뻐할 수 있는 이유는 무엇인지 생각해 보십시오.

3. 오늘 여러분에게 주시는 특별한 말씀(깨달은 점, 느낀 점, 적용점 등)은 무엇입니까?

DATE

월 일 요일

보혜사가 하시는 일

중심 단어

하나님, 알지 못함, 때, 보혜사, 죄, 의, 심판, 책망

주제별 목록 작성

보혜사(성령)

7절: 예수께서 떠나가면 오실 것이다/ 예수는 보혜사를 우리에게 보내실 것이다

8절: 죄, 의, 심판에 대하여 세상을 책망하실 것이다

도움말

1. **실족하지(1절):** 본래 짐승이나 새를 사냥하기 위해 구덩이를 파거나 덫을 놓는 행위를 일컫는다. 영적으로는 죄악에 빠지게 하는 제반 요소들을 말한다.
2. **출교(2절):** 회당에서 추방하는 행위를 뜻한다. 이 형벌은 율법을 거역한 자에게 가해지는 최고형이며 이스라엘 사회로부터의 추방과 단절을 의미했다.
3. **감당하지(12절):** 원래는 '무거운 짐을 어깨에 지고 운반하다'라는 뜻이다. '견뎌 내다, 감내하다'라는 상징적인 의미를 갖는데, 여기서는 '깨닫다, 이해하다'라는 뜻으로 사용됐다.

장차 받을 환난

예수님께서 제자들에게 믿음의 시련이 올 것을 미리 말씀하신 이유는 그들이 핍박을 받고 위기에 직면했을 때 넘어지지 않고 이기도록 하기 위함이었습니다(1절). 예수님께서 세상의 박해에 대해 마음을 준비시키시자 제자들은 모두 비탄에 빠졌습니다(5-6절). 그러나 예수님은 당신이 떠나가시면 성령, 즉 보혜사가 오시리라는 말씀을 하시며 제자들을 위로하셨습니다(7절). 예수님께서 말씀하신 보혜사 성령의 활동은 세 가지입니다. 그것은 죄에 대해, 의에 대해, 심판에 대해 세상을 책망하시는 것입니다(8절).

죄와 의와 심판

보혜사 성령님은 우선 죄에 대한 것을 분별시키십니다. 죄는 하나님을 떠나고 하나님을 대항하는 데서 생겨난 것입니다. 그래서 하나님을 믿지 않는 불신앙은 죄인 것입니다(9절). 또 성령님은 전혀 새로운 의의 길을 제시하십니다. 율법의 의나 세상이 말하는 의가 아닌, 그리스도의 죽음과 부활과 승천으로 말미암은 의만이 참된 의이기 때문입니다. 그것은 예수 그리스도를 믿음으로 믿는 자에게 전가되는 절대적 의를 뜻합니다(10절). 마지막으로 심판에 대한 확신을 주십니다. 심판은 본래 사탄에 대한 것입니다. 이는 그리스도의 죽음과 부활을 통해 이뤄지며, 사탄과 그를 따르는 사람들 모두 영원한 심판을 받을 것입니다(11절). 오늘날 또한 우리의 마음과 생각을 사로잡는 성령님의 역사가 있습니다. 사람이 죄를 깨닫게 되는 것은 성령님께서 그 사람의 마음속에서 역사하시기 때문입니다. 그리스도의 온전하신 의를 확신시키는 것과 우리 모두 하나님의 심판대 앞에 서지 않으면 안 된다는 확신은 성령님의 역사하심에서 비롯됩니다.

오늘의 감사기도

1.
2.
3.

요한복음 16:1-12 찬송가: 190장(구 177장)

1내가 이것을 너희에게 이름은 너희로 실족하지 않게 하려 함이
니 2사람들이 너희를 출교할 뿐 아니라 때가 이르면 무릇 너희
를 죽이는 자가 생각하기를 이것이 하나님을 섬기는 일이라 하
리라 3그들이 이런 일을 할 것은 아버지와 나를 알지 못함이라
4오직 너희에게 이 말을 한 것은 너희로 그 때를 당하면 내가 너
희에게 말한 이것을 기억나게 하려 함이요 처음부터 이 말을 하
지 아니한 것은 내가 너희와 함께 있었음이라 5지금 내가 나를
보내신 이에게로 가는데 너희 중에서 나더러 어디로 가는지 묻
는 자가 없고 6도리어 내가 이 말을 하므로 너희 마음에 근심이
가득하였도다 7그러나 내가 너희에게 실상을 말하노니 내가 떠
나가는 것이 너희에게 유익이라 내가 떠나가지 아니하면 보혜
사가 너희에게로 오시지 아니할 것이요 가면 내가 그를 너희에
게로 보내리니 8그가 와서 죄에 대하여, 의에 대하여, 심판에 대
하여 세상을 책망하시리라 9죄에 대하여라 함은 그들이 나를 믿
지 아니함이요 10의에 대하여라 함은 내가 아버지께로 가니 너
희가 다시 나를 보지 못함이요 11심판에 대하여라 함은 이 세상
임금이 심판을 받았음이라 12내가 아직도 너희에게 이를 것이
많으나 지금은 너희가 감당하지 못하리라

본문 관찰

1. 본문에서 보혜사(성령)에 대한 내용을 살펴보십시오(주제별 목록 작성 참조).

2. 보혜사가 와서 책망하실 죄, 의, 심판은 무엇을 의미합니까(8-11절)?

3. 본문의 하나님은 어떤 분이십니까?

깊은 묵상

1. 여러분은 보혜사 성령님과 동행하는 삶을 살기 위해 어떤 노력을 하고 있습니까?

2. 여러분이 성령 충만한 삶을 살려고 할 때 방해가 되는 것은 무엇인지 점검해 보십시오.

3. 오늘 여러분에게 주시는 특별한 말씀(깨달은 점, 느낀 점, 적용점 등)은 무엇입니까?

DATE

월 일 요일

충만한 기쁨

중심 단어

진리, 성령, 인도, 장래 일, 영광, 제자, 근심, 기쁨, 구하라

주제별 목록 작성

제자들이 얻게 될 기쁨

20절: 근심이 도리어 기쁨이 될 것이다
22절: 예수를 다시 봄으로 마음이 기쁠 것이다/ 그 기쁨을 빼앗을 자가 없다
24절: 구한 것을 받음으로 기쁨이 충만할 것이다

도움말

1. **문의하느냐(19절)**: '해답을 요구하다, 질문하다'라는 뜻이다. 신분이나 서열이 같은 사람끼리 요청하거나 질문할 때 사용되는 표현이다. 반면 아랫사람이 윗사람에게 요구하거나 간청할 때는 '구하다'라는 단어가 사용된다(24절).
2. **그 날(23절)**: '저 날에'라는 뜻이다. 예수 그리스도의 승천 직후 성령님께서 강림하신 오순절 이후를 가리킨다.

근심이 기쁨이 되는 날

예수님은 혼란스러워하는 제자들에게 그들이 당장은 의문에 휩싸이고 머지 않아 당신께서 십자가에 못 박히게 되면 곡하고 애통할 것이라고 말씀하셨습니다. 하지만 주님의 부활로 인한 그 기쁨은 이루 말할 수 없을 것임을 알려 주셨습니다(20절). "지금은 너희가 근심하나 내가 다시 너희를 보리니 너희 마음이 기쁠 것이요 너희 기쁨을 빼앗을 자가 없으리라"(22절). 제자들이 그 날 곧 부활의 날에 직접 눈으로 봄으로 알 것이며, 그리스도와 함께 돌아오는 시대에는 완전한 지식이 주어질 것이라는 말씀입니다. 모든 의문이 풀리고 근심이 기쁨이 되는 은혜 안에서 하나님과의 새로운 관계를 맺게 되는 것입니다(23절). 이와 같은 관계는 예수 그리스도로 말미암아 오는 것이며, 그리스도의 이름으로 하나님 아버지께서 주시는 것입니다(24절).

기쁨의 원천이신 예수님

그리스도인의 기쁨과 충만한 생활은 예수님께서 이루신 은혜를 발견하고 감사하는 데서 출발합니다. 하나님의 용서와 사랑이 그리스도를 통해 왔고, 그리스도를 통해 아버지께로 나아갈 수 있으며, 아버지께서 주시고자 하는 것도 그분의 이름으로 주어지는 것입니다. 그러므로 우리는 주님께서 우리를 떠나 계시는 것 같은 침묵의 순간이나, 세상의 미움과 시련 속에서 근심이 짙을 때도 근심을 기쁨으로 바꿔 주실 주님을 기다려야 합니다. 예수님은 그 기쁨의 원천이 바로 그리스도 당신이라고 말씀하시며, 당신 안에서 구하는 모든 것이 공급될 것이라고 약속하셨습니다(24절).

오늘의 감사기도

1.
2.
3.

요한복음 16:13-24 찬송가: 325장(구 359장)

13그러나 진리의 성령이 오시면 그가 너희를 모든 진리 가운데
로 인도하시리니 그가 스스로 말하지 않고 오직 들은 것을 말
하며 장래 일을 너희에게 알리시리라 14그가 내 영광을 나타내
리니 내 것을 가지고 너희에게 알리시겠음이라 15무릇 아버지
께 있는 것은 다 내 것이라 그러므로 내가 말하기를 그가 내 것
을 가지고 너희에게 알리시리라 하였노라 16조금 있으면 너희가
나를 보지 못하겠고 또 조금 있으면 나를 보리라 하시니 17제자
중에서 서로 말하되 우리에게 말씀하신 바 조금 있으면 나를 보
지 못하겠고 또 조금 있으면 나를 보리라 하시며 또 내가 아버지
께로 감이라 하신 것이 무슨 말씀이냐 하고 18또 말하되 조금 있
으면이라 하신 말씀이 무슨 말씀이냐 무엇을 말씀하시는지 알
지 못하노라 하거늘 19예수께서 그 묻고자 함을 아시고 이르시
되 내 말이 조금 있으면 나를 보지 못하겠고 또 조금 있으면 나
를 보리라 하므로 서로 문의하느냐 20내가 진실로 진실로 너희
에게 이르노니 너희는 곡하고 애통하겠으나 세상은 기뻐하리라
너희는 근심하겠으나 너희 근심이 도리어 기쁨이 되리라 21여자
가 해산하게 되면 그 때가 이르렀으므로 근심하나 아기를 낳으
면 세상에 사람 난 기쁨으로 말미암아 그 고통을 다시 기억하지
아니하느니라 22지금은 너희가 근심하나 내가 다시 너희를 보리
니 너희 마음이 기쁠 것이요 너희 기쁨을 빼앗을 자가 없으리라
23그 날에는 너희가 아무 것도 내게 묻지 아니하리라 내가 진실
로 진실로 너희에게 이르노니 너희가 무엇이든지 아버지께 구
하는 것을 내 이름으로 주시리라 24지금까지는 너희가 내 이름
으로 아무 것도 구하지 아니하였으나 구하라 그리하면 받으리
니 너희 기쁨이 충만하리라

본문 관찰

1. 본문에서 제자들이 얻게 될 기쁨에 대한 내용을 살펴보십시오(주제별 목록 작성 참조).

2. 우리가 예수님으로 인해 얻게 될 기쁨은 무엇입니까(22-24절)?

3. 본문의 하나님은 어떤 분이십니까?

깊은 묵상

1. 여러분의 삶에서 기쁨을 빼앗는 요소는 무엇입니까?

2. 여러분은 그럼에도 기쁨을 주시는 하나님을 바라보고 있는지 돌아보십시오.

3. 오늘 여러분에게 주시는 특별한 말씀(깨달은 점, 느낀 점, 적용점 등)은 무엇입니까?

DATE

월 일 요일

승리하신 예수님

중심 단어

비유, 때, 아버지, 사랑, 평안, 환난, 이기었노라

주제별 목록 작성

예수님의 비유

25절: 때가 이르면 비유로 이르지 않고 아버지에 대한 것을 밝히 이르실 것이다

29-30절: 지금은 밝히 말씀하시고 아무 비유로도 하지 아니하신다/예수께서 모든 것을 아시고 또 사람의 물음을 기다리시지 않는다

도움말

1. **때(25절):** 성령님께서 강림하신 이후를 가리킨다.
2. **내 이름으로 구할 것(26절):** 그리스도가 영원히 그의 백성을 위해 중보자가 되신다는 확증이다.
3. **환난(33절):** 식물의 열매나 뿌리를 압착기에 넣어 즙을 내거나 기름을 짜듯이 그렇게 혹독하게 가해지는 고난을 의미한다.

평안의 약속

제자들이 예수님께서 하나님의 아들이시라는 사실을 확신하게 된 것은 하나님과 인간에 대한 예수님의 지식 때문이었습니다(30절). 그러나 예수님은 지금 제자들이 믿음을 갖고 있다 하더라도 나중에는 예수님을 버릴 것이라는 사실을 알고 계셨습니다(32절). 그럼에도 예수님은 그들을 사랑하셨습니다. 예수님께서 제자들에게 이 같은 사실을 예고하신 것은 제자들이 후에 자신들의 실수로 인해 동요하거나 절망에 빠지는 것을 원하지 않으셨기 때문입니다(33절). 그리스도인이 환난 중에도 담대해야 할 이유는 예수님께서 이미 승리하셨기 때문입니다. 예수님께서 세상을 이기셨으므로 우리는 예수님 안에서 평안을 누릴 수 있습니다.

환난 후의 승리

고달픈 삶을 살아가는 현대인들은 위로와 사랑과 복의 메시지를 원하지만, 성경은 믿는 자에게 따르는 환난과 핍박에 대해서도 분명한 진리를 선포합니다. 하나님은 믿음의 대가로 치르는 환난과 핍박은 영광과 승리에 이르는 길이라고 말씀하십니다. 그러므로 우리는 힘든 상황에 닥치면 오히려 기뻐해야 합니다. 시련과 고난을 통해 믿음이 성장하고, 사랑하는 사람들에게 버림받았을 때 오히려 하나님께서 더 가까이 계심을 느끼기 때문입니다. 환난을 통과한 믿음은 세상을 이기는 믿음이 됩니다. 그 싸움은 예수님께서 이겨 놓으신 싸움입니다. 예수님은 세상의 증오와 제자들의 버림 앞에서도 용서와 사랑으로 세상을 이기셨습니다. 세상을 이기신 주님께서 당신을 의지하는 자들에게 날마다 새 힘을 주시고 능히 이기게 하실 것입니다.

오늘의 감사기도

1.
2.
3.

요한복음 16:25-33 찬송가: 357장(구 397장)

25이것을 비유로 너희에게 일렀거니와 때가 이르면 다시는 비
유로 너희에게 이르지 않고 아버지에 대한 것을 밝히 이르리라
26그 날에 너희가 내 이름으로 구할 것이요 내가 너희를 위하여
아버지께 구하겠다 하는 말이 아니니 27이는 너희가 나를 사랑
하고 또 내가 하나님께로부터 온 줄 믿었으므로 아버지께서 친
히 너희를 사랑하심이라 28내가 아버지에게서 나와 세상에 왔고
다시 세상을 떠나 아버지께로 가노라 하시니 29제자들이 말하되
지금은 밝히 말씀하시고 아무 비유로도 하지 아니하시니 30우리
가 지금에야 주께서 모든 것을 아시고 또 사람의 물음을 기다리
시지 않는 줄 아나이다 이로써 하나님께로부터 나오심을 우리
가 믿사옵나이다 31예수께서 대답하시되 이제는 너희가 믿느냐
32보라 너희가 다 각각 제 곳으로 흩어지고 나를 혼자 둘 때가
오나니 벌써 왔도다 그러나 내가 혼자 있는 것이 아니라 아버지
께서 나와 함께 계시느니라 33이것을 너희에게 이르는 것은 너
희로 내 안에서 평안을 누리게 하려 함이라 세상에서는 너희가
환난을 당하나 담대하라 내가 세상을 이기었노라

본문 관찰

1. 본문에서 예수님의 비유에 대한 내용을 살펴보십시오(주제별 목록 작성 참조).

2. 예수님께서 더 이상 비유를 사용하시지 않는 까닭은 무엇입니까(29-30절)?

3. 본문의 하나님은 어떤 분이십니까?

깊은 묵상

1. 여러분은 믿음 때문에 환난과 핍박을 겪은 경험이 있습니까? 그때 여러분은 믿음을 어떻게 지켰습니까?

2. 세상의 환난 속에서 제자인 우리에게 주시는 예수님의 말씀은 무엇인지 묵상해 보십시오.

3. 오늘 여러분에게 주시는 특별한 말씀(깨달은 점, 느낀 점, 적용점 등)은 무엇입니까?

DATE

월 일 요일

예수님의 기도 I

중심 단어

예수, 말씀, 아버지, 영생, 권세, 아버지의 것, 영광

주제별 목록 작성

예수님의 기도

1절: 아들을 영화롭게 하사 아들로 아버지를 영화롭게 하게 하옵소서

3절: 영생은 곧 유일하신 참 하나님과 그가 보내신 자 예수 그리스도를 아는 것이니이다

4-5절: 아버지께서 내게 하라고 주신 일을 내가 이루어 아버지를 이 세상에서 영화롭게 하였사오니 아버지여 창세 전에 내가 아버지와 함께 가졌던 영화로써 지금도 아버지와 함께 나를 영화롭게 하옵소서

8절: 아버지께서 내게 주신 말씀들을 그들에게 주었사오며 그들은 이것을 받고 내가 아버지께로부터 나온 줄을 참으로 아오며 아버지께서 나를 보내신 줄도 믿었사옵나이다

9절: 그들을 위하여 비옵나니 내가 비옵는 것은 세상을 위함이 아니요 내게 주신 자들을 위함이니이다

도움말

1. **이름(6절):** 단순한 명칭(호칭)이 아니라 그 이름을 지닌 분의 속성과 권위와 실체를 함축하는 말이다. 따라서 하나님의 이름을 나타냈다는 것은 곧 하나님 그 자체를 드러냈다는 뜻이다.

예수님의 기도

예수님은 만민을 다스리는 권세를 받으셨고, 다스림의 권세로 영생을 주실 수 있는 분이기에 영광 받아 마땅하신 분입니다(2절). 그런 예수님께서 십자가를 앞에 두고 과거를 돌아보시며 아버지 하나님께 기도를 하셨습니다. 우선 아버지께서 맡기신 일을 이뤘으며, 창세 전에 아버지와 함께한 영광의 자리로 돌아갈 것을 원한다고 하셨습니다(4-5절). 그다음 예수님은 눈에 보이지 않고 알 수 없었던 하나님의 성품을 제자들에게 보여 준 것을 말씀하시며, 말하기조차 두려웠던 하나님의 이름을 부를 수 있도록 했다고 하셨습니다(6절). 또한 아버지께서 주신 말씀을 통해 제자들이 직접 눈으로 보고 듣는 경험을 했으며, 당신이 하나님 아버지로부터 왔다는 사실을 알게 했다고 전하셨습니다(8절). 그리고 이 기도가 세상을 위한 간구가 아니며, 아버지 하나님께서 당신에게 주신 자들을 위한 기도였다고 말씀하셨습니다(9절).

기도의 이유

예수님께서 이 세상에 있는 당신의 사람들을 위해 기도하시는 이유는 그들이 예수님을 대신해 세상을 이기고 사명을 감당함으로써 예수님의 영광을 나타낼 자들이기 때문입니다(9-10절). 예수님의 기도는 완성될 구속 사역을 바라보는 영광과 감사와 확신에 가득 찬 승리의 송가와 같았습니다. 예수님은 하나님과 인간에 대해 사랑과 신뢰와 감사로 대하시고, 당신과 제자들을 하나님께 온전히 의탁하셨습니다. 예수님은 지금도 영원한 대제사장으로서 인간을 위해 간구하고 계시며, 장래의 영광을 보이고 계십니다. 예수님께서 그러셨듯이 우리도 하나님과 인간에 대한 믿음과 사랑으로 전진해야 할 것입니다.

오늘의 감사기도

1.
2.
3.

요한복음 17:1-10 찬송가: 331장(구 375장)

1예수께서 이 말씀을 하시고 눈을 들어 하늘을 우러러 이르시되
아버지여 때가 이르렀사오니 아들을 영화롭게 하사 아들로 아
버지를 영화롭게 하게 하옵소서 2아버지께서 아들에게 주신 모
든 사람에게 영생을 주게 하시려고 만민을 다스리는 권세를 아
들에게 주셨음이로소이다 3영생은 곧 유일하신 참 하나님과 그
가 보내신 자 예수 그리스도를 아는 것이니이다 4아버지께서 내
게 하라고 주신 일을 내가 이루어 아버지를 이 세상에서 영화롭
게 하였사오니 5아버지여 창세 전에 내가 아버지와 함께 가졌던
영화로써 지금도 아버지와 함께 나를 영화롭게 하옵소서 6세상
중에서 내게 주신 사람들에게 내가 아버지의 이름을 나타내었
나이다 그들은 아버지의 것이었는데 내게 주셨으며 그들은 아
버지의 말씀을 지키었나이다 7지금 그들은 아버지께서 내게 주
신 것이 다 아버지로부터 온 것인 줄 알았나이다 8나는 아버지
께서 내게 주신 말씀들을 그들에게 주었사오며 그들은 이것을
받고 내가 아버지께로부터 나온 줄을 참으로 아오며 아버지께
서 나를 보내신 줄도 믿었사옵나이다 9내가 그들을 위하여 비옵
나니 내가 비옵는 것은 세상을 위함이 아니요 내게 주신 자들을
위함이니이다 그들은 아버지의 것이로소이다 10내 것은 다 아버
지의 것이요 아버지의 것은 내 것이온데 내가 그들로 말미암아
영광을 받았나이다

본문 관찰

1. 본문에서 예수님의 기도에 대한 내용을 살펴보십시오(주제별 목록 작성 참조).

2. 영생에 이르는 '앎'은 무엇입니까(3절)?

3. 본문의 하나님은 어떤 분이십니까?

깊은 묵상

1. 여러분이 성숙한 믿음으로 가기 위해 지녀야 할 자세는 무엇입니까?

2. 여러분의 삶은 세상 속에서 하나님의 영광을 나타내고 있는지 점검해 보십시오.

3. 오늘 여러분에게 주시는 특별한 말씀(깨달은 점, 느낀 점, 적용점 등)은 무엇입니까?

DATE

월 일 요일

예수님의 기도 Ⅱ

중심 단어

나, 세상, 그들, 아버지, 거룩, 하나

주제별 목록 작성

제자들을 위한 예수님의 기도

11절: 그들을 보전하사 우리와 같이 그들도 하나가 되게 하옵소서

15절: 악에 빠지지 않게 보전하시기를 위함이니이다

17절: 그들을 진리로 거룩하게 하옵소서

교회를 위한 예수님의 기도

20-23절: 그들도 다 하나가 되어 우리 안에 있게 하소서

24-26절: 나의 영광을 그들로 보게 하시기를 원하옵나이다/ 나를 사랑하신 사랑이 그들 안에 있고 나도 그들 안에 있게 하려 함이니이다

도움말

1. **멸망의 자식(12절)**: '완전하고 철저한 파멸'이라는 뜻이다. 육신의 죽음과 그 후에 따르는 영혼의 파멸까지를 일컫는다. 이는 영육 간에 완전한 멸망이 선고된 자를 말하는데, 곧 가룟 유다를 지칭한다.
2. **보전하시기를(15절)**: '눈을 고정시키고 지켜보다'라는 뜻이다. 목자가 우리에서 양을 지키듯, 어머니가 자녀를 품에 안고 기르듯 철저하고 완벽하게 보호하는 것을 뜻한다.
3. **온전함(23절)**: 완전한 상태를 이루기 위해 나아가는 것을 뜻한다.

제자들을 위한 기도

이제까지 제자들을 위해 모든 것을 해 주셨던 예수님은 하나님께 아버지의 이름으로 그들을 세상 속에서 지켜 주시고 보살펴 주실 것을 기도하셨습니다. 예수님은 제자들이 거룩하게 보전되기를 기도하셨고, 성부와 성자가 하나인 것처럼 제자들이 거룩한 생활을 통해 하나가 되기를 원하셨습니다(11절). 제자들이 세상의 갖은 시련과 고난 속에서 악과 타협하거나 넘어지지 않도록 보호하며, 악한 사탄의 세력으로부터 안전하기를 기도하셨던 것입니다(15절). 그리스도인은 세상에서 살지만 세상에 속한 자는 아닙니다(16절). 그러나 아버지께서 아들을 세상에 보내셨던 것처럼 예수님도 제자들을 세상으로 보내셨기 때문에 아버지의 보호를 간구하셨던 것입니다.

교회를 위한 기도

예수님은 당신이 아버지와 함께하셨던 것처럼 성도들도 예수님과 아버지 안에 있도록 기도하셨습니다(21절). 성도들의 하나 됨은 예수님께서 받으신 사명의 목적이며, 기도의 핵심입니다. 성령님은 예수님 안에 있던 하나님의 영광을 우리에게 보여 주사 교회로 일치를 이루게 하십니다(22절). 그리스도인이 예수님 안에서 아름다운 일치를 이루지 않으면 하나님의 임재는 없습니다. 예수님께서 말씀하신 일치는 교회적인 조직이나 행정, 예배 방법의 일치가 아니라 인격적인 관계였습니다. 예수님과 하나님의 일치가 사랑과 복종이었듯이 그것은 사랑의 일치였습니다. 예수님은 바로 이 부분을 위해 기도하셨습니다. 이 같은 사랑과 복종의 일치 속에서 세상은 하나님의 모습을 보게 될 것입니다(23절). 이것이 바로 교회가 세워진 목적입니다.

오늘의 감사기도

1.
2.
3.

요한복음 17:11-26 찬송가: 391장(구 446장)

11나는 세상에 더 있지 아니하오나 그들은 세상에 있사옵고 나는
아버지께로 가옵나니 거룩하신 아버지여 내게 주신 아버지의
이름으로 그들을 보전하사 우리와 같이 그들도 하나가 되게 하
옵소서 12내가 그들과 함께 있을 때에 내게 주신 아버지의 이름
으로 그들을 보전하고 지키었나이다 그 중의 하나도 멸망하지
않고 다만 멸망의 자식뿐이오니 이는 성경을 응하게 함이니이
다 13지금 내가 아버지께로 가오니 내가 세상에서 이 말을 하옵
는 것은 그들로 내 기쁨을 그들 안에 충만히 가지게 하려 함이니
이다 14내가 아버지의 말씀을 그들에게 주었사오매 세상이 그들
을 미워하였사오니 이는 내가 세상에 속하지 아니함 같이 그들
도 세상에 속하지 아니함으로 인함이니이다 15내가 비옵는 것은
그들을 세상에서 데려가시기를 위함이 아니요 다만 악에 빠지
지 않게 보전하시기를 위함이니이다 16내가 세상에 속하지 아니
함 같이 그들도 세상에 속하지 아니하였사옵나이다 17그들을 진
리로 거룩하게 하옵소서 아버지의 말씀은 진리니이다 18아버지
께서 나를 세상에 보내신 것 같이 나도 그들을 세상에 보내었고
19또 그들을 위하여 내가 나를 거룩하게 하오니 이는 그들도 진
리로 거룩함을 얻게 하려 함이니이다 20내가 비옵는 것은 이 사
람들만 위함이 아니요 또 그들의 말로 말미암아 나를 믿는 사람
들도 위함이니 21아버지여, 아버지께서 내 안에, 내가 아버지 안
에 있는 것 같이 그들도 다 하나가 되어 우리 안에 있게 하사 세
상으로 아버지께서 나를 보내신 것을 믿게 하옵소서 22내게 주
신 영광을 내가 그들에게 주었사오니 이는 우리가 하나가 된 것
같이 그들도 하나가 되게 하려 함이니이다 23곧 내가 그들 안에
있고 아버지께서 내 안에 계시어 그들로 온전함을 이루어 하나
가 되게 하려 함은 아버지께서 나를 보내신 것과 또 나를 사랑하
심 같이 그들도 사랑하신 것을 세상으로 알게 하려 함이로소이
다 24아버지여 내게 주신 자도 나 있는 곳에 나와 함께 있어 아
버지께서 창세 전부터 나를 사랑하시므로 내게 주신 나의 영광
을 그들로 보게 하시기를 원하옵나이다 25의로우신 아버지여 세
상이 아버지를 알지 못하여도 나는 아버지를 알았사옵고 그들
도 아버지께서 나를 보내신 줄 알았사옵나이다 26내가 아버지의
이름을 그들에게 알게 하였고 또 알게 하리니 이는 나를 사랑하
신 사랑이 그들 안에 있고 나도 그들 안에 있게 하려 함이니이다

본문 관찰

1. 본문에서 제자들과 교회를 위한 예수님의 기도에 대한 내용을 살펴보십시오(주제별 목록 작성 참조).

2. 예수님께서 제자들을 위해 당신을 거룩하게 하신 이유는 무엇입니까(19절)?

3. 본문의 하나님은 어떤 분이십니까?

깊은 묵상

1. 여러분은 영적인 위기 상황이 닥칠 때 어떻게 행동합니까?

2. 여러분의 기도는 예수님의 기도와 닮아 있는지 살펴보십시오.

3. 오늘 여러분에게 주시는 특별한 말씀(깨달은 점, 느낀 점, 적용점 등)은 무엇입니까?

DATE

월 일 요일

잡히시는 예수님

중심 단어

예수, 팔다, 유다, 당할 일, 베드로, 칼, 잔

주제별 목록 작성

예수님
3절: 포위당하셨다
4–5절: 당신을 드러내셨다
6–7절: 권위와 위엄에 차셨다
8–9절: 제자를 보호하셨다
11절: 아버지께 순종하셨다

가룟 유다
2절: 예수와 제자들이 모이는 곳을 알았다
3절: 군대와 아랫사람들을 데리고 예수와 제자들이 모이는 곳으로 왔다
5절: 예수를 팔았다/ 함께 잡으러 왔다
6절: 땅에 엎드러졌다

도움말

1. **내가 그니라(5절):** 신적인 권위와 메시야 사역을 감당하시려는 결연한 의지가 반영된 표현이다. 즉, 예수님 당신이 '하나님'이심을 분명히 드러내는 표현이다(요 6:20, 8:24).

예수님의 순종

예수님을 떠났던 가룟 유다는 군대와 아랫사람들을 데리고 횃불과 무기를 든 채 예수님 앞에 다시 나타났습니다(3절). 이에 예수님은 "너희가 누구를 찾느냐"(4절)라고 직접 물으시고, 나사렛 예수를 찾는다는 그들에게 "내가 그니라"(5절)고 분명히 당신을 드러내셨습니다. 그러자 그들은 예수님의 권위 앞에 엎드러졌습니다(6절). 예수님은 그런 그들 사이를 뚫고 지나가실 수 있었으나 스스로 죽음을 택하셨고, 당신을 내어 주시며 제자들은 보내 줄 것을 요구하셨습니다(8절). 이는 도적과 이리 떼가 올 때 당신의 생명을 걸고 한 마리의 양도 잃어 버리지 않으시려는 선한 목자의 사랑입니다. 예수님은 아버지께서 주시는 잔이기에 그 섭리에 대한 위대한 순종으로 죽음을 받아들이셨습니다(11절).

순종과 사랑의 본

"예수께서 베드로더러 이르시되 칼을 칼집에 꽂으라 아버지께서 주신 잔을 내가 마시지 아니하겠느냐 하시니라"(11절). 죽음의 잔까지도 받으시는 예수님의 온전한 순종과 제자들에 대한 사랑은 그리스도인의 순종이 어디까지이며 어떻게 사랑해야 하는지를 보여 줍니다. 우리는 눈앞의 위기와 고난 속에서 하나님의 뜻을 구하기보다는 하나님을 쉽게 원망하며 좌절하곤 합니다. 그러나 그리스도인은 죽음 앞에서도 적극적인 순종의 모습을 보이시는 예수님을 본받고 그대로 따라야 합니다. 더욱이 죽음의 위기 앞에서도 사랑하는 제자들을 지키고 보호하시는 주님의 모습을 통해 자기중심적이고 교만한 자신의 모습을 돌아볼 수 있어야 하겠습니다(8절).

오늘의 감사기도

1.
2.
3.

요한복음 18:1-11 찬송가: 150장(구 135장)

1예수께서 이 말씀을 하시고 제자들과 함께 기드론 시내 건너편
으로 나가시니 그 곳에 동산이 있는데 제자들과 함께 들어가시
니라 2그 곳은 가끔 예수께서 제자들과 모이시는 곳이므로 예수
를 파는 유다도 그 곳을 알더라 3유다가 군대와 대제사장들과
바리새인들에게서 얻은 아랫사람들을 데리고 등과 횃불과 무기
를 가지고 그리로 오는지라 4예수께서 그 당할 일을 다 아시고
나아가 이르시되 너희가 누구를 찾느냐 5대답하되 나사렛 예수
라 하거늘 이르시되 내가 그니라 하시니라 그를 파는 유다도 그
들과 함께 섰더라 6예수께서 그들에게 내가 그니라 하실 때에
그들이 물러가서 땅에 엎드러지는지라 7이에 다시 누구를 찾느
냐고 물으신대 그들이 말하되 나사렛 예수라 하거늘 8예수께서
대답하시되 너희에게 내가 그니라 하였으니 나를 찾거든 이 사
람들이 가는 것은 용납하라 하시니 9이는 아버지께서 내게 주신
자 중에서 하나도 잃지 아니하였사옵나이다 하신 말씀을 응하
게 하려 함이러라 10이에 시몬 베드로가 칼을 가졌는데 그것을
빼어 대제사장의 종을 쳐서 오른편 귀를 베어버리니 그 종의 이
름은 말고라 11예수께서 베드로더러 이르시되 칼을 칼집에 꽂으
라 아버지께서 주신 잔을 내가 마시지 아니하겠느냐 하시니라

본문 관찰

1. 본문에서 예수님과 가룟 유다에 대한 내용을 살펴보십시오(주제별 목록 작성 참조).

2. 가룟 유다는 누구와 함께 어떤 모습으로 예수님을 잡으러 왔습니까(3-5절)?

3. 본문의 하나님은 어떤 분이십니까?

깊은 묵상

1. 여러분에게 주신 하나님의 잔은 무엇입니까?

2. 여러분이 위기 앞에서도 순종을 선택할 수 있는 이유는 무엇인지 생각해 보십시오.

3. 오늘 여러분에게 주시는 특별한 말씀(깨달은 점, 느낀 점, 적용점 등)은 무엇입니까?

DATE

월 일 요일

심문받으신 예수님

중심 단어

예수, 결박, 안나스, 베드로, 증언

주제별 목록 작성

안나스

13절: 대제사장 가야바의 장인이다

15절: 예수의 제자 중 한 사람과 아는 사이였다

19절: 예수에게 교훈에 대하여 물었다

20–21절: 예수에게 진리에 대하여 훈계를 들었다

24절: 예수를 결박한 그대로 대제사장 가야바에게 보냈다

도움말

1. **천부장(12절):** 1,000명의 군사를 통솔하는 지휘관을 말한다.
2. **안나스(13절):** 로마 총독 퀴리니우스에 의해 임명받고 발레리우스 총독에 의해 면직된 전직 대제사장이다(A.D. 6–13년). 그는 현직 대제사장 가야바의 장인이었다.
3. **아랫사람(22절):** 배 밑창에서 노 젓는 노예를 뜻하며, 여기서는 성전의 질서와 치안 유지를 맡은 성전 수비대 병사를 가리킨다.

불의한 심문

예수님께서 성전 뜰에서 장사하던 무리를 내쫓으신 사건으로 인해 안나스는 이미 예수님에 대해 반감을 갖고 있었습니다(막 11:15). 그래서 사람들은 예수님을 체포한 후 곧바로 안나스에게로 연행했습니다(13절). 하지만 대제사장 안나스의 심문은 재판의 기본적인 원칙을 무시한 것이었습니다. 예수님은 증인들의 증언도 없이 재판을 받기 전에 이미 유죄로 정죄받으셨습니다. 안나스는 자신의 권력을 과시하며 잡혀 오신 예수님을 심문했습니다.

예수님의 대답

대제사장 안나스는 예수님께 그동안 가르치신 교훈에 대해 물었습니다(19절). 하지만 안나스의 질문은 예수님의 교훈이 궁금해서 물은 것이 아니라, 예수님을 조롱하고 비웃기 위한 것이었습니다. 또 한편으로는 예수님의 죄목에 대한 확증이 없었기 때문에 예수님의 대답을 듣고 죄목을 이끌어 내려는 음모도 있었습니다. 이에 대한 예수님의 답변은 당당하고 정직했습니다. 예수님은 당신의 교훈은 늘 공개적이었기에 많은 증인이 있으며, 재판을 하려거든 공정한 절차를 따라 증인들을 먼저 심문하라고 요구하셨습니다(20–21절). 그러나 유대인들은 재판에 반드시 필요한 증인 없이 재판을 진행시켰고, 정당한 요구를 하신 예수님께 오히려 폭력을 행사함으로써 자신들의 무지와 비인간성을 드러냈습니다(22절).

오늘의 감사기도

1.

2.

3.

요한복음 18:12-24 찬송가: 290장(구 412장)

12이에 군대와 천부장과 유대인의 아랫사람들이 예수를 잡아 결
박하여 13먼저 안나스에게로 끌고 가니 안나스는 그 해의 대제
사장인 가야바의 장인이라 14가야바는 유대인들에게 한 사람이
백성을 위하여 죽는 것이 유익하다고 권고하던 자러라 15시몬
베드로와 또 다른 제자 한 사람이 예수를 따르니 이 제자는 대제
사장과 아는 사람이라 예수와 함께 대제사장의 집 뜰에 들어가
고 16베드로는 문 밖에 서 있는지라 대제사장을 아는 그 다른 제
자가 나가서 문 지키는 여자에게 말하여 베드로를 데리고 들어
오니 17문 지키는 여종이 베드로에게 말하되 너도 이 사람의 제
자 중 하나가 아니냐 하니 그가 말하되 나는 아니라 하고 18그
때가 추운 고로 종과 아랫사람들이 불을 피우고 서서 쬐니 베드
로도 함께 서서 쬐더라 19대제사장이 예수에게 그의 제자들과
그의 교훈에 대하여 물으니 20예수께서 대답하시되 내가 드러내
놓고 세상에 말하였노라 모든 유대인들이 모이는 회당과 성전
에서 항상 가르쳤고 은밀하게는 아무 것도 말하지 아니하였거
늘 21어찌하여 내게 묻느냐 내가 무슨 말을 하였는지 들은 자들
에게 물어 보라 그들이 내가 하던 말을 아느니라 22이 말씀을 하
시매 곁에 섰던 아랫사람 하나가 손으로 예수를 쳐 이르되 네가
대제사장에게 이같이 대답하느냐 하니 23예수께서 대답하시되
내가 말을 잘못하였으면 그 잘못한 것을 증언하라 바른 말을 하
였으면 네가 어찌하여 나를 치느냐 하시더라 24안나스가 예수를
결박한 그대로 대제사장 가야바에게 보내니라

본문 관찰

1. 본문에서 안나스에 대한 내용을 살펴 보십시오(주제별 목록 작성 참조).

2. 예수님은 그동안 말씀을 어떻게 가르치셨습니까(20절)?

3. 본문의 하나님은 어떤 분이십니까?

깊은 묵상

1. 여러분은 죄악된 자리를 떠나기 위해 어떤 노력을 하고 있습니까?

2. 위협과 폭력과 불의한 상황 속에서도 진리 앞에 당당하신 예수님의 모습을 묵상해 보십시오.

3. 오늘 여러분에게 주시는 특별한 말씀(깨달은 점, 느낀 점, 적용점 등)은 무엇입니까?

DATE

월 일 요일

진리이신 예수님

중심 단어

베드로, 부인, 예수, 빌라도, 죽음, 왕, 진리

주제별 목록 작성

빌라도의 질문

33절: 네가 유대인의 왕이냐

35절: 네가 무엇을 하였느냐

37절: 네가 왕이 아니냐

38절: 진리가 무엇이냐

39절: 유대인의 왕을 너희에게 놓아 주기를 원하느냐

예수님의 대답

34절: 스스로 하는 말이냐 다른 사람들에게 들은 말이냐

36절: 내 나라는 이 세상에 속한 것이 아니라

37절: 내가 왕이라/ 진리에 대하여 증언하려 함이로라

도움말

1. **더럽힘(28절):** 문자적으로는 '그릇에 먼지가 묻다'라는 뜻이다. 레위기 정결 규례를 깨뜨려 부정하게 된 상태를 일컫는다.
2. **전례(39절):** 모든 사람에게 익숙한 전통적 관습을 말한다.

베드로의 부인

예수님께서 잡혀가시고 제자들은 모두 뿔뿔이 흩어졌지만, 베드로는 체포되신 예수님을 따라 대제사장의 집까지 갔습니다. 하지만 그는 그곳에서 자신을 예수님의 제자로 의심하는 여종에게 아니라고 부인했습니다(요 18:17). 이후 그는 같이 불을 쬐던 사람들의 질문에 다시 한번 예수님을 부인했습니다(25절). 그리고 베드로가 예수님과 함께 동산에 있는 것을 본 사람의 구체적인 의심에 마지막으로 예수님을 부인했는데, 그때 닭이 우는 소리가 들렸습니다(27절). 베드로는 결국 예수님의 예언대로 주님의 제자인 것을 세 번이나 부인한 것입니다. 이처럼 우리 또한 예수님을 따르는 데 베드로처럼 넘어지기도 하고, 순간적인 상황에 타협할 때가 많습니다. 그러나 넘어짐에서 머물러 있으면 안 됩니다. 다시 일어나서 주님께로 돌아와야 진짜 제자가 될 수 있습니다.

진리에 대한 증언

예수님은 빌라도 앞에서 당신이 이 세상에 속하지 않은 하나님 나라의 왕임을 명백하게 밝히셨습니다. 그리고 진리를 보여 주시기 위해 이 땅에 왔다고 말씀하셨습니다. 예수님께서 이 세상에 오신 궁극적인 목적은 사람들이 진리이신 예수님을 알게 하고, 예수님을 통해 죽음에서 생명으로 인도하는 것이었습니다. 때문에 예수님은 진리에 속한 자는 당신의 음성을 듣는다고 말씀하셨습니다(37절). 그러므로 진리는 가장 낮은 자리에서 자기를 반대한 사람들을 위해 그들까지 사랑하고 용서하며 죽으신 주님이십니다. 우리는 이 같은 사실을 기억하고, 진리 되신 예수님을 바라볼 수 있는 믿음을 가져야 하겠습니다.

오늘의 감사기도

1.

2.

3.

요한복음 18:25-40 찬송가: 257장(구 189장)

25시몬 베드로가 서서 불을 쬐더니 사람들이 묻되 너도 그 제자
중 하나가 아니냐 베드로가 부인하여 이르되 나는 아니라 하니
26대제사장의 종 하나는 베드로에게 귀를 잘린 사람의 친척이라
이르되 네가 그 사람과 함께 동산에 있는 것을 내가 보지 아니하
였느냐 27이에 베드로가 또 부인하니 곧 닭이 울더라 28그들이
예수를 가야바에게서 관정으로 끌고 가니 새벽이라 그들은 더
럽힘을 받지 아니하고 유월절 잔치를 먹고자 하여 관정에 들어
가지 아니하더라 29그러므로 빌라도가 밖으로 나가서 그들에게
말하되 너희가 무슨 일로 이 사람을 고발하느냐 30대답하여 이
르되 이 사람이 행악자가 아니었더라면 우리가 당신에게 넘기
지 아니하였겠나이다 31빌라도가 이르되 너희가 그를 데려다가
너희 법대로 재판하라 유대인들이 이르되 우리에게는 사람을
죽이는 권한이 없나이다 하니 32이는 예수께서 자기가 어떠한
죽음으로 죽을 것을 가리켜 하신 말씀을 응하게 하려 함이러라
33이에 빌라도가 다시 관정에 들어가 예수를 불러 이르되 네가
유대인의 왕이냐 34예수께서 대답하시되 이는 네가 스스로 하는
말이냐 다른 사람들이 나에 대하여 네게 한 말이냐 35빌라도가
대답하되 내가 유대인이냐 네 나라 사람과 대제사장들이 너를
내게 넘겼으니 네가 무엇을 하였느냐 36예수께서 대답하시되 내
나라는 이 세상에 속한 것이 아니니라 만일 내 나라가 이 세상에
속한 것이었더라면 내 종들이 싸워 나로 유대인들에게 넘겨지
지 않게 하였으리라 이제 내 나라는 여기에 속한 것이 아니니라
37빌라도가 이르되 그러면 네가 왕이 아니냐 예수께서 대답하
시되 네 말과 같이 내가 왕이니라 내가 이를 위하여 태어났으며
이를 위하여 세상에 왔나니 곧 진리에 대하여 증언하려 함이로
라 무릇 진리에 속한 자는 내 음성을 듣느니라 하신대 38빌라도
가 이르되 진리가 무엇이냐 하더라 이 말을 하고 다시 유대인들
에게 나가서 이르되 나는 그에게서 아무 죄도 찾지 못하였노라
39유월절이면 내가 너희에게 한 사람을 놓아 주는 전례가 있으
니 그러면 너희는 내가 유대인의 왕을 너희에게 놓아 주기를 원
하느냐 하니 40그들이 또 소리 질러 이르되 이 사람이 아니라 바
라바라 하니 바라바는 강도였더라

본문 관찰

1. 본문에서 빌라도의 질문과 예수님의 대답에 대한 내용을 살펴보십시오(주제별 목록 작성 참조).

2. 예수님을 고발한 이유를 묻는 빌라도의 질문에 유대 종교지도자들은 어떤 대답을 합니까(30절)?

3. 본문의 하나님은 어떤 분이십니까?

깊은 묵상

1. 여러분은 베드로처럼 넘어질 때 어떻게 행동합니까?

2. 여러분은 진리이신 예수님의 음성을 듣는 삶을 살고 있는지 돌아보십시오.

3. 오늘 여러분에게 주시는 특별한 말씀(깨달은 점, 느낀 점, 적용점 등)은 무엇입니까?

DATE

월 일 요일

빌라도의 판결

중심 단어

빌라도, 예수, 유대인의 왕, 죄, 십자가, 하나님의 아들, 넘겨 주다

주제별 목록 작성

예수님의 고난

1절: 채찍질 당하셨다

2절: 군인들에 의하여 가시 면류관을 쓰시고 자색 옷을 입으셨다

3절: 조롱당하고 손으로 맞으셨다

빌라도의 재판

12절: 예수를 놓으려고 힘썼다/ 가이사를 반역한다는 유대인들의 불만을 들었다

13절: 예수를 끌고 나가 재판석에 앉았다

14절: 유대인들에게 '예수는 너희 왕'이라 칭하였다

15절: 예수를 십자가에 못 박으라는 군중의 외침을 들었다

16절: 예수를 십자가에 못 박도록 유대인들에게 넘겨 주었다

도움말

1. **가이사의 충신(12절)**: '로마 황제 가이사의 친구'라는 뜻이다. 당시 탁월하고 충성스러운 총독들에게 주어지는 명예로운 호칭이었다.

무지한 군중

인류의 죄를 위해 대신 피 흘리시고 저주와 멸시를 받으시는 예수님의 모습은 숭고한 사랑의 참모습을 보여 줍니다. 그러나 진리에 무지한 군중은 예수님을 십자가에 못 박으라고 소리쳤습니다(6절). 그들은 위에서 주신 권세, 곧 하나님의 신성한 권세를 자신의 야망을 위해 잘못 사용하는 자들이었습니다. 그래서 예수님을 십자가에 못 박기 위해 '여호와는 왕'(삼상 12:12)이라는 자신들의 신앙도 버린 채, 가이사 외에는 왕이 없다는 말까지 서슴지 않고 했습니다(15절). 결국 빌라도는 이 같은 양심의 소리와 선악의 분별을 외면한 군중의 소리에 따라, 그리스도를 십자가에 내어 주는 저주의 그릇으로 쓰임 받게 됐습니다(16절).

십자가의 형벌

유대인들의 성난 외침에 빌라도는 결국 예수님을 십자가에 못 박히도록 내 주고 말았습니다. 십자가 형벌은 당시 페르시아, 카르타고를 거쳐 로마에 알려진 처형 방식이었습니다. 십자가 형벌은 우선 죄수를 조롱하고 모욕하며, 쇠와 뼛조각이 박힌 가죽 채찍으로 잔인하게 채찍질하는 것으로 시작했습니다. 이후 채찍질로 피투성이가 된 죄수는 직접 십자가 형틀을 지고 처형장까지 가야 했습니다. 그리고 손과 발이 대못에 박혀 끔찍한 고통을 느끼며 숨이 끊어질 때까지 타는 듯한 갈증과 고통을 온몸으로 겪어야 했습니다. 이런 십자가 형벌은 그 방법이 매우 잔혹했기에 이방인 죄수와 반란자를 처벌할 때 내려졌습니다. 그런데 이같이 잔인한 형벌을 메시야이신 예수님께서 당신의 사랑하는 백성에 의해 받게 되신 것입니다.

오늘의 감사기도

1.

2.

3.

요한복음 19:1-16 찬송가: 269장(구 211장)

1이에 빌라도가 예수를 데려다가 채찍질하더라 2군인들이 가시
나무로 관을 엮어 그의 머리에 씌우고 자색 옷을 입히고 3앞에
가서 이르되 유대인의 왕이여 평안할지어다 하며 손으로 때리
더라 4빌라도가 다시 밖에 나가 말하되 보라 이 사람을 데리고
너희에게 나오나니 이는 내가 그에게서 아무 죄도 찾지 못한 것
을 너희로 알게 하려 함이로라 하더라 5이에 예수께서 가시관
을 쓰고 자색 옷을 입고 나오시니 빌라도가 그들에게 말하되 보
라 이 사람이로다 하매 6대제사장들과 아랫사람들이 예수를 보
고 소리 질러 이르되 십자가에 못 박으소서 십자가에 못 박으소
서 하는지라 빌라도가 이르되 너희가 친히 데려다가 십자가에
못 박으라 나는 그에게서 죄를 찾지 못하였노라 7유대인들이 대
답하되 우리에게 법이 있으니 그 법대로 하면 그가 당연히 죽을
것은 그가 자기를 하나님의 아들이라 함이니이다 8빌라도가 이
말을 듣고 더욱 두려워하여 9다시 관정에 들어가서 예수께 말하
되 너는 어디로부터냐 하되 예수께서 대답하여 주지 아니하시
는지라 10빌라도가 이르되 내게 말하지 아니하느냐 내가 너를
놓을 권한도 있고 십자가에 못 박을 권한도 있는 줄 알지 못하느
냐 11예수께서 대답하시되 위에서 주지 아니하셨더라면 나를 해
할 권한이 없었으리니 그러므로 나를 네게 넘겨 준 자의 죄는 더
크다 하시니라 12이러하므로 빌라도가 예수를 놓으려고 힘썼으
나 유대인들이 소리 질러 이르되 이 사람을 놓으면 가이사의 충
신이 아니니이다 무릇 자기를 왕이라 하는 자는 가이사를 반역
하는 것이니이다 13빌라도가 이 말을 듣고 예수를 끌고 나가서
돌을 깐 뜰(히브리 말로 가바다)에 있는 재판석에 앉아 있더라
14이 날은 유월절의 준비일이요 때는 제육시라 빌라도가 유대인
들에게 이르되 보라 너희 왕이로다 15그들이 소리 지르되 없이
하소서 없이 하소서 그를 십자가에 못 박게 하소서 빌라도가 이
르되 내가 너희 왕을 십자가에 못 박으랴 대제사장들이 대답하
되 가이사 외에는 우리에게 왕이 없나이다 하니 16이에 예수를
십자가에 못 박도록 그들에게 넘겨 주니라

본문 관찰

1. 본문에서 예수님의 고난과 빌라도의 재판에 대한 내용을 살펴보십시오(주제별 목록 작성 참조).
2. 빌라도가 예수님을 놓아 주려고 힘썼으나 그렇게 하지 못한 이유는 무엇입니까(12절)?
3. 본문의 하나님은 어떤 분이십니까?

깊은 묵상

1. 여러분은 신앙에 있어 세상과 타협하지 않기 위해 무엇을 기준으로 삼고 있습니까?
2. 하나님의 뜻을 성취하시기 위해 아무 저항 없이 십자가 형벌을 받아들이신 예수님의 고난과 순종을 묵상해 보십시오.
3. 오늘 여러분에게 주시는 특별한 말씀(깨달은 점, 느낀 점, 적용점 등)은 무엇입니까?

DATE

월　　일　　요일

십자가에 달리신 예수님

중심 단어

예수, 십자가, 유대인의 왕, 유대인, 다 이루었다

주제별 목록 작성

십자가 위에 붙인 패

19절: 빌라도가 썼다/ 나사렛 예수 유대인의 왕이라 기록되었다

20절: 많은 유대인이 이 패를 읽었다/ 히브리와 로마와 헬라 말로 기록되었다

십자가에서 하신 말씀

26절: 여자여 보소서 아들이니이다

27절: 보라 네 어머니라

28절: 내가 목마르다

30절: 다 이루었다

도움말

1. **골고다(17절)**: 예루살렘 성 북쪽에 있는 20m 높이의 언덕이다. 모양이 해골을 닮았다 해서 붙여진 지명이다.
2. **다 이루었다(30절)**: '온전히 성취했다'라는 뜻으로, 당신을 보내신 하나님의 뜻을 온전히 이뤘다는 말이다(요 4:34, 17:4).

유대인의 왕

예수님께서 달리신 십자가에 붙은 패에는 "유대인의 왕"(19절)이라고 쓰여 있었습니다. 이 말은 히브리어와 라틴어 그리고 헬라어로 쓰여 있었습니다. 이는 예수님의 죽음이 모든 인류를 구속하기 위한 십자가의 죽음이었다는 사실을 상징합니다. 대제사장들은 이 이름에 반발하며 "자칭 유대인의 왕"(21절)이라고 쓰도록 청했으나, 빌라도는 "내가 쓸 것을 썼다"(22절)라며 그들의 요구를 거절했습니다. 당시에는 총독이 일단 써서 십자가에 붙이면 그것은 곧 법이었습니다. 유대인들은 예수님을 자기들의 왕으로 부를 의도는 없었습니다. 그러나 예수님은 빌라도에 의해 십자가에 못 박히셨고, 십자가 위에는 '유대인의 왕'이라는 명패가 걸리게 됐습니다. 그 패를 쓴 것은 빌라도였으나, 이 패는 결국 세상을 향한 하나님의 선언이었습니다.

다 이루었다

오랜 시간 못 박힌 손과 발에서 물과 피가 계속 흘렀기 때문에 예수님은 심한 목마름을 느끼셨습니다. 그것은 우리의 목마름을 대신한 것이었습니다. 예수님은 갈증을 겪으시다가 신 포도주를 받으신 후, "다 이루었다"(30절)라는 최후의 말씀을 하시고 운명하셨습니다. 예수님께서 자기 몸을 드려 산 제사가 되심으로써 이제 더 이상 구약의 제사는 필요 없게 됐습니다. 거룩하신 하나님과 죄 된 인간의 구별 때문에 가려졌던 휘장이 예수님께서 죽으심으로 둘로 찢어지고 이제 예수님 안에서 하나님께로 가는 새로운 길이 열리게 된 것입니다.

오늘의 감사기도

1.
2.
3.

요한복음 19:17-30 찬송가: 298장(구 35장)

17그들이 예수를 맡으매 예수께서 자기의 십자가를 지시고 해골
(히브리 말로 골고다)이라 하는 곳에 나가시니 18그들이 거기서
예수를 십자가에 못 박을새 다른 두 사람도 그와 함께 좌우편에
못 박으니 예수는 가운데 있더라 19빌라도가 패를 써서 십자가
위에 붙이니 나사렛 예수 유대인의 왕이라 기록되었더라 20예수
께서 못 박히신 곳이 성에서 가까운 고로 많은 유대인이 이 패를
읽는데 히브리와 로마와 헬라 말로 기록되었더라 21유대인의 대
제사장들이 빌라도에게 이르되 유대인의 왕이라 쓰지 말고 자
칭 유대인의 왕이라 쓰라 하니 22빌라도가 대답하되 내가 쓸 것
을 썼다 하니라 23군인들이 예수를 십자가에 못 박고 그의 옷을
취하여 네 깃에 나눠 각각 한 깃씩 얻고 속옷도 취하니 이 속옷
은 호지 아니하고 위에서부터 통으로 짠 것이라 24군인들이 서
로 말하되 이것을 찢지 말고 누가 얻나 제비 뽑자 하니 이는 성
경에 그들이 내 옷을 나누고 내 옷을 제비 뽑나이다 한 것을 응
하게 하려 함이러라 군인들은 이런 일을 하고 25예수의 십자가
곁에는 그 어머니와 이모와 글로바의 아내 마리아와 막달라 마
리아가 섰는지라 26예수께서 자기의 어머니와 사랑하시는 제자
가 곁에 서 있는 것을 보시고 자기 어머니께 말씀하시되 여자
여 보소서 아들이니이다 하시고 27또 그 제자에게 이르시되 보
라 네 어머니라 하신대 그 때부터 그 제자가 자기 집에 모시니라
28그 후에 예수께서 모든 일이 이미 이루어진 줄 아시고 성경을
응하게 하려 하사 이르시되 내가 목마르다 하시니 29거기 신 포
도주가 가득히 담긴 그릇이 있는지라 사람들이 신 포도주를 적
신 해면을 우슬초에 매어 예수의 입에 대니 30예수께서 신 포도
주를 받으신 후에 이르시되 다 이루었다 하시고 머리를 숙이니
영혼이 떠나가시니라

본문 관찰

1. 본문에서 십자가 위에 붙인 패와 십자가에서 하신 말씀에 대한 내용을 살펴 보십시오(주제별 목록 작성 참조).

2. 빌라도가 쓴 패를 읽은 유대인들은 빌라도에게 무엇을 요구했습니까(21절)?

3. 본문의 하나님은 어떤 분이십니까?

깊은 묵상

1. 여러분과 예수님의 십자가 죽음은 어떤 관계가 있습니까? 그분은 진정 여러분의 왕이십니까?

2. 십자가의 사랑은 여러분의 삶 속에서 어떻게 드러나고 있는지 점검해 보십시오.

3. 오늘 여러분에게 주시는 특별한 말씀(깨달은 점, 느낀 점, 적용점 등)은 무엇입니까?

DATE

월 일 요일

예언의 성취

중심 단어

안식일, 시체, 창, 옆구리, 증언, 요셉, 니고데모, 장사

주제별 목록 작성

예수님의 죽음의 증거

33절: 이미 죽으심으로 다리가 꺾이지 아니하셨다

34절: 창으로 옆구리가 찔리셨다/ 피와 물이 나왔다

35절: 이를 본 자가 증언하였다

38–39절: 아리마대 사람 요셉과 니고데모에 의하여 예수님의 시신이 장사되었다

41–42절: 새 무덤에 뉘여지셨다

도움말

1. **아리마대(38절)**: '고원'이라는 뜻이다. 위치는 정확하지 않으나 사무엘 선지자의 고향 '라마다임소빔'과 동일한 지명으로 추정된다(삼상 1:1).
2. **몰약(39절)**: 미르나무 줄기에서 얻은 향이 좋은 황갈색 수액이다. 향수, 마취제, 방부제로 사용됐는데 에티오피아산이 특히 우수하다.

시체를 요구하는 요셉

한 군인이 예수님의 옆구리를 창으로 찌르자 곧 피와 물이 흘러나왔습니다(34절). 그 광경에 대해 이미 스가랴 선지자는, "그들이 그 찌른 바 그를 바라보고"(슥 12:10), "그 날에 죄와 더러움을 씻는 샘이 다윗의 족속과 예루살렘 주민을 위하여 열리리라"(슥 13:1)고 기록했습니다. 예수님으로부터 흘러내린 피와 물은 '죄를 씻는 샘'이 되어 그분을 바라보고 믿는 자들을 정결하게 했습니다. 당시 아리마대 사람 요셉과 니고데모는 산헤드린의 회원이었으며 지위와 재력을 지닌 예수님의 숨은 제자들이었습니다. 그들은 예수님께서 체포되신 후 유대인들을 두려워해 예수님의 제자인 것을 숨겼습니다. 하지만 예수님께서 돌아가시자 요셉은 빌라도에게 나아와 예수님의 시체를 달라고 당당히 요구했고, 니고데모도 예수님의 장례를 위한 물품을 가져왔습니다(38–39절). "내가 땅에서 들리면 모든 사람을 내게로 이끌겠노라"(요 12:32)는 예수님의 예언이 성취된 것입니다. 십자가는 사람들을 예수님께로 이끌었습니다.

십자가의 사랑

세상에는 다양한 사랑의 표현이 존재하지만, 진정한 사랑은 예수님께서 십자가에서 피 흘려 죽으심으로 보여 주신 사랑입니다. 그 사랑은 무지에 사로잡혀서 예수님을 못 박는 어리석은 죄인들을 향한 간절한 호소였습니다. 이 십자가는 단순히 사람들의 악함으로 인한 결과가 아니라 분명한 하나님의 사역이며, 하나님의 은혜로운 선물입니다. 이 은혜를 입은 우리는 날마다 십자가로 나아가서 십자가의 사랑을 받은 자답게 살아가야 합니다. 십자가의 사랑은 우리에게 헌신과 희생을 감수하게 하며, 두려움을 이기는 용기와 죽음을 뛰어넘는 승리를 안겨 줄 것입니다.

오늘의 감사기도

1.
2.
3.

요한복음 19:31-42 찬송가: 158장

31이 날은 준비일이라 유대인들은 그 안식일이 큰 날이므로 그
안식일에 시체들을 십자가에 두지 아니하려 하여 빌라도에게
그들의 다리를 꺾어 시체를 치워 달라 하니 32군인들이 가서 예
수와 함께 못 박힌 첫째 사람과 또 그 다른 사람의 다리를 꺾
고 33예수께 이르러서는 이미 죽으신 것을 보고 다리를 꺾지 아
니하고 34그 중 한 군인이 창으로 옆구리를 찌르니 곧 피와 물
이 나오더라 35이를 본 자가 증언하였으니 그 증언이 참이라 그
가 자기의 말하는 것이 참인 줄 알고 너희로 믿게 하려 함이니라
36이 일이 일어난 것은 그 뼈가 하나도 꺾이지 아니하리라 한 성
경을 응하게 하려 함이라 37또 다른 성경에 그들이 그 찌른 자를
보리라 하였느니라 38아리마대 사람 요셉은 예수의 제자이나 유
대인이 두려워 그것을 숨기더니 이 일 후에 빌라도에게 예수의
시체를 가져가기를 구하매 빌라도가 허락하는지라 이에 가서
예수의 시체를 가져가니라 39일찍이 예수께 밤에 찾아왔던 니고
데모도 몰약과 침향 섞은 것을 백 리트라쯤 가지고 온지라 40이
에 예수의 시체를 가져다가 유대인의 장례 법대로 그 향품과 함
께 세마포로 쌌더라 41예수께서 십자가에 못 박히신 곳에 동산
이 있고 동산 안에 아직 사람을 장사한 일이 없는 새 무덤이 있
는지라 42이 날은 유대인의 준비일이요 또 무덤이 가까운 고로
예수를 거기 두니라

본문 관찰

1. 본문에서 예수님의 죽음의 증거에 대한 내용을 살펴보십시오(주제별 목록 작성 참조).

2. 예수님께서 십자가에서 돌아가실 때 이루셨던 예언은 무엇입니까(메시지 참조)?

3. 본문의 하나님은 어떤 분이십니까?

깊은 묵상

1. 여러분은 예수님을 위해 용기 내야 할 상황에서 어떻게 행동하고 있습니까?

2. 예수님께 받은 십자가의 사랑이 여러분의 삶에서 나타나고 있는지 점검해 보십시오.

3. 오늘 여러분에게 주시는 특별한 말씀(깨달은 점, 느낀 점, 적용점 등)은 무엇입니까?

DATE

월 일 요일

부활의 증거

중심 단어

안식 후 첫날, 막달라 마리아, 무덤, 세마포, 믿다

주제별 목록 작성

예수님의 무덤

1절: 막달라 마리아가 이른 아침에 찾아왔다/ 돌이 옮겨져 있었다

6-8절: 세마포가 놓였고 머리를 쌌던 수건은 딴 곳에 쌌던 대로 놓여 있었다/ 제자들이 들어가서 보고 믿었다

도움말

1. **사랑하시던(2절)**: '우정'을 뜻한다. 예수님께서 당신의 제자를 마치 친구처럼 격의 없이 사랑하셨음을 보여 준다.
2. **세마포(5절)**: '아마포, 붕대'를 의미한다.
3. **놓여 있더라(7절)**: '감다'라는 뜻으로 감듯이 돌돌 말린 상태로 잘 포개져 있다는 말이다.

예수님의 빈 무덤

안식 후 첫날은 일요일 새벽이었고, 무덤 입구를 막은 돌은 무덤에서 굴려져 있었습니다(1절). 이 광경을 목격한 마리아는 몹시 당황하고 놀라 베드로와 요한을 찾아가 이 소식을 전했습니다(2절). 이에 그들은 무덤으로 달려가 빈 무덤을 확인했습니다. 그리고 주님의 몸과 머리를 쌌던 세마포와 수건이 그대로 놓여진 것을 봤습니다. 이때 요한은 무슨 일이 일어났는지를 깨닫게 됐습니다. 하지만 요한은 예수님의 부활을 성경에서 읽었기 때문에 깨달은 것이 아니라 자신의 눈으로 봤기 때문에 깨달은 것이었습니다(8절). 요한은 빈 무덤과 예수님의 세마포와 수건이 그대로 있는 것을 표적으로 생각했습니다. 다른 제자들과 마찬가지로 요한 역시 예수님의 부활을 예언한 성경에 관해 잘 알지 못했지만, 예수님의 사랑을 받고 그분을 사랑한 사도로서 이 예기치 못한 사건의 의미를 이해할 수 있는 통찰력을 갖고 있었습니다.

부활의 의미

십자가는 죽음으로 그 대가를 치러야 할 만큼 죄의 절망적인 상태를 보여 줍니다. 그러나 예수님은 부활을 통해 죄와 죽음의 세력이 아무리 크고 강하다 할지라도 하나님의 사랑은 그보다 더 크고 강하다는 것을 보여 주셨습니다. 그래서 안식 후 첫날인 주일은 축제의 날이요, 기쁨의 날인 것입니다. 우리가 지키는 주일은 예수 그리스도의 부활을 축하하고 기념하는 날입니다. 또한 아직도 죽음의 세력 아래서 종노릇하고 있는 모든 사람에게 주님을 선언하고 증거하기 위한 날이며, 주일 예배를 통해 그리스도의 부활의 능력과 참 생명을 부여받는 날입니다.

오늘의 감사기도

1.
2.
3.

요한복음 20:1-10 찬송가: 160장(구 150장)

1안식 후 첫날 일찍이 아직 어두울 때에 막달라 마리아가 무덤에
와서 돌이 무덤에서 옮겨진 것을 보고 2시몬 베드로와 예수께서
사랑하시던 그 다른 제자에게 달려가서 말하되 사람들이 주님
을 무덤에서 가져다가 어디 두었는지 우리가 알지 못하겠다 하
니 3베드로와 그 다른 제자가 나가서 무덤으로 갈새 4둘이 같이
달음질하더니 그 다른 제자가 베드로보다 더 빨리 달려가서 먼
저 무덤에 이르러 5구부려 세마포 놓인 것을 보았으나 들어가지
는 아니하였더니 6시몬 베드로는 따라와서 무덤에 들어가 보니
세마포가 놓였고 7또 머리를 쌌던 수건은 세마포와 함께 놓이지
않고 딴 곳에 쌌던 대로 놓여 있더라 8그 때에야 무덤에 먼저 갔
던 그 다른 제자도 들어가 보고 믿더라 9(그들은 성경에 그가 죽
은 자 가운데서 다시 살아나야 하리라 하신 말씀을 아직 알지 못
하더라) 10이에 두 제자가 자기들의 집으로 돌아가니라

본문 관찰

1. 본문에서 예수님의 무덤에 대한 내용을 살펴보십시오(주제별 목록 작성 참조).

2. 무덤에는 세마포가 어떻게 놓여 있었습니까(6-8절)?

3. 본문의 하나님은 어떤 분이십니까?

깊은 묵상

1. 하나님의 말씀을 깨닫지 못하도록 여러분을 방해하는 것은 무엇입니까?

2. 여러분은 예수님의 부활을 진심으로 기뻐하고 있는지 살펴보십시오.

3. 오늘 여러분에게 주시는 특별한 말씀(깨달은 점, 느낀 점, 적용점 등)은 무엇입니까?

DATE

월 일 요일

부활하신 예수님

중심 단어

마리아, 예수, 랍오니, 아버지, 형제, 평강, 보내노라, 성령

주제별 목록 작성

막달라 마리아

11절: 무덤 밖에 서서 울고 있었다
12절: 흰 옷 입은 두 천사를 보았다
14절: 예수를 알아보지 못하였다
15절: 예수를 동산지기로 여겼다
16절: 부활하신 예수의 첫 목격자가 되었다
17–18절: 예수의 부활에 대한 증거를 제자들에게 증언하였다

제자들에게 나타나신 예수님

19절: 제자들에게 평강을 주셨다
20절: 손과 옆구리를 보이셨다
21절: 제자들을 세상으로 파송하셨다
22절: 제자들에게 성령을 주셨다
23절: 제자들에게 권위를 주셨다

도움말

1. **랍오니(16절):** '주, 선생'이라는 뜻이다. 유대에서 가장 존경받는 자에게 사용되는 극존칭으로, 유대 최고 학자 힐렐이나 산헤드린 공회 의장에게 사용됐다. 유대에서 선생을 부르는 세 호칭을 낮은 단계에서 높은 단계 순으로 서술하면 '라브–랍비–랍오니'다.
2. **평강(21절):** 외적인 행복과 내적인 마음의 평안을 포괄하는 최고의 복이다. 이 평강은 세상에서 얻을 수 없고 오직 하나님으로부터 오는 것이다.

부활의 첫 목격자

무덤에 도착한 마리아는 예수님의 빈 무덤을 보고 누군가 예수님의 시체를 가져갔다고 생각했습니다. 그래서 무덤 밖에 서서 슬픔에 잠겨 울고 있었습니다(11절). 그때 부활하신 예수님께서 마리아의 뒤에 나타나셨습니다(14절). 하지만 마리아는 예수님을 동산지기인 줄 알고 예수님의 시신을 자신이 가져가겠다고 말했습니다(15절). 마리아의 이 모습을 통해 그녀의 사랑과 용기와 헌신을 엿볼 수 있습니다. 주님을 향한 마리아의 특별한 사랑과 열정 덕분에 마리아는 부활하신 예수님의 첫 목격자가 될 수 있었습니다.

제자들을 보내신 예수님

예수님의 십자가 죽음을 겪은 제자들은 유대인들이 자신들을 해하지 않을까 두려워하며, 최후의 만찬을 가졌던 다락방에 모여 문을 닫고 숨어 있었습니다(19절). 그런데 이때 예수님께서 방 안에 들어오셔서 제자들을 위로하시며 "너희에게 평강이 있을지어다"(19절)라고 말씀하셨습니다. 그리고 손과 옆구리의 상처를 보이시며 당신이 십자가에 달렸던 예수임을 나타내 주셨습니다(20절). 이후 기뻐하는 제자들을 향해 예수님은 아버지께서 당신을 보내신 것처럼 당신 또한 그들을 보낸다고 말씀하셨습니다(21절). 만민을 살리시는 그리스도의 메시지는 이제 제자들, 곧 교회의 손에 맡겨졌습니다. 예수님께서 제자들에게 숨을 내쉬며 성령을 주신 것은 죽은 자 가운데 생기를 불어넣듯, 성령님께서 임하실 때 교회가 사명을 위해 준비되고 재창조되는 것을 의미합니다(22절).

오늘의 감사기도

1.
2.
3.

요한복음 20:11-23　찬송가: 442장(구 499장)

11마리아는 무덤 밖에 서서 울고 있더니 울면서 구부려 무덤 안
을 들여다보니 12흰 옷 입은 두 천사가 예수의 시체 뉘었던 곳에
하나는 머리 편에, 하나는 발 편에 앉았더라 13천사들이 이르되
여자여 어찌하여 우느냐 이르되 사람들이 내 주님을 옮겨다가
어디 두었는지 내가 알지 못함이니이다 14이 말을 하고 뒤로 돌
이켜 예수께서 서 계신 것을 보았으나 예수이신 줄은 알지 못하
더라 15예수께서 이르시되 여자여 어찌하여 울며 누구를 찾느냐
하시니 마리아는 그가 동산지기인 줄 알고 이르되 주여 당신이
옮겼거든 어디 두었는지 내게 이르소서 그리하면 내가 가져가
리이다 16예수께서 마리아야 하시거늘 마리아가 돌이켜 히브리
말로 랍오니 하니 (이는 선생님이라는 말이라) 17예수께서 이르
시되 나를 붙들지 말라 내가 아직 아버지께로 올라가지 아니하
였노라 너는 내 형제들에게 가서 이르되 내가 내 아버지 곧 너희
아버지, 내 하나님 곧 너희 하나님께로 올라간다 하라 하시니
18막달라 마리아가 가서 제자들에게 내가 주를 보았다 하고 또
주께서 자기에게 이렇게 말씀하셨다 이르니라 19이 날 곧 안식
후 첫날 저녁 때에 제자들이 유대인들을 두려워하여 모인 곳의
문들을 닫았더니 예수께서 오사 가운데 서서 이르시되 너희에
게 평강이 있을지어다 20이 말씀을 하시고 손과 옆구리를 보이
시니 제자들이 주를 보고 기뻐하더라 21예수께서 또 이르시되
너희에게 평강이 있을지어다 아버지께서 나를 보내신 것 같이
나도 너희를 보내노라 22이 말씀을 하시고 그들을 향하사 숨을
내쉬며 이르시되 성령을 받으라 23너희가 누구의 죄든지 사하면
사하여질 것이요 누구의 죄든지 그대로 두면 그대로 있으리라
하시니라

본문 관찰

1. 본문에서 막달라 마리아와 제자들에게 나타나신 예수님에 대한 내용을 살펴보십시오(주제별 목록 작성 참조).
2. 부활하신 예수님은 제자들에게 나타나셔서 어떤 말씀을 하십니까(21-23절)?
3. 본문의 하나님은 어떤 분이십니까?

깊은 묵상

1. 여러분은 하나님께서 주신 권위를 삶에서 어떻게 적용하고 있습니까?
2. 여러분은 마리아처럼 가난한 심령으로 하나님을 찾고 있는지 돌아보십시오.
3. 오늘 여러분에게 주시는 특별한 말씀(깨달은 점, 느낀 점, 적용점 등)은 무엇입니까?

DATE

월 일 요일

믿음의 초청

중심 단어

도마, 예수, 보지 못하고 믿는 자, 이 책, 생명

주제별 목록 작성

도마의 믿음

25절: 예수의 손의 못 자국을 보고 손가락을 그 못 자국에 넣고 그 옆구리에 넣어 보지 않고는 믿지 아니하겠노라고 하는 의심하고 회의하는 믿음이었다

27절: 예수께 손가락을 내밀어 그 손을 보고 옆구리에 넣어 보고서 믿는 검증하는 믿음이었다

28절: 나의 주님이시요 나의 하나님이시라는 완전한 믿음의 고백을 하였다

도움말

1. **디두모(24절)**: '쌍, 짝, 쌍둥이'라는 뜻으로 도마의 별명이다.
2. **표적(30절)**: 이적, 특히 어떤 목적을 달성하기 위해 행해진 기적을 뜻한다. 여기서는 예수께서 메시야이심을 증거하기 위해 베푸신 기적을 말한다.

의심하는 도마

도마는 예수님께서 나타나셨을 때 그 자리에 함께 있지 않았습니다(24절). 그래서 예수님께서 부활하셨다는 다른 제자들의 말을 믿지 않았습니다. 그는 예수님의 손과 옆구리를 만져 보지 않고는 예수님을 믿지 않겠다고 했습니다(25절). 그런데 도마가 제자들과 함께 있을 때 예수님께서 다시 찾아오셨습니다(26절). 그리고 도마에게 원하던 대로 몸을 만져 보라 하시며 믿음 있는 자가 되라고 말씀하셨습니다(27절). 한 마리의 양도 잃지 않으려고 세세히 살피시면서 인격적으로 신앙을 돌보시는 주님의 마음을 알 수 있습니다. 도마의 신앙은 말씀으로 믿는 신앙이 아니라 회의적이고 비판적인 신앙이었습니다. 그러나 도마는 주님을 확인한 후에 진정한 신앙고백을 했습니다(28절).

생명의 이름

예수님께서 우리의 믿음을 붙들어 주시지 않으면 우리는 온갖 방해물 때문에 주님께로 갈 수 없습니다. 주님의 성실한 사랑만이 넘어지기 쉬운 우리를 지켜 주실 수 있습니다. 의심하는 도마의 모습은 우리가 쉽게 빠지는 함정이며, 대부분의 믿지 않는 자들의 핑계입니다. 하나님은 복음서 말씀을 통해 우리에게 예수님의 사건과 행위를 알리셨고, 그와 더불어 예수님께서 하나님의 아들이시요, 그리스도이심을 믿게 하셨습니다. 그것은 바로 우리로 하여금 생명을 얻게 하시려는 것입니다. "오직 이것을 기록함은 너희로 예수께서 하나님의 아들 그리스도이심을 믿게 하려 함이요 또 너희로 믿고 그 이름을 힘입어 생명을 얻게 하려 함이니라"(31절).

오늘의 감사기도

1.
2.
3.

요한복음 20:24-31 찬송가: 545장(구 344장)

24열두 제자 중의 하나로서 디두모라 불리는 도마는 예수께서
오셨을 때에 함께 있지 아니한지라 25다른 제자들이 그에게 이
르되 우리가 주를 보았노라 하니 도마가 이르되 내가 그의 손의
못 자국을 보며 내 손가락을 그 못 자국에 넣으며 내 손을 그 옆
구리에 넣어 보지 않고는 믿지 아니하겠노라 하니라 26여드레를
지나서 제자들이 다시 집 안에 있을 때에 도마도 함께 있고 문들
이 닫혔는데 예수께서 오사 가운데 서서 이르시되 너희에게 평
강이 있을지어다 하시고 27도마에게 이르시되 네 손가락을 이리
내밀어 내 손을 보고 네 손을 내밀어 내 옆구리에 넣어 보라 그
리하여 믿음 없는 자가 되지 말고 믿는 자가 되라 28도마가 대답
하여 이르되 나의 주님이시요 나의 하나님이시니이다 29예수께
서 이르시되 너는 나를 본 고로 믿느냐 보지 못하고 믿는 자들은
복되도다 하시니라 30예수께서 제자들 앞에서 이 책에 기록되지
아니한 다른 표적도 많이 행하셨으나 31오직 이것을 기록함은
너희로 예수께서 하나님의 아들 그리스도이심을 믿게 하려 함
이요 또 너희로 믿고 그 이름을 힘입어 생명을 얻게 하려 함이
니라

본문 관찰

1. 본문에서 도마의 믿음에 대한 내용을 살펴보십시오(주제별 목록 작성 참조).

2. 예수님은 어떤 자가 복이 있다고 말씀하십니까(29절)?

3. 본문의 하나님은 어떤 분이십니까?

깊은 묵상

1. 여러분은 믿음 없는 말이나 행동을 하는 사람들에게 어떤 도움을 주고 있습니까?

2. 여러분의 삶에서 믿음의 눈으로 바라봐야 할 일은 무엇인지 생각해 보십시오.

3. 오늘 여러분에게 주시는 특별한 말씀(깨달은 점, 느낀 점, 적용점 등)은 무엇입니까?

DATE

월 일 요일

소명의 재발견

중심 단어

예수, 디베랴 호수, 제자들, 시몬 베드로, 물고기

주제별 목록 작성

제자들

3절: 시몬 베드로와 함께 배에 올랐다/ 밤에 아무 것도 잡지 못하였다

4절: 날이 새어갈 때에 예수께서 바닷가에 서셨으나 알아보지 못하였다

6절: 예수의 말씀에 따라 그물을 배 오른편에 던졌다/ 물고기가 많아 그물을 들 수 없었다

7절: 베드로가 예수를 알아보고 바다로 뛰어 내렸다

12절: 조반을 주시는 이가 예수이심을 모든 제자가 알아보았다

13절: 예수로부터 떡과 생선을 받았다

14절: 부활 후 세 번째로 나타나신 예수를 만났다

도움말

1. **얘들아(5절)**: 원래는 '소년'을 가리키며, 여기서는 예수님께서 제자들을 향해 친근히 부른 애칭으로 사용됐다.
2. **오십 칸(8절)**: '약 200규빗'이다. 여기서 '규빗'은 약 45.6cm다. 따라서 '오십 칸'은 약 91m 정도다.

사람을 낚는 어부

부활하신 주님의 빛난 얼굴을 보면서 베드로는 자책감과 낙심에 빠져 있었습니다. 예수님의 얼굴을 볼 자신이 없었던 그는 제자의 삶을 포기한 채 살아야겠다고 생각했을 것입니다. 그래서 베드로는 물고기를 잡으러 가겠다고 선언했고, 다른 제자들도 덩달아 따라나섰습니다(3절). 그러나 그들은 밤새도록 아무런 소득 없이 빈 그물만 끌어올릴 뿐이었습니다. 날이 샐 무렵, 예수님께서 지쳐 있는 제자들을 찾아오셨습니다(4절). 바닷가에서 수고하며 헛그물질만 하는 제자들을 다시금 부르시기 위해서였습니다. 예수님은 처음 베드로를 부르셨을 때 "사람을 낚는 어부가 되게 하리라"(마 4:19)고 하신 약속을 그에게 다시 상기시켜 주셨습니다.

동행하시는 예수님

예수님은 제자들에게 "얘들아"(5절)라고 친근하게 부르시며, 그물을 배 오른편에 던지라고 말씀하셨습니다. 제자들이 예수님의 말씀에 순종했을 때 물고기가 많이 잡혀서 그물을 들 수 없을 정도였습니다(6절). 베드로는 그들에게 말씀하신 분이 예수님이시라는 말을 요한에게서 듣자, 겉옷을 두르고 곧장 바다로 뛰어내렸습니다(7절). 다른 제자들도 예수님을 맞이하기 위해 작은 배를 타고 육지로 올라왔습니다(8절). 예수님은 밤새 고기 잡느라 지친 제자들에게 생선과 떡을 먹을 수 있게 하셨습니다(9절). 이처럼 예수님은 세 번이나 제자들에게 찾아오셔서 당신을 나타내 주셨습니다(14절). 주님은 오늘도 믿는 자들을 찾아와 주십니다. 주님을 떠나서는 아무것도 할 수 없지만, 주님의 말씀에 순종할 때 놀라운 기적을 경험하게 됩니다.

오늘의 감사기도

1.
2.
3.

요한복음 21:1-14 찬송가: 449장(구 377장)

1그 후에 예수께서 디베랴 호수에서 또 제자들에게 자기를 나타
내셨으니 나타내신 일은 이러하니라 2시몬 베드로와 디두모라
하는 도마와 갈릴리 가나 사람 나다나엘과 세베대의 아들들과
또 다른 제자 둘이 함께 있더니 3시몬 베드로가 나는 물고기 잡
으러 가노라 하니 그들이 우리도 함께 가겠다 하고 나가서 배에
올랐으나 그 날 밤에 아무 것도 잡지 못하였더니 4날이 새어갈
때에 예수께서 바닷가에 서셨으나 제자들이 예수이신 줄 알지
못하는지라 5예수께서 이르시되 얘들아 너희에게 고기가 있느
냐 대답하되 없나이다 6이르시되 그물을 배 오른편에 던지라 그
리하면 잡으리라 하시니 이에 던졌더니 물고기가 많아 그물을
들 수 없더라 7예수께서 사랑하시는 그 제자가 베드로에게 이르
되 주님이시라 하니 시몬 베드로가 벗고 있다가 주님이라 하는
말을 듣고 겉옷을 두른 후에 바다로 뛰어 내리더라 8다른 제자
들은 육지에서 거리가 불과 한 오십 칸쯤 되므로 작은 배를 타고
물고기 든 그물을 끌고 와서 9육지에 올라보니 숯불이 있는데
그 위에 생선이 놓였고 떡도 있더라 10예수께서 이르시되 지금
잡은 생선을 좀 가져오라 하시니 11시몬 베드로가 올라가서 그물
을 육지에 끌어 올리니 가득히 찬 큰 물고기가 백쉰세 마리라 이
같이 많으나 그물이 찢어지지 아니하였더라 12예수께서 이르시
되 와서 조반을 먹으라 하시니 제자들이 주님이신 줄 아는 고로
당신이 누구냐 감히 묻는 자가 없더라 13예수께서 가셔서 떡을
가져다가 그들에게 주시고 생선도 그와 같이 하시니라 14이것은
예수께서 죽은 자 가운데서 살아나신 후에 세 번째로 제자들에
게 나타나신 것이라

본문 관찰

1. 본문에서 제자들에 대한 내용을 살펴 보십시오(주제별 목록 작성 참조).

2. 제자들이 예수님의 말씀에 순종하자, 무슨 일이 일어났습니까(6, 11절)?

3. 본문의 하나님은 어떤 분이십니까?

깊은 묵상

1. 여러분은 좌절되는 상황에서 벗어나기 위해 어떤 노력을 하고 있습니까?

2. 우리의 빈 그물을 놀랍게 채우시는 하나님의 은혜를 묵상해 보십시오.

3. 오늘 여러분에게 주시는 특별한 말씀(깨달은 점, 느낀 점, 적용점 등)은 무엇입니까?

DATE

월 일 요일

증인의 삶

중심 단어

예수, 베드로, 사랑, 어린 양, 따르라

주제별 목록 작성

예수님의 명령

15절: 내 어린 양을 먹이라

16절: 내 양을 치라

17절: 내 양을 먹이라

19, 22절: 나를 따르라

요한

20절: 예수께서 사랑하셨다/ 만찬석에서 예수의 품에 의지하였다

21절: 베드로가 그의 장래에 대하여 궁금해하였다

23절: 제자들 사이에서 죽지 아니할 것이라고 소문났었다

24절: 예수의 일을 증언하고 요한복음을 기록하였다

도움말

1. **벌리리니(18절):** 포승줄을 묶기 위해 두 팔을 앞으로 쭉 내밀게 한다는 뜻이다.
2. **나를 따르라(19절):** 예수님의 십자가 고난의 길을 따르라는 말이다(요 12:32-33).

베드로를 세우시는 예수님

예수님은 제자들과 조반을 드신 후에 베드로에게 "네가 이 사람들보다 나를 더 사랑하느냐"(15절)라고 물으셨습니다. 이에 베드로는 예수님을 사랑한다고 대답했지만, 주님께서 세 번이나 같은 질문을 하시자 베드로는 근심에 싸여 어쩔 줄을 몰랐습니다. 하지만 이 질문에는 예수님을 세 번씩이나 부인했던 베드로를 완전히 회복시키시려는 사랑의 목적이 있었습니다. 이 대답으로 베드로는 예수님을 향한 사랑을 확고히 하고 사도로서 자기 역할도 회복할 수 있었습니다. 이후 주님은 베드로의 고백에 "내 어린 양을 먹이라"(15절)고 하셨습니다. 장래에 베드로를 통해 귀한 사명을 이루실 계획을 말씀하신 것입니다.

그리스도인의 사명

베드로는 자신에게 사명을 주시는 예수님께 요한은 장래에 어떻게 될 것인지를 물었습니다(21절). 이에 예수님은 그가 어떻게 되든 상관하지 말고 예수님을 따르는 데만 집중하라고 말씀하셨습니다(22절). 사명은 사람마다 제각기 다른 것입니다. 그러므로 각자 받은 사명대로 이뤄 나가는 것이며 다른 누군가와 비교할 필요가 없습니다. 그런 의미에서 인생이란 어느 누구와도 비교할 수 없는 것이며 하나님 앞에서 단독자의 삶일 수밖에 없는 것입니다. 베드로와 요한은 모두 그리스도의 증인이었지만, 베드로의 사명은 그리스도의 양을 먹이는 일이었고, 요한의 사명은 그의 통찰력과 사랑의 이해로 그리스도의 일을 기록하는 것이었습니다. 이처럼 우리도 주님께 각각의 사명을 받았습니다. 그 사명을 따라 그리스도의 참 증인 된 삶을 살아야 할 것입니다.

오늘의 감사기도

1.

2.

3.

요한복음 21:15-25 찬송가: 448장

15그들이 조반 먹은 후에 예수께서 시몬 베드로에게 이르시되
요한의 아들 시몬아 네가 이 사람들보다 나를 더 사랑하느냐 하
시니 이르되 주님 그러하나이다 내가 주님을 사랑하는 줄 주님
께서 아시나이다 이르시되 내 어린 양을 먹이라 하시고 16또 두
번째 이르시되 요한의 아들 시몬아 네가 나를 사랑하느냐 하시
니 이르되 주님 그러하나이다 내가 주님을 사랑하는 줄 주님께
서 아시나이다 이르시되 내 양을 치라 하시고 17세 번째 이르시
되 요한의 아들 시몬아 네가 나를 사랑하느냐 하시니 주께서 세
번째 네가 나를 사랑하느냐 하시므로 베드로가 근심하여 이르
되 주님 모든 것을 아시오매 내가 주님을 사랑하는 줄을 주님께
서 아시나이다 예수께서 이르시되 내 양을 먹이라 18내가 진실
로 진실로 네게 이르노니 네가 젊어서는 스스로 띠 띠고 원하는
곳으로 다녔거니와 늙어서는 네 팔을 벌리리니 남이 네게 띠 띠
우고 원하지 아니하는 곳으로 데려가리라 19이 말씀을 하심은
베드로가 어떠한 죽음으로 하나님께 영광을 돌릴 것을 가리키
심이러라 이 말씀을 하시고 베드로에게 이르시되 나를 따르라
하시니 20베드로가 돌이켜 예수께서 사랑하시는 그 제자가 따르
는 것을 보니 그는 만찬석에서 예수의 품에 의지하여 주님 주님
을 파는 자가 누구오니이까 묻던 자더라 21이에 베드로가 그를
보고 예수께 여짜오되 주님 이 사람은 어떻게 되겠사옵나이까
22예수께서 이르시되 내가 올 때까지 그를 머물게 하고자 할지
라도 네게 무슨 상관이냐 너는 나를 따르라 하시더라 23이 말씀
이 형제들에게 나가서 그 제자는 죽지 아니하겠다 하였으나 예
수의 말씀은 그가 죽지 않겠다 하신 것이 아니라 내가 올 때까지
그를 머물게 하고자 할지라도 네게 무슨 상관이냐 하신 것이러
라 24이 일들을 증언하고 이 일들을 기록한 제자가 이 사람이라
우리는 그의 증언이 참된 줄 아노라 25예수께서 행하신 일이 이
외에도 많으니 만일 낱낱이 기록된다면 이 세상이라도 이 기록
된 책을 두기에 부족할 줄 아노라

본문 관찰

1. 본문에서 예수님의 명령과 요한에 대한 내용을 살펴보십시오(주제별 목록 작성 참조).

2. 예수님은 베드로에게 똑같은 질문을 세 번이나 하십니다. 예수님의 질문에 대한 베드로의 답변은 무엇입니까(15-17절)?

3. 본문의 하나님은 어떤 분이십니까?

깊은 묵상

1. 여러분이 주님께 받은 사명은 무엇입니까?

2. 여러분이 낙심할 때 찾아오셔서 위로하시고 회복시켜 주시는 예수님을 묵상해 보십시오.

3. 오늘 여러분에게 주시는 특별한 말씀(깨달은 점, 느낀 점, 적용점 등)은 무엇입니까?

DATE

월 일 요일

예수 그리스도의 계시

중심 단어

예수 그리스도, 계시, 증거

주제별 목록 작성

계시

1절: 계시의 주체와 전달 과정

2절: 계시의 증거자 요한

3절: 예언의 말씀

편지의 인사말

4절: 발신자와 수신자

5–6절: 삼위일체적인 구조의 인사말

도움말

1. **계시(1절):** 하나님께 속한 신비한 진리를 하나님께서 친히 드러내 가르쳐 주시는 행위를 뜻한다.
2. **때(3절):** 일반적인 시간이 아니라 '작정(예정)된 시간'을 뜻한다. 여기서는 주님의 재림의 때를 말한다.
3. **알파와 오메가(8절):** 헬라어 알파벳의 처음과 마지막 철자다. 처음과 끝을 표현하는 성경 문학적 표현이다.

말씀하시는 하나님

로마 제국은 초기에 이방 종교에 대해 너그러운 정책을 펼쳤으나, 네로가 실권을 잡은 이후 '황제 예배'를 내세우면서 종교를 탄압하기 시작했습니다. 네로의 박해는 일시적인 것이었으나, 그의 뒤를 이은 도미티아누스 황제의 박해는 지속적이고 조직적이었습니다. 고난 속에서 신앙을 포기하고 배교하는 사람들이 늘어가고 목숨을 위협하는 박해가 지속되는 급박한 위기 상황이 이어지자 하나님은 계시와 예언을 통해 교회들에게 말씀을 전하셨습니다(1절). 요한계시록이 기록됐던 초대 교회 당시에는 예수를 믿는 것이 곧 환난과 핍박, 인내에 동참하는 것을 의미했습니다. 오늘날 우리의 신앙생활도 이와 같은 도전이 있을 수 있습니다. 이런 상황 속에 있는 성도들에게 하나님은 예수 그리스도의 계시를 통해 지금도 말씀하고 계십니다.

알파와 오메가

요한의 인사말 다음에 나오는 그리스도에 대한 송영은 그리스도께서 우리를 사랑하시고 희생적인 죽음으로 우리를 죄에서 해방하신 것, 그리고 우리를 나라와 제사장으로 삼으신 것을 찬양했습니다(4–6절). 또한 그리스도의 다시 오심을 선포했습니다. 그분의 다시 오심은 우리의 눈에 보이는 역사적 사건이 될 것입니다(7절). 이런 요한의 증거에는 사도적인 복음의 진수가 담겨 있습니다. 주님의 지상 사역과 희생적인 죽음, 부활과 높임을 받으심, 그리고 구원의 성취와 가시적인 재림을 말하는 것입니다. 박해와 고난의 시기를 이겨 낼 수 있는 근원적인 힘은 복음의 핵심을 소유함으로 얻게 됩니다. 오직 영광 받으실 분을 신뢰하고 그분께 시선을 고정시키는 것만이 현실을 이길 수 있는 능력을 소유하는 유일한 길입니다.

오늘의 감사기도

1.
2.
3.

요한계시록 1:1-8 찬송가: 135장(구 133장)

1예수 그리스도의 계시라 이는 하나님이 그에게 주사 반드시 속
히 일어날 일들을 그 종들에게 보이시려고 그의 천사를 그 종 요
한에게 보내어 알게 하신 것이라 2요한은 하나님의 말씀과 예수
그리스도의 증거 곧 자기가 본 것을 다 증언하였느니라 3이 예
언의 말씀을 읽는 자와 듣는 자와 그 가운데에 기록한 것을 지
키는 자는 복이 있나니 때가 가까움이라 4요한은 아시아에 있는
일곱 교회에 편지하노니 이제도 계시고 전에도 계셨고 장차 오
실 이와 그의 보좌 앞에 있는 일곱 영과 5또 충성된 증인으로 죽
은 자들 가운데에서 먼저 나시고 땅의 임금들의 머리가 되신 예
수 그리스도로 말미암아 은혜와 평강이 너희에게 있기를 원하
노라 우리를 사랑하사 그의 피로 우리 죄에서 우리를 해방하시
고 6그의 아버지 하나님을 위하여 우리를 나라와 제사장으로 삼
으신 그에게 영광과 능력이 세세토록 있기를 원하노라 아멘 7볼
지어다 그가 구름을 타고 오시리라 각 사람의 눈이 그를 보겠고
그를 찌른 자들도 볼 것이요 땅에 있는 모든 족속이 그로 말미암
아 애곡하리니 그러하리라 아멘 8주 하나님이 이르시되 나는 알
파와 오메가라 이제도 있고 전에도 있었고 장차 올 자요 전능한
자라 하시더라

본문 관찰

1. 본문에서 계시와 편지의 인사말에 대한 내용을 살펴보십시오(주제별 목록 작성 참조).

2. 4, 8절에서 발견할 수 있는 하나님의 속성은 무엇입니까?

3. 본문의 하나님은 어떤 분이십니까?

깊은 묵상

1. 삶이 힘들고 어려울 때 하나님의 말씀은 여러분에게 어떤 의미가 됩니까?

2. 여러분은 하나님께서 예수 그리스도의 계시를 통해 여러분에게 말씀하신다는 것을 믿고 있는지 돌아보십시오.

3. 오늘 여러분에게 주시는 특별한 말씀(깨달은 점, 느낀 점, 적용점 등)은 무엇입니까?

DATE

월 일 요일

그리스도의 명령

중심 단어

요한, 성령, 일곱 금 촛대, 인자 같은 이, 일곱 별

주제별 목록 작성

요한이 본 환상

12절: 일곱 금 촛대–일곱 교회(20절)

13절: 인자 같은 이가 발에 끌리는 옷을 입었다–왕복/ 가슴에 금띠를 띠었다–왕의 복장

14절: 머리, 털의 희기가 흰 양털과 눈 같다–신성과 영원성/ 눈은 불꽃 같다–전지함

15절: 발은 풀무불에 단련한 빛난 주석 같다–심판 주/ 음성은 많은 물 소리와 같다–위엄과 권위

16절: 오른손에 일곱 별이 있다–사역을 주관한다/ 입에서 좌우에 날선 검이 나온다–말씀 증거와 심판/ 얼굴은 해가 힘있게 비치는 것 같다–영광

도움말

1. **밧모(9절):** 에베소 남서쪽 90km 지점에 위치한 에게 해의 작은 불모지 섬이다. 당시 범죄자들의 유배지로 이용됐다.
2. **음부(18절):** 죽은 자들이 가는 처소다. 구약에서는 무덤 혹은 땅 아래 세상을 가리켰으나, 신약에서는 죽은 불신자들이 심판 때까지 대기하는 처소를 가리킨다.

요한에게 주신 환상

9절의 말씀을 풀이하면, "예수의"라는 말은 원어적으로는 '예수 안에서'라는 의미입니다. "환난"은 '압박을 받는다', "나라"는 '하나님의 왕국'을, "참음"은 '아래서 머문다' 혹은 '압박을 견디다'라는 뜻으로 의역할 수 있습니다. 따라서 본문은 '예수 안에서 나 요한은 성도 된 너희들과 함께 그분의 왕국의 영광을 기다리며 세상의 압박을 견딘다'라는 의미입니다. 밧모 섬이 유명한 귀양지였음을 생각해 볼 때, 요한은 복음을 증거하다가 유배된 것으로 보입니다. 그러나 핍박과 탄압의 상황 가운데도 계시와 영감의 성령님은 그를 붙잡고 계셨습니다. 성령에 감동된 요한은 나팔 소리 같은 큰 음성을 들었습니다(10절). 주님은 요한에게 이제 보게 될 것을 두루마리에 받아 적고, 그것을 로마의 아시아 지방에 있는 일곱 교회에 보내라고 명령하셨습니다(11절).

그리스도의 환상

요한은 누구의 목소리인지 보려고 몸을 돌이키다가 일곱 개의 금 촛대를 먼저 봤습니다(12절). 하지만 훨씬 더 중요한 것은 그 가운데 서 계신 분이었습니다(13절). 요한은 그분이 입으신 옷에 깊은 인상을 받았습니다. 이어서 요한은 그분의 신체 각 부분을 묘사했습니다(14–16절). 본문에 나오는 '예수 그리스도의 계시'는 부활하시고 영원하신 그리스도에 대한 계시입니다. 그분은 마귀의 모든 공격에도 승리하시고 죽음과 부활로서 악을 이기셨습니다. 그분께서 당신에 대해 선언하시며 더불어 요한이 본 환상을 기록하라고 지시하셨습니다. 그 기록에는 "지금 있는 일"과 "장차 될 일"이 포함될 것입니다(19절). 그분은 영원하시고 부활하신 분이며 권세와 능력이 충만하신 분이기 때문입니다(18절).

오늘의 감사기도

1.
2.
3.

요한계시록 1:9-20 찬송가: 84장(구 96장)

9나 요한은 너희 형제요 예수의 환난과 나라와 참음에 동참하는
자라 하나님의 말씀과 예수를 증언하였음으로 말미암아 밧모
라 하는 섬에 있었더니 10주의 날에 내가 성령에 감동되어 내 뒤
에서 나는 나팔 소리 같은 큰 음성을 들으니 11이르되 네가 보는
것을 두루마리에 써서 에베소, 서머나, 버가모, 두아디라, 사데,
빌라델비아, 라오디게아 등 일곱 교회에 보내라 하시기로 12몸
을 돌이켜 나에게 말한 음성을 알아 보려고 돌이킬 때에 일곱 금
촛대를 보았는데 13촛대 사이에 인자 같은 이가 발에 끌리는 옷
을 입고 가슴에 금띠를 띠고 14그의 머리와 털의 희기가 흰 양털
같고 눈 같으며 그의 눈은 불꽃 같고 15그의 발은 풀무불에 단련
한 빛난 주석 같고 그의 음성은 많은 물 소리와 같으며 16그의
오른손에 일곱 별이 있고 그의 입에서 좌우에 날선 검이 나오고
그 얼굴은 해가 힘있게 비치는 것 같더라 17내가 볼 때에 그의 발
앞에 엎드러져 죽은 자 같이 되매 그가 오른손을 내게 얹고 이르
시되 두려워하지 말라 나는 처음이요 마지막이니 18곧 살아 있
는 자라 내가 전에 죽었었노라 볼지어다 이제 세세토록 살아 있
어 사망과 음부의 열쇠를 가졌노니 19그러므로 네가 본 것과 지
금 있는 일과 장차 될 일을 기록하라 20네가 본 것은 내 오른손
의 일곱 별의 비밀과 또 일곱 금 촛대라 일곱 별은 일곱 교회의
사자요 일곱 촛대는 일곱 교회니라

본문 관찰

1. 본문에서 요한이 본 환상에 대한 내용을 살펴보십시오(주제별 목록 작성 참조).

2. 그리스도는 당신을 어떻게 설명하십니까(17-18절)?

3. 본문의 하나님은 어떤 분이십니까?

깊은 묵상

1. 요한이 본 환상에 대한 묘사를 보며, 여러분은 어떤 인상을 받았습니까?

2. 여러분에게는 박해와 핍박 가운데에서도 하나님의 음성을 듣고자 하는 열정이 있는지 살펴보십시오.

3. 오늘 여러분에게 주시는 특별한 말씀(깨달은 점, 느낀 점, 적용점 등)은 무엇입니까?

DATE

월 일 요일

에베소 교회와 서머나 교회

중심 단어

책망, 처음 사랑, 충성하라

주제별 목록 작성

칭찬의 내용

2절: 행위, 수고, 인내, 악한 자들을 용납하지 아니하였다/ 자칭 사도라 하는 자들의 거짓을 드러내었다

3절: 참고 주님의 이름을 위하여 견디었다/ 게으르지 아니하였다

책망의 내용

4절: 처음 사랑을 버렸다

권면의 내용

5절: 회개하고 처음 행위를 가지라

10절: 장차 받을 고난을 두려워하지 말라/ 죽도록 충성하라

약속의 말씀

7절: 이기는 그에게 생명나무 열매를 주어 먹게 하리라

10절: 생명의 관을 주리라

11절: 이기는 자는 둘째 사망의 해를 받지 아니하리라

도움말

1. **에베소(1절):** 바울이 3차 전도 여행 때 장기 체류하며 복음을 전한 곳이다.
2. **니골라 당(6절):** 성도들은 진리 안에서 자유를 얻었기 때문에 율법에 얽매일 필요가 없다고 하여 도덕 폐기론을 주장하며 방종과 음행에 빠진 이단 집단이다.

사랑을 버린 에베소 교회

초대 교회의 교회사 문헌을 보면 기독교인을 박해하며 온갖 중상과 모략을 일삼던 로마 지배자들도 마지막에는 "그러나 보라, 그들이 얼마나 사랑하는가…"라는 기록을 남겼습니다. 주님은 에베소 교회의 수고와 인내, 악을 용납하지 않는 태도와 신학적인 분별력에 대해 아셨습니다. 그러나 주님은 칭찬과 더불어 "너의 처음 사랑을 버렸느니라"(4절)고 책망하셨습니다. 에베소 교회의 모든 미덕은 사랑의 부재를 대신할 수 없었습니다. 뜨겁게 타오르던 처음 사랑의 불이 꺼져 버린 그들의 수고는 주님 앞에 아무 소용이 없었던 것입니다. 그들은 회개하여 처음 사랑을 회복할 필요가 있었습니다. 주님에 대한 사랑, 이것이 참된 주님의 교회가 가져야 할 가장 중요한 마음가짐입니다.

실상은 부요한 서머나 교회

현실적으로 보기에 서머나 교회 성도들은 환난과 궁핍 가운데 있었습니다. 그러나 주님은 겉으로 드러난 현상이 아닌 그들 내면의 실상을 보셨습니다. 그리스도를 위해 기꺼이 고난받는 자세는 그분에 대한 진정한 사랑을 입증하는 것이었기에, 주님은 그들이 부요하다고 말씀하셨습니다. 서머나 교회는 특히 황제 숭배와 관련된 고난을 이겨 내야 했는데, 그곳에는 디베료 황제를 기념하는 신전이 있었기 때문입니다. 시민들은 황제의 흉상 앞에서 타고 있는 불에 향을 뿌리며 가이사를 '주'라고 고백해야 했습니다. 그런데 주님은 서머나 교회에 더 심한 시련이 올 것이라고 경고하셨습니다. 그 시련에는 투옥과 죽음도 포함됩니다. 그러나 주님은 분명한 약속 또한 주셨습니다. "네가 죽도록 충성하라 그리하면 내가 생명의 관을 네게 주리라"(10절).

오늘의 감사기도

1.
2.
3.

요한계시록 2:1–11 찬송가: 286장(구 218장)

1에베소 교회의 사자에게 편지하라 오른손에 있는 일곱 별을 붙
잡고 일곱 금 촛대 사이를 거니시는 이가 이르시되 2내가 네 행
위와 수고와 네 인내를 알고 또 악한 자들을 용납하지 아니한 것
과 자칭 사도라 하되 아닌 자들을 시험하여 그의 거짓된 것을 네
가 드러낸 것과 3또 네가 참고 내 이름을 위하여 견디고 게으르
지 아니한 것을 아노라 4그러나 너를 책망할 것이 있나니 너의
처음 사랑을 버렸느니라 5그러므로 어디서 떨어졌는지를 생각
하고 회개하여 처음 행위를 가지라 만일 그리하지 아니하고 회
개하지 아니하면 내가 네게 가서 네 촛대를 그 자리에서 옮기리
라 6오직 네게 이것이 있으니 네가 니골라 당의 행위를 미워하
는도다 나도 이것을 미워하노라 7귀 있는 자는 성령이 교회들에
게 하시는 말씀을 들을지어다 이기는 그에게는 내가 하나님의
낙원에 있는 생명나무의 열매를 주어 먹게 하리라 8서머나 교회
의 사자에게 편지하라 처음이며 마지막이요 죽었다가 살아나신
이가 이르시되 9내가 네 환난과 궁핍을 알거니와 실상은 네가
부요한 자니라 자칭 유대인이라 하는 자들의 비방도 알거니와
실상은 유대인이 아니요 사탄의 회당이라 10너는 장차 받을 고
난을 두려워하지 말라 볼지어다 마귀가 장차 너희 가운데에서
몇 사람을 옥에 던져 시험을 받게 하리니 너희가 십 일 동안 환
난을 받으리라 네가 죽도록 충성하라 그리하면 내가 생명의 관
을 네게 주리라 11귀 있는 자는 성령이 교회들에게 하시는 말씀
을 들을지어다 이기는 자는 둘째 사망의 해를 받지 아니하리라

본문 관찰

1. 본문에서 에베소 교회와 서머나 교회를 향한 칭찬과 책망과 권면과 약속에 대한 내용을 살펴보십시오(주제별 목록 작성 참조).

2. 주께서 서머나 교회에 요구하시는 것은 무엇입니까(10절)?

3. 본문의 하나님은 어떤 분이십니까?

깊은 묵상

1. 여러분이 하나님께 받을 칭찬과 책망이 있다면 무엇이라고 생각합니까?

2. 하나님을 향한 여러분의 사랑은 어떻게 표현되고 있는지 돌아보십시오.

3. 오늘 여러분에게 주시는 특별한 말씀(깨달은 점, 느낀 점, 적용점 등)은 무엇입니까?

DATE

월 일 요일

버가모 교회와 두아디라 교회

중심 단어

사탄의 권좌, 이세벨

주제별 목록 작성

칭찬의 내용

13절: 극심한 박해 가운데도 믿음을 저버리지 아니하였다

19절: 나중 행위가 처음 것보다 많았다

책망의 내용

14절: 발람의 교훈을 지켰다

15절: 니골라 당의 교훈을 지켰다

20절: 거짓 여자 선지자 이세벨을 용납하였다

21절: 음행을 회개하지 아니하였다

권면의 내용

16절: 회개하라

25절: 너희에게 있는 것을 굳게 잡으라

약속의 말씀

17절: 이기는 자에게는 감추었던 만나와 흰 돌을 줄 것이다

26절: 이기는 자, 끝까지 주님의 일을 지키는 자에게 만국을 다스리는 권세를 줄 것이다

28절: 새벽 별을 줄 것이다

도움말

1. **두아디라(18절):** 버가모 동남쪽 60km 지점에 위치한 도시로, 일찍부터 염색 공업과 상인 조합이 발달한 도시다.

진리에 헌신하는 버가모 교회

버가모 교회는 "사탄의 권좌가 있는 데"(13절) 살고 있다고 묘사되고 있는데, 이는 버가모가 이교 숭배의 중심지였기 때문입니다. 버가모에는 4대 우상의 신전과 3대 로마 황제의 숭배 신상이 있었습니다. 그런데 황제 숭배를 반대했다는 이유로 안디바가 순교한 뒤에도 버가모 교회는 여전히 진리에 헌신하며 그리스도를 향한 믿음을 저버리지 않았습니다. 그러나 일부 신자들은 우상 숭배를 묵과하는 거짓 가르침에 굴복했습니다(14-15절). 주님은 이런 현실 가운데 바른 교리의 수호와 교회 내의 이단에 대한 분별에 대해 말씀하셨습니다.

거룩함을 지키는 두아디라 교회

두아디라 교회에는 순수한 기독교의 모습이 있었습니다. 주님은 그들을 향해 마음 깊숙이 우러나오는 칭찬을 하셨습니다. 우선 그들은 사랑과 믿음과 섬김과 인내를 인정받았습니다. 그리고 사랑과 믿음과 섬김과 인내에 대해 처음 행위보다 나중 행위를 더 칭찬받았습니다(19절). 그러나 거룩함을 저버린 행위에 대해 책망받았습니다(20-21절). 교회의 또 다른 특징은 거룩함입니다. 절제와 그리스도를 닮아가는 것으로 이뤄진 거룩함은 살아 있는 교회의 특징입니다. 두아디라 교회를 통해 이 같은 영 분별과 거룩함을 지키는 것이 얼마나 중요한지 알 수 있습니다. 주님은 "사람의 뜻과 마음을 살피는"(23절) 분이심을 잊지 말아야 하겠습니다.

오늘의 감사기도

1.

2.

3.

요한계시록 2:12-29 찬송가: 322장(구 357장)

12버가모 교회의 사자에게 편지하라 좌우에 날선 검을 가지신
이가 이르시되 13네가 어디에 사는지를 내가 아노니 거기는 사
탄의 권좌가 있는 데라 네가 내 이름을 굳게 잡아서 내 충성된
증인 안디바가 너희 가운데 곧 사탄이 사는 곳에서 죽임을 당할
때에도 나를 믿는 믿음을 저버리지 아니하였도다 14그러나 네
게 두어 가지 책망할 것이 있나니 거기 네게 발람의 교훈을 지키
는 자들이 있도다 발람이 발락을 가르쳐 이스라엘 자손 앞에 걸
림돌을 놓아 우상의 제물을 먹게 하였고 또 행음하게 하였느니
라 15이와 같이 네게도 니골라 당의 교훈을 지키는 자들이 있도
다 16그러므로 회개하라 그리하지 아니하면 내가 네게 속히 가
서 내 입의 검으로 그들과 싸우리라 17귀 있는 자는 성령이 교회
들에게 하시는 말씀을 들을지어다 이기는 그에게는 내가 감추
었던 만나를 주고 또 흰 돌을 줄 터인데 그 돌 위에 새 이름을 기
록한 것이 있나니 받는 자 밖에는 그 이름을 알 사람이 없느니
라 18두아디라 교회의 사자에게 편지하라 그 눈이 불꽃 같고 그
발이 빛난 주석과 같은 하나님의 아들이 이르시되 19내가 네 사
업과 사랑과 믿음과 섬김과 인내를 아노니 네 나중 행위가 처음
것보다 많도다 20그러나 네게 책망할 일이 있노라 자칭 선지자
라 하는 여자 이세벨을 네가 용납함이니 그가 내 종들을 가르쳐
꾀어 행음하게 하고 우상의 제물을 먹게 하는도다 21또 내가 그
에게 회개할 기회를 주었으되 자기의 음행을 회개하고자 하지
아니하는도다 22볼지어다 내가 그를 침상에 던질 터이요 또 그
와 더불어 간음하는 자들도 만일 그의 행위를 회개하지 아니하
면 큰 환난 가운데에 던지고 23또 내가 사망으로 그의 자녀를 죽
이리니 모든 교회가 나는 사람의 뜻과 마음을 살피는 자인 줄 알
지라 내가 너희 각 사람의 행위대로 갚아 주리라 24두아디라에
남아 있어 이 교훈을 받지 아니하고 소위 사탄의 깊은 것을 알
지 못하는 너희에게 말하노니 다른 짐으로 너희에게 지울 것은
없노라 25다만 너희에게 있는 것을 내가 올 때까지 굳게 잡으라
26이기는 자와 끝까지 내 일을 지키는 그에게 만국을 다스리는
권세를 주리니 27그가 철장을 가지고 그들을 다스려 질그릇 깨
뜨리는 것과 같이 하리라 나도 내 아버지께 받은 것이 그러하니
라 28내가 또 그에게 새벽 별을 주리라 29귀 있는 자는 성령이
교회들에게 하시는 말씀을 들을지어다

본문 관찰

1. 본문에서 버가모 교회와 두아디라 교회를 향한 칭찬과 책망과 권면과 약속에 대한 내용을 살펴보십시오(주제별 목록 작성 참조).

2. 회개하지 않는 자를 향한 주님의 심판은 어떻게 묘사되고 있습니까(22-23절)?

3. 본문의 하나님은 어떤 분이십니까?

깊은 묵상

1. 여러분의 성결을 해치고 주님께 나아가지 못하도록 방해하는 것에는 무엇이 있습니까?

2. 여러분은 이기는 자에게 주시는 하나님의 약속을 분명히 믿고 있는지 살펴보십시오.

3. 오늘 여러분에게 주시는 특별한 말씀(깨달은 점, 느낀 점, 적용점 등)은 무엇입니까?

DATE

월 일 요일

사데 교회와 빌라델비아 교회

중심 단어

죽은 자, 흰 옷, 합당한 자, 열린 문, 인내의 말씀

주제별 목록 작성

칭찬의 내용

8절: 작은 능력을 가지고서도 주님의 말을 지키며 배반하지 아니하였다

책망의 내용

1절: 살았다 하는 이름은 가졌으나 죽은 자로다

권면의 내용

3절: 받은 것과 들은 것을 생각하고 지켜 회개하라

11절: 가진 것을 굳게 잡아 아무도 면류관을 빼앗지 못하게 하라

약속의 말씀

5절: 이기는 자는 흰 옷을 입을 것이요 그 이름을 생명책에서 결코 지우지 아니하고 그 이름을 아버지 앞과 천사들 앞에서 시인하리라

12절: 이기는 자는 하나님의 성전 기둥이 되게 하리니 새 예루살렘의 이름과 주님의 새 이름을 이기는 자 위에 기록하리라

도움말

1. **사데(1절)**: 서머나 동쪽 50km 지점의 고대 도시로, 키벨레 여신의 밀의 종교가 성행했다.
2. **빌라델비아(7절)**: 사데 동남쪽 약 40km 지점에 위치한 소도시다.

살아 있으나 죽은 사데 교회

사데는 고대 루디아 왕국의 수도였고, 지리적으로 남쪽을 제외한 삼면이 절벽에 둘러싸인 난공불락의 요새였습니다. 또한 가장 번성한 상업 도시 가운데 하나로, 각 도로들은 주요 도시들과 연결돼 있었습니다. 무역이 발달해 일찍부터 양털 가공업과 염색 공업을 시작해서 큰 부를 축적한 도시이기도 했습니다. 그래서 이 도시 사람들은 방탕하고 부패했으며 사치와 쾌락에 빠져 있었습니다. 이런 풍조는 사데 교회에도 깊은 영향을 미쳐서 성도들이 이름뿐인 신자가 되도록 하는 데 결정적인 요인으로 작용했습니다. 성경은 평판과 실제의 차이, 사람이 보는 것과 하나님께서 보시는 것의 차이에 대해 분명히 말씀합니다(삼상 16:7). 중심을 보시는 예수님은 사람의 외적인 평가에 사로잡힌 자들의 위선적인 모습을 싫어하셨습니다.

큰 믿음을 가진 빌라델비아 교회

"열린 문"(8절)은 빌라델비아의 이교 문화 가운데 그리스도를 증거하는 선교의 문으로 볼 수 있습니다. 규모가 작은 교회일지라도 교회는 복음을 듣고 열린 문을 담대히 통과해야 합니다. 큰 일을 행하는 것이 아닌 주어진 은사를 통해 최선을 다하는 것이 중요합니다. 하나님은 많이 준 자에게는 많은 것을, 적게 준 자에게는 적은 것을 요구하시는 공평한 분입니다(눅 12:48). 환난과 궁핍함이 있으나 실상은 부요하다고 칭찬받은 서머나 교회와 함께, 일곱 교회 중에서 책망을 받지 않은 교회가 빌라델비아 교회입니다. 큰 능력이 없는 것이 문제가 아니라, 내게 주신 작은 능력을 드리지 못해 열매를 맺지 못하는 불성실과 불신앙이 문제입니다.

오늘의 감사기도

1.
2.
3.

요한계시록 3:1-13　찬송가: 490장(구 542장)

1사데 교회의 사자에게 편지하라 하나님의 일곱 영과 일곱 별을
가지신 이가 이르시되 내가 네 행위를 아노니 네가 살았다 하는
이름은 가졌으나 죽은 자로다 2너는 일깨어 그 남은 바 죽게 된
것을 굳건하게 하라 내 하나님 앞에 네 행위의 온전한 것을 찾지
못하였노니 3그러므로 네가 어떻게 받았으며 어떻게 들었는지
생각하고 지켜 회개하라 만일 일깨지 아니하면 내가 도둑 같이
이르리니 어느 때에 네게 이를는지 네가 알지 못하리라 4그러나
사데에 그 옷을 더럽히지 아니한 자 몇 명이 네게 있어 흰 옷을
입고 나와 함께 다니리니 그들은 합당한 자인 연고라 5이기는
자는 이와 같이 흰 옷을 입을 것이요 내가 그 이름을 생명책에서
결코 지우지 아니하고 그 이름을 내 아버지 앞과 그의 천사들 앞
에서 시인하리라 6귀 있는 자는 성령이 교회들에게 하시는 말씀
을 들을지어다 7빌라델비아 교회의 사자에게 편지하라 거룩하
고 진실하사 다윗의 열쇠를 가지신 이 곧 열면 닫을 사람이 없
고 닫으면 열 사람이 없는 그가 이르시되 8볼지어다 내가 네 앞
에 열린 문을 두었으되 능히 닫을 사람이 없으리라 내가 네 행위
를 아노니 네가 작은 능력을 가지고서도 내 말을 지키며 내 이름
을 배반하지 아니하였도다 9보라 사탄의 회당 곧 자칭 유대인이
라 하나 그렇지 아니하고 거짓말 하는 자들 중에서 몇을 네게 주
어 그들로 와서 네 발 앞에 절하게 하고 내가 너를 사랑하는 줄
을 알게 하리라 10네가 나의 인내의 말씀을 지켰은즉 내가 또한
너를 지켜 시험의 때를 면하게 하리니 이는 장차 온 세상에 임하
여 땅에 거하는 자들을 시험할 때라 11내가 속히 오리니 네가 가
진 것을 굳게 잡아 아무도 네 면류관을 빼앗지 못하게 하라 12이
기는 자는 내 하나님 성전에 기둥이 되게 하리니 그가 결코 다시
나가지 아니하리라 내가 하나님의 이름과 하나님의 성 곧 하늘
에서 내 하나님께로부터 내려오는 새 예루살렘의 이름과 나의
새 이름을 그이 위에 기록하리라 13귀 있는 자는 성령이 교회들
에게 하시는 말씀을 들을지어다

본문 관찰

1. 본문에서 사데 교회와 빌라델비아 교회를 향한 칭찬과 책망과 권면과 약속에 대한 내용을 살펴보십시오(주제별 목록 작성 참조).

2. 회개하지 않는 자에게 주님은 어떻게 임하십니까(3절)?

3. 본문의 하나님은 어떤 분이십니까?

깊은 묵상

1. 여러분이 주님께 드릴 열매에는 어떤 것들이 있습니까?

2. 여러분은 하나님께서 보시기에 어떤 믿음을 가진 자일지 점검해 보십시오.

3. 오늘 여러분에게 주시는 특별한 말씀(깨달은 점, 느낀 점, 적용점 등)은 무엇입니까?

DATE

월 일 요일

라오디게아 교회

중심 단어

미지근하다, 책망, 열심

주제별 목록 작성

칭찬의 내용

없음

책망의 내용

16절: 뜨겁지도 차지도 아니하다

17절: 곤고한 것과 가련한 것과 가난한 것과 눈 먼 것과 벌거벗은 것을 알지 못한다

권면의 내용

18절: 연단한 금과 흰 옷과 안약을 사라

19절: 열심을 내라/ 회개하라

약속의 말씀

21절: 이기는 그에게는 보좌에 함께 앉게 할 것이다

도움말

1. **라오디게아(14절):** 빌라델비아 동남쪽 약 70km에 위치했던 도시로, '백성의 정의'라는 뜻을 가졌다. '디오스폴리스, 로아스'라 불리다가 B.C. 3세기경 안티오쿠스 2세가 이 지역을 재건한 후 아내의 이름을 따서 '라오디게아'로 부르게 됐다.
2. **흰 옷(18절):** 대개 의와 정결과 승리를 상징하는데, 본문에서는 그리스도의 보혈로 의롭게 하신 것을 상징한다.

가련한 부요함

라오디게아는 상업이 발달한 부요한 도시 가운데 하나였습니다. 땅은 기름졌고 양을 기를 수 있는 목초가 많았으며, 교통의 요충지였고 금융 거래가 활발한 도시였습니다. 그러나 이곳에 세워진 라오디게아 교회의 영적 상태는 너무도 가련했습니다. 이에 주님은 그들의 미지근한 신앙을 엄하게 책망하셨습니다(15-16절). 또한 라오디게아 교회가 외적으로는 존경할 만했지만 내적으로는 명목상의 교회 모습만 유지하는 피상적인 교회였음을 지적하셨습니다. 부요해 보였지만 주님 앞에는 벌거벗고 눈 먼 자와 같을 뿐이었습니다(17절). 열정이 없는 신앙생활, 곤고하고 가련한 부요함, 부족한 것이 없다고 생각했으나 실상은 가난하고 눈 멀고 벌거벗은 교회, 그것이 바로 라오디게아 교회였습니다.

미지근함

신랄한 책망을 하신 주님은 그들에게 사랑의 권면을 하시며 위로와 격려를 하십니다. 벌거벗은 것 같은 상태의 라오디게아 교회를 향해 주님은 문 밖에 서서 문을 두드리며 기다리고 계십니다(20절). 마음의 문을 열고 주님을 영접하면 그분이 들어오셔서 우리와 함께 잡수실 뿐만 아니라 우리를 소유하실 것이라고 말씀하셨습니다. 이것이 바로 전심으로 주님과 하나 되는 모습입니다. 영적인 가난함에 처한 채 열정이 식어 버리고 자만함에 빠진 교회에 주님께서 바라시는 것은 하나밖에 없습니다. 그것은 바로 미지근함을 벗어 버리고 뜨거운 열심으로 주님과 하나 되는 사랑 안에 거하는 것입니다.

오늘의 감사기도

1.
2.
3.

요한계시록 3:14-22 찬송가: 273장(구 331장)

14라오디게아 교회의 사자에게 편지하라 아멘이시요 충성되고
참된 증인이시요 하나님의 창조의 근본이신 이가 이르시되 15내
가 네 행위를 아노니 네가 차지도 아니하고 뜨겁지도 아니하도
다 네가 차든지 뜨겁든지 하기를 원하노라 16네가 이같이 미지
근하여 뜨겁지도 아니하고 차지도 아니하니 내 입에서 너를 토
하여 버리리라 17네가 말하기를 나는 부자라 부요하여 부족한
것이 없다 하나 네 곤고한 것과 가련한 것과 가난한 것과 눈 먼
것과 벌거벗은 것을 알지 못하는도다 18내가 너를 권하노니 내
게서 불로 연단한 금을 사서 부요하게 하고 흰 옷을 사서 입어
벌거벗은 수치를 보이지 않게 하고 안약을 사서 눈에 발라 보게
하라 19무릇 내가 사랑하는 자를 책망하여 징계하노니 그러므로
네가 열심을 내라 회개하라 20볼지어다 내가 문 밖에 서서 두드
리노니 누구든지 내 음성을 듣고 문을 열면 내가 그에게로 들어
가 그와 더불어 먹고 그는 나와 더불어 먹으리라 21이기는 그에
게는 내가 내 보좌에 함께 앉게 하여 주기를 내가 이기고 아버지
보좌에 함께 앉은 것과 같이 하리라 22귀 있는 자는 성령이 교회
들에게 하시는 말씀을 들을지어다

본문 관찰

1. 본문에서 라오디게아 교회를 향한 칭찬과 책망과 권면과 약속에 대한 내용을 살펴보십시오(주제별 목록 작성 참조).

2. 그리스도와 그리스도인은 서로 어떤 관계입니까(20절)?

3. 본문의 하나님은 어떤 분이십니까?

깊은 묵상

1. 주님께서 우리를 책망하시며 교훈하시는 것은 무엇 때문입니까?

2. 여러분은 주님에 대한 뜨거운 열정과 헌신의 자세로 살고 있는지 점검해 보십시오.

3. 오늘 여러분에게 주시는 특별한 말씀(깨달은 점, 느낀 점, 적용점 등)은 무엇입니까?

DATE

월 일 요일

보좌에 대한 환상

중심 단어

음성, 앉으신 이, 이십사 보좌, 이십사 장로, 일곱 영

주제별 목록 작성

하늘 보좌

2절: 보좌 위에 앉으신 이가 있다

3절: 앉으신 이의 모양이 벽옥과 홍보석 같고 또 무지개가 있어 보좌에 둘렸는데 그 모양이 녹보석 같다

4절: 보좌에 둘린 이십사 보좌들 위에 이십사 장로들이 흰 옷을 입고 머리에 금관을 쓰고 앉았다

5절: 보좌로부터 번개와 음성과 우렛소리가 나고 보좌 앞에 일곱 등불이 있다

6절: 보좌 앞에 유리 바다가 있고 보좌 가운데와 보좌 주위의 네 생물이 있다

보좌에 앉으신 이를 향한 찬양

8–9절: 네 생물의 찬양

10–11절: 이십사 장로들의 찬양

도움말

1. **하늘에 보좌(2절):** 하나님의 주권, 엄위, 왕적 통치의 상징이다. 4–5장에서 17회 언급된다.
2. **벽옥(3절):** 자줏빛이나 초록빛을 띠는 수정같이 맑고 투명한 보석을 말한다.
3. **등불 일곱(5절):** 일곱 교회와 관련해 사역하시는 성령을 말한다.

하나님의 절대 주권

아시아의 교회들은 로마 제국에 비하면 그 세력이 너무나도 작았습니다. 그들은 어려운 상황에서도 신앙을 지키기 위해 치열한 싸움을 지속해야만 했습니다. 당시 세계적 강국이었던 로마 제국은 무적의 힘을 지닌 것처럼 보였고, 로마 황제의 보좌는 절대 주권의 상징처럼 인식됐습니다. 본문은 세상의 주권자인 로마 황제의 모습과 하나님의 모습을 대비하며 하나님의 절대 주권의 우월성에 그 초점을 맞추고 있습니다. 이를 통해, 어둠의 세력이 교회를 향해 다가온다고 두려워할 필요가 없다는 것을 확인할 수 있습니다. 우주 한가운데 하나님의 보좌가 분명히 있기 때문입니다.

하나님을 향한 예배의 환상

하늘 보좌의 환상에는 예배적 이미지와 정치적 이미지가 결합돼 있었습니다. 하나님은 우주 만물의 절대 주권자이시며, 만물을 통치하시는 분인 동시에 만물의 창조자로서 찬양과 예배를 받기에 합당하신 분입니다. 네 생물은 이사야(사 6:2)의 스랍들과 에스겔의 그룹(겔 1:5–14)의 결합으로, 지상 성전의 지성소 보좌 옆에 서 있는 그룹의 원형입니다. 네 생물의 찬송과 이십사 장로들의 찬송은 하나님을 향한 경외감으로 충만했고, 만물은 하나님께 전적으로 의존해야 하는 존재임을 증거했습니다. 이로써 보좌에 앉으신 하나님에 대한 비전을 본 사람은 지상의 절대 권력을 주장하는 로마 황제의 권력이 하찮은 것임을 알게 됩니다. 또한 황제 숭배에 대해 올바른 신앙적 관점을 갖게 됩니다. 왜냐하면 황제 숭배는 거짓된 예배이며, 하늘 보좌에 계신 하나님을 향한 예배만이 참된 예배임을 알게 되기 때문입니다.

오늘의 감사기도

1.
2.
3.

요한계시록 4:1-11 찬송가: 33장(구 12장)

1이 일 후에 내가 보니 하늘에 열린 문이 있는데 내가 들은 바 처
음에 내게 말하던 나팔 소리 같은 그 음성이 이르되 이리로 올라
오라 이 후에 마땅히 일어날 일들을 내가 네게 보이리라 하시더
라 2내가 곧 성령에 감동되었더니 보라 하늘에 보좌를 베풀었고
그 보좌 위에 앉으신 이가 있는데 3앉으신 이의 모양이 벽옥과
홍보석 같고 또 무지개가 있어 보좌에 둘렸는데 그 모양이 녹보
석 같더라 4또 보좌에 둘려 이십사 보좌들이 있고 그 보좌들 위
에 이십사 장로들이 흰 옷을 입고 머리에 금관을 쓰고 앉았더라
5보좌로부터 번개와 음성과 우렛소리가 나고 보좌 앞에 켠 등불
일곱이 있으니 이는 하나님의 일곱 영이라 6보좌 앞에 수정과
같은 유리 바다가 있고 보좌 가운데와 보좌 주위에 네 생물이 있
는데 앞뒤에 눈들이 가득하더라 7그 첫째 생물은 사자 같고 그
둘째 생물은 송아지 같고 그 셋째 생물은 얼굴이 사람 같고 그
넷째 생물은 날아가는 독수리 같은데 8네 생물은 각각 여섯 날
개를 가졌고 그 안과 주위에는 눈들이 가득하더라 그들이 밤낮
쉬지 않고 이르기를 거룩하다 거룩하다 거룩하다 주 하나님 곧
전능하신 이여 전에도 계셨고 이제도 계시고 장차 오실 이시라
하고 9그 생물들이 보좌에 앉으사 세세토록 살아 계시는 이에게
영광과 존귀와 감사를 돌릴 때에 10이십사 장로들이 보좌에 앉
으신 이 앞에 엎드려 세세토록 살아 계시는 이에게 경배하고 자
기의 관을 보좌 앞에 드리며 이르되 11우리 주 하나님이여 영광
과 존귀와 권능을 받으시는 것이 합당하오니 주께서 만물을 지
으신지라 만물이 주의 뜻대로 있었고 또 지으심을 받았나이다
하더라

본문 관찰

1. 본문에서 하늘 보좌와 보좌에 앉으신 이를 향한 찬양을 살펴보십시오(주제별 목록 작성 참조).

2. 네 생물과 이십사 장로들은 하나님을 어떻게 경배하고 있습니까(8-11절)?

3. 본문의 하나님은 어떤 분이십니까?

깊은 묵상

1. 여러분은 경배받기 합당하신 하나님을 향해 어떤 찬양을 올려 드리고 있습니까?

2. 여러분은 하나님의 보좌를 인정하며 삶의 주인 되심을 온전히 고백하며 찬양하고 있는지 돌아보십시오.

3. 오늘 여러분에게 주시는 특별한 말씀(깨달은 점, 느낀 점, 적용점 등)은 무엇입니까?

DATE

월 일 요일

어린 양을 향한 찬송

중심 단어

두루마리, 일곱 인, 어린 양, 찬송

주제별 목록 작성

어린 양을 향한 환상

6절: 일찍이 죽임을 당한 것 같이 보인다/ 일곱 뿔과 일곱 눈이 있다

7절: 보좌에 앉으신 이의 오른손에서 두루마리를 취하셨다

8-10절: 네 생물과 이십사 장로들이 어린 양을 찬송하였다

11-12절: 천사들이 어린 양을 찬송하였다

13-14절: 모든 피조물이 어린 양을 찬송하였다

도움말

1. **일곱 뿔(6절):** 일곱은 완전성을, 뿔은 힘을 상징하므로 '완전한 힘', 곧 예수 그리스도의 전능하심을 상징한다.
2. **피로 사서(9절):** 대속의 피를 통해 죄에서 해방시키고 하나님의 자녀가 되게 하신 일을 가리킨다.
3. **찬송(12절):** '좋은 말로 남을 높이는 것'을 뜻한다. 하나님의 거룩함을 높이 드러내 외치는 모든 신앙 고백적 행위를 말한다.

인봉된 두루마리를 취하신 어린 양

강력한 권력을 행사하는 로마 제국에 비하면 아주 작은 공동체였던 교회들 가운데 이런 질문이 제기되고 있었습니다. '우리가 받는 박해와 고난은 의미 있는 것인가? 하나님은 교회들을 향해 어떤 계획을 갖고 계실까? 누가 우리에게 역사의 비밀에 대한 단서를 줄 수 있을 것인가?' 등입니다. 안팎으로 쓰고 일곱 인으로 봉인된 두루마리는 알려지지 않은 미래에 대한 봉인된 기록, "이 후에 마땅히 일어날 일"(계 4:1)을 알려 줍니다. 힘있는 천사는 누가 미래를 드러낼 수 있는가에 대해 큰 음성으로 질문했습니다(2절). 그러나 천사의 질문에 대답할 이가 아무도 없었고, 요한은 이로 인해 크게 울고 말았습니다(3-4절). 그때 장로 중 한 사람이 요한에게 펼쳐질 역사의 내용과 의미를 보여 줄 이가 있음을 알려 줍니다(5절). 요한이 승리의 사자를 보려고 눈을 들었을 때, 놀랍게도 거기에는 어린 양이 계셨습니다(6절).

어린 양을 향한 찬송

네 생물과 이십사 장로들 및 천사들은 합당한 자격을 가지시고 봉인된 두루마리를 취하사 공의롭게 세상을 징벌하실 어린 양 예수 그리스도를 찬송하며 경배하고 있습니다(8-12절). 예수 그리스도가 중심이 된 찬송, 그리스도의 십자가와 부활을 통한 구원이 그 내용의 핵심입니다. 십자가는 모든 찬양의 중심에 존재합니다. 어린 양만이 역사의 주권적인 열쇠를 갖고 모든 악을 물리치실 수 있는 이유는 그분이 십자가에서 악을 이기시고 승리하셨기 때문입니다. 어린 양을 향한 찬송을 통해 바른 예배는 하나님을 바르게 아는 지식에서 비롯되는 것임을 알 수 있습니다. 하나님과 그분의 어린 양이 이루신 일과 은총을 높이는 것, 그 구원의 은혜에 합당한 영광을 돌려드리는 것이 참된 예배입니다.

오늘의 감사기도

1.

2.

3.

요한계시록 5:1-14 찬송가: 12장(구 22장)

1내가 보매 보좌에 앉으신 이의 오른손에 두루마리가 있으니 안
팎으로 썼고 일곱 인으로 봉하였더라 2또 보매 힘있는 천사가
큰 음성으로 외치기를 누가 그 두루마리를 펴며 그 인을 떼기
에 합당하냐 하나 3하늘 위에나 땅 위에나 땅 아래에 능히 그 두
루마리를 펴거나 보거나 할 자가 없더라 4그 두루마리를 펴거나
보거나 하기에 합당한 자가 보이지 아니하기로 내가 크게 울었
더니 5장로 중의 한 사람이 내게 말하되 울지 말라 유대 지파의
사자 다윗의 뿌리가 이겼으니 그 두루마리와 그 일곱 인을 떼시
리라 하더라 6내가 또 보니 보좌와 네 생물과 장로들 사이에 한
어린 양이 서 있는데 일찍이 죽임을 당한 것 같더라 그에게 일곱
뿔과 일곱 눈이 있으니 이 눈들은 온 땅에 보내심을 받은 하나님
의 일곱 영이더라 7그 어린 양이 나아와서 보좌에 앉으신 이의
오른손에서 두루마리를 취하시니라 8그 두루마리를 취하시매
네 생물과 이십사 장로들이 그 어린 양 앞에 엎드려 각각 거문고
와 향이 가득한 금 대접을 가졌으니 이 향은 성도의 기도들이라
9그들이 새 노래를 불러 이르되 두루마리를 가지시고 그 인봉을
떼기에 합당하시도다 일찍이 죽임을 당하사 각 족속과 방언과
백성과 나라 가운데에서 사람들을 피로 사서 하나님께 드리시
고 10그들로 우리 하나님 앞에서 나라와 제사장들을 삼으셨으니
그들이 땅에서 왕 노릇 하리로다 하더라 11내가 또 보고 들으매
보좌와 생물들과 장로들을 둘러 선 많은 천사의 음성이 있으니
그 수가 만만이요 천천이라 12큰 음성으로 이르되 죽임을 당하
신 어린 양은 능력과 부와 지혜와 힘과 존귀와 영광과 찬송을 받
으시기에 합당하도다 하더라 13내가 또 들으니 하늘 위에와 땅
위에와 땅 아래와 바다 위에와 또 그 가운데 모든 피조물이 이르
되 보좌에 앉으신 이와 어린 양에게 찬송과 존귀와 영광과 권능
을 세세토록 돌릴지어다 하니 14네 생물이 이르되 아멘 하고 장
로들은 엎드려 경배하더라

본문 관찰

1. 본문에서 어린 양을 향한 환상을 살펴보십시오(주제별 목록 작성 참조).

2. 두루마리의 인을 뗄 수 있는 자는 누구라고 설명하고 있습니까(5절)?

3. 본문의 하나님은 어떤 분이십니까?

깊은 묵상

1. 여러분은 예수 그리스도께 영광을 올려 드리기 위해 어떤 노력을 하고 있습니까?

2. 우리를 위해 죽임당하신 어린 양 예수 그리스도의 은혜를 묵상해 보십시오.

3. 오늘 여러분에게 주시는 특별한 말씀(깨달은 점, 느낀 점, 적용점 등)은 무엇입니까?

DATE

월 일 요일

일곱 인의 심판 I

중심 단어

일곱 인 중의 하나, 둘째 인, 셋째 인, 넷째 인

주제별 목록 작성

첫째 인에서 넷째 인까지의 심판

1-2절: 첫째 인: 흰 말과 그 탄 자-나라와 나라 사이의 전쟁

3-4절: 둘째 인: 붉은 말과 그 탄 자-국가 안에서의 내란

5-6절: 셋째 인: 검은 말과 그 탄 자-황폐와 기근

7-8절: 넷째 인: 청황색 말과 그 탄 자-전염병과 지금까지의 모든 심판으로 인한 죽음

도움말

1. **면류관(2절):** 운동 경기의 우승자 혹은 전쟁 영웅에게 수여되는 화관을 가리킨다. 대개 감람나무 잎으로 만들어졌으며, 승리를 상징한다.
2. **데나리온(6절):** 당시 일반 노동자나 군인의 하루 품삯에 해당하는 로마 은화를 가리킨다.
3. **밀 한 되(6절):** 당시 성인의 하루 식량이다.

전쟁

처음 여섯 개의 인을 떼는 사건을 보면 그리스도의 초림과 재림 사이의 역사에 대해 알 수 있습니다. 그래서 이 재앙들을 예수님의 재림 직전에 나타날 칠 년 대환란으로 봅니다. 그때는 극심한 혼란과 고난이 있을 것입니다. 첫째 인을 뗄 때 나타나는 흰 말을 탄 자에 대해서는 일반적으로 흰 말을 탄 자가 나라와 나라 사이에 전쟁을 일으키며 재앙을 가져오는 것으로 해석합니다. 혹은 "이기고 또 이기려고"(2절) 하는 표현을 볼 때, 적그리스도의 모습으로 완벽히 위장한 것으로 보기도 합니다. 한편에서는 '흰 색'의 상징성, 그리고 흰 말을 탄 자의 이름이 "충신과 진실", "하나님의 말씀" 그리고 "만왕의 왕이요 만주의 주"로 나온다는 사실과 면류관과 승리가 그리스도께 속했다는 것을 근거로 해서 예수 그리스도를 상징한다고 해석하기도 합니다(계 19:11-16). 일부는 '흰 말을 탄 자'를 믿는 자에게는 구원의 소식을, 불신자에게는 심판의 소식을 가져오는 복음 전파자로 보기도 합니다. 이처럼 해석은 다양하지만 한 가지 분명한 사실은 심판이 시작되면 그 누구도 하나님의 진노를 피할 수 없다는 것입니다.

기근과 질병

검은 말이 나오는 셋째 인의 재앙은 황폐와 기근을 상징합니다(5-6절). 손에 저울을 지닌 것은 양식의 무게를 달기 위함인데, 흉년과 기근 시 곡식을 배급하기 위한 저울질을 떠올리게 합니다. 청황색은 전통적으로 죽은 시체의 색으로 인식돼 온 까닭에, 청황색 말은 공포와 질병으로 인한 사망을 상징합니다(8절). 그들은 검과 흉년과 사망과 땅의 짐승으로 인구의 사분의 일을 죽일 권세를 받았습니다. 하지만 심판과 재앙의 때가 오더라도 슬기롭게 대처하는 길은 오직 믿음으로 사는 것뿐입니다.

오늘의 감사기도

1.
2.
3.

요한계시록 6:1–8 찬송가: 491장(구 543장)

1내가 보매 어린 양이 일곱 인 중의 하나를 떼시는데 그 때에 내
가 들으니 네 생물 중의 하나가 우렛소리 같이 말하되 오라 하기
로 2이에 내가 보니 흰 말이 있는데 그 탄 자가 활을 가졌고 면
류관을 받고 나아가서 이기고 또 이기려고 하더라 3둘째 인을
떼실 때에 내가 들으니 둘째 생물이 말하되 오라 하니 4이에 다
른 붉은 말이 나오더라 그 탄 자가 허락을 받아 땅에서 화평을
제하여 버리며 서로 죽이게 하고 또 큰 칼을 받았더라 5셋째 인
을 떼실 때에 내가 들으니 셋째 생물이 말하되 오라 하기로 내
가 보니 검은 말이 나오는데 그 탄 자가 손에 저울을 가졌더라
6내가 네 생물 사이로부터 나는 듯한 음성을 들으니 이르되 한
데나리온에 밀 한 되요 한 데나리온에 보리 석 되로다 또 감람유
와 포도주는 해치지 말라 하더라 7넷째 인을 떼실 때에 내가 넷
째 생물의 음성을 들으니 말하되 오라 하기로 8내가 보매 청황
색 말이 나오는데 그 탄 자의 이름은 사망이니 음부가 그 뒤를
따르더라 그들이 땅 사분의 일의 권세를 얻어 검과 흉년과 사망
과 땅의 짐승들로써 죽이더라

본문 관찰

1. 본문에서 첫째 인에서 넷째 인까지의 심판에 대한 내용을 살펴보십시오(주제별 목록 작성 참조).

2. 셋째 인을 뗄 때 나온 검은 말이 의미하는 것은 무엇입니까(5–6절, 메시지 참조)?

3. 본문의 하나님은 어떤 분이십니까?

깊은 묵상

1. 인을 뗄 때 일어나는 일들을 극복할 믿음을 갖기 위해 여러분은 어떤 기도를 하고 있습니까?

2. 여러분은 하나님의 심판이 반드시 있을 것을 분명히 믿고 있는지 점검해 보십시오.

3. 오늘 여러분에게 주시는 특별한 말씀(깨달은 점, 느낀 점, 적용점 등)은 무엇입니까?

DATE

월 일 요일

일곱 인의 심판 Ⅱ

중심 단어

다섯째 인, 피, 여섯째 인, 진노의 큰 날

주제별 목록 작성

다섯째 인에서 여섯째 인까지의 심판

9-10절: 다섯째 인과 순교자들의 탄원

11절: 탄원에 대한 하나님의 응답

12-14절: 여섯째 인과 천재지변

15-17절: 재앙을 받는 사람들의 두려움 가운데의 외침

도움말

1. **갚아 주지(10절):** '법정에서 공정하게 판결하다'라는 뜻이다. 결국 공의로운 법에 따라 벌해 달라는 의미다.
2. **자유인(15절):** 사회적으로나 정치적으로 남에게 속박되지 않은 자를 가리킨다.

다섯째 인과 순교자들의 호소

다섯째 인을 떼자 또 다른 말이 나오는 대신 순교자의 영혼들이 나타나는데 그들은 순교자의 피가 정당함을 입증해 달라고 호소합니다(9-10절). 이에 대해 하나님은 순교자의 수가 차면 그에 대해 보응해 주실 것이라고 말씀하십니다. 다섯째 인은 성도들이 받는 박해를 다루고 있습니다. 고난과 박해의 때에 성도들이 지녀야 할 자세는 바로 '인내'입니다. 믿음을 지키는 자들에 대해 하나님은 반드시 보상하십니다. 교회사의 기록을 보면 믿음을 지키는 것이 때로는 죽음을 각오해야 할 만큼 힘든 일이었음을 알 수 있습니다. 세상이 칼과 무력으로 교회를 박해할 때도 끝까지 믿음을 지킨 이들의 신앙은 참으로 아름답습니다.

여섯째 인과 재앙

재앙이 더해질수록 그 규모와 강도 그리고 범위가 확대됩니다. 여섯째 인을 뗀 후에는 큰 지진이 일어나고, 간담이 서늘해지는 우주적 격동이 일어납니다. 해가 검어지고 달은 붉어지며, 별이 떨어지고 하늘은 붕괴됩니다. 모든 산과 섬은 제자리에서 이동합니다(12-14절). 그래서 재앙을 받는 사람들은 점점 더 극심한 환란 가운데 있게 됩니다. 그러나 오늘 말씀을 묵상할 때 이를 문자적으로만 해석할 것이 아니라, 사회 · 정치적 대격변을 묵시적 이미지로 묘사한 것이라는 관점도 놓치지 않도록 주의해야 합니다. 재앙의 점진적 강화와 하나님의 심판의 두려움은 분명한 것입니다. 우리는 그날을 대비하기 위해 믿음을 굳게 하고 인내하며 시험을 이겨 내야 합니다.

오늘의 감사기도

1.
2.
3.

요한계시록 6:9–17　찬송가: 435장(구 492장)

9다섯째 인을 떼실 때에 내가 보니 하나님의 말씀과 그들이 가
진 증거로 말미암아 죽임을 당한 영혼들이 제단 아래에 있어
10큰 소리로 불러 이르되 거룩하고 참되신 대주재여 땅에 거하
는 자들을 심판하여 우리 피를 갚아 주지 아니하시기를 어느 때
까지 하시려 하나이까 하니 11각각 그들에게 흰 두루마기를 주시
며 이르시되 아직 잠시 동안 쉬되 그들의 동무 종들과 형제들도
자기처럼 죽임을 당하여 그 수가 차기까지 하라 하시더라 12내
가 보니 여섯째 인을 떼실 때에 큰 지진이 나며 해가 검은 털로
짠 상복 같이 검어지고 달은 온통 피 같이 되며 13하늘의 별들
이 무화과나무가 대풍에 흔들려 설익은 열매가 떨어지는 것 같
이 땅에 떨어지며 14하늘은 두루마리가 말리는 것 같이 떠나가
고 각 산과 섬이 제 자리에서 옮겨지매 15땅의 임금들과 왕족들
과 장군들과 부자들과 강한 자들과 모든 종과 자유인이 굴과 산
들의 바위 틈에 숨어 16산들과 바위에게 말하되 우리 위에 떨어
져 보좌에 앉으신 이의 얼굴에서와 그 어린 양의 진노에서 우리
를 가리라 17그들의 진노의 큰 날이 이르렀으니 누가 능히 서리
요 하더라

※ 요한계시록 7–17장은 심판하시는 하나님과 악의 영들의 종말을 보여 주고 있습니다. 많은 상징적 표현들로 해석상의 다양한 주장이 있으므로 이 부분은 개인적으로 통독하며 묵상하시기 바랍니다.

본문 관찰

1. 본문에서 다섯째 인에서 여섯째 인까지의 심판에 대한 내용을 살펴보십시오(주제별 목록 작성 참조).

2. 땅의 임금들과 왕족들과 장군들과 부자들과 강한 자들의 태도(16절)를 순교자의 태도(10절)와 비교해 보십시오.

3. 본문의 하나님은 어떤 분이십니까?

깊은 묵상

1. 여러분은 하나님 앞에 감추고 싶은 부분이 있습니까? 있다면 무엇입니까?

2. 여러분은 박해와 고난을 겪을 때도 끝까지 믿음을 굳게 지키고 있는지 돌아보십시오.

3. 오늘 여러분에게 주시는 특별한 말씀(깨달은 점, 느낀 점, 적용점 등)은 무엇입니까?

DATE

월 일 요일

바벨론의 멸망

중심 단어

바벨론, 진노의 포도주, 재앙, 심판

주제별 목록 작성

바벨론의 멸망

1절: 큰 권세를 가진 다른 천사가 하늘에서 내려 왔다

2절: 큰 성 바벨론의 무너짐을 외쳤다

3절: 음행의 진노의 포도주로 말미암아 무너졌다

도움말

1. **무너졌으며(3절):** '마시다, 술취하다'라는 뜻이다.
2. **음행하였으며(3절):** 단순히 육체적인 성범죄뿐만 아니라 영적으로 신랑 되신 예수 그리스도를 저버리고 우상을 숭배하는 배교 행위를 가리킨다.
3. **사무쳤으며(5절):** 이는 큰 성 바벨론의 죄악이 땅에 가득 차고 쌓여서 마침내 하늘에까지 닿게 됐다는 뜻이다.

멸망의 예언

사도 요한은 18장 전체에서 예언적 과거 시제를 사용하고 있습니다. 이는 하나님의 심판이 너무도 확실하여 마치 지금 일어나고 있는 것처럼 생생했기 때문입니다. 사람들은 바벨론을 상징하는 로마 제국을 '영원한 도시'라고 부르며 불사신처럼 여겼습니다. 그러나 요한은 악에 대한 하나님의 의로운 심판을 믿었고, 바벨론이 망하리라는 구약 성경의 예언이 부분적으로 이뤄졌기에(사 13:19, 21:9) 확신을 갖고 로마의 멸망을 예언할 수 있었습니다. 바벨론의 멸망을 알리기 위해 보냄을 받은 천사는 큰 권세와 광채를 지니고 있었습니다(1절). 그는 심지어 바벨론이 이미 망해 그곳이 악한 영과 더러운 새가 모이는 곳이 됐다고 선포했습니다(2절). 이런 멸망의 선포는 바벨론의 불순종과 사치와 음행에 근거하고 있습니다. 자신의 향락과 사치만을 추구하는 죄악 된 인간의 왕국은 결코 영원할 수 없습니다.

구원의 음성

멸망의 선언과 동시에, 하나님의 백성을 향해 바벨론에서 나오라고 명하는 또 다른 음성이 들려왔습니다. 하나님의 천사는 바벨론의 심판을 선포하며 성도들을 향해 죄에 참여하지 말고, 그들이 받을 재앙에서 벗어나도록 촉구했습니다(4절). 하나님은 바벨론의 죄를 정확하게 기억하고 계시며 그들이 받아 마땅한 것, 더 나아가서는 그보다 훨씬 더한 심판을 내리실 것입니다(5-6절). 바울이 하나님을 믿지 않는 이들과 멍에를 같이 메지 말라고 했던 것을 기억하십시오(고후 6:14). 자아도취에 빠져서 자기 자랑만을 일삼는 악의 세력에 빠져서는 안 될 것입니다.

오늘의 감사기도

1.
2.
3.

요한계시록 18:1-8 찬송가: 348장(구 388장)

1이 일 후에 다른 천사가 하늘에서 내려 오는 것을 보니 큰 권세
를 가졌는데 그의 영광으로 땅이 환하여지더라 2힘찬 음성으로
외쳐 이르되 무너졌도다 무너졌도다 큰 성 바벨론이여 귀신의
처소와 각종 더러운 영이 모이는 곳과 각종 더럽고 가증한 새들
이 모이는 곳이 되었도다 3그 음행의 진노의 포도주로 말미암아
만국이 무너졌으며 또 땅의 왕들이 그와 더불어 음행하였으며
땅의 상인들도 그 사치의 세력으로 치부하였도다 하더라 4또 내
가 들으니 하늘로부터 다른 음성이 나서 이르되 내 백성아, 거
기서 나와 그의 죄에 참여하지 말고 그가 받을 재앙들을 받지 말
라 5그의 죄는 하늘에 사무쳤으며 하나님은 그의 불의한 일을
기억하신지라 6그가 준 그대로 그에게 주고 그의 행위대로 갑절
을 갚아 주고 그가 섞은 잔에도 갑절이나 섞어 그에게 주라 7그
가 얼마나 자기를 영화롭게 하였으며 사치하였든지 그만큼 고
통과 애통함으로 갚아 주라 그가 마음에 말하기를 나는 여왕으
로 앉은 자요 과부가 아니라 결단코 애통함을 당하지 아니하리
라 하니 8그러므로 하루 동안에 그 재앙들이 이르리니 곧 사망
과 애통함과 흉년이라 그가 또한 불에 살라지리니 그를 심판하
시는 주 하나님은 강하신 자이심이라

본문 관찰

1. 본문에서 바벨론의 멸망에 대한 내용을 살펴보십시오(주제별 목록 작성 참조).

2. 권세를 가진 한 천사가 하늘에서 내려오면서 무엇이 무너졌다고 외쳤습니까(2절)?

3. 본문의 하나님은 어떤 분이십니까?

깊은 묵상

1. 여러분이 자아도취에 빠져 자기 자랑만을 일삼고 있는 것에는 무엇이 있습니까?

2. 바벨론 왕국의 멸망을 통해 하나님의 엄위하신 심판을 묵상해 보십시오.

3. 오늘 여러분에게 주시는 특별한 말씀(깨달은 점, 느낀 점, 적용점 등)은 무엇입니까?

DATE

월　　일　　요일

심판 앞에 선 사람들

중심 단어

땅의 왕들, 화 있도다, 땅의 상인들, 한 힘 센 천사

주제별 목록 작성

심판으로 인한 탄식

9–10절: 땅의 왕들이 통곡하고 두려워하였다

15–17절: 상인들이 울고 애통해하였다

17–19절: 모든 선장, 선객, 선원들과 바다에서 일하는 자들이 울며 애통해하였다

멸망의 이유

20절: 하나님이 심판을 행하셨기 때문이다

23절: 복술로 말미암아 미혹되었기 때문이다

24절: 순교자들의 피 때문이다

도움말

1. **상인(11절):** 무리를 지어 낙타를 타고 사막을 이동하며 장사하던 대상(隊商)을 말한다. 각 나라의 권력자를 상대로 장사하고 많은 재물을 축적했다.
2. **세공업자(22절):** 단순히 금속을 세공(細工)하는 자뿐만 아니라 모든 기술자를 통칭한다.
3. **복술(23절):** 환각에 빠지는 약을 먹고 환상을 보며 점을 치는 행위를 말하며, 여기서는 모든 마술이나 주술적 행위를 뜻한다.

심판을 애통하는 사람들

바벨론의 심판으로 애통하는 사람들은 바벨론과 함께 음행하고 사치했으며 경제적으로 큰 이득을 얻었던 사람들입니다. 바벨론 안에서 즐거워하던 이들은 이제 그곳에서 멀리 떨어져 두려움 가운데 울게 될 것입니다. 땅의 왕들, 땅의 상인들 그리고 세상의 뱃사람들이 바벨론의 멸망을 애도할 것입니다. 그들의 말은 "화 있도다 큰 성이여"(16절)라는 탄식으로 끝이 납니다. "한 시간에"(19절) 그것이 망하였기 때문입니다. 견고한 성의 왕들은 바벨론의 음행과 사치에 참여한 죄로 인해 애곡할 것입니다. 경제 붕괴의 현장을 바라보는 땅의 상인들은 순식간에 망한 부로 인해 애곡할 것입니다. 세상의 뱃사람들 역시 멀리 서서 바벨론의 부와 그들의 이익이 한순간에 사라지는 것을 보고 울 것입니다. 바벨론은 인류의 역사 전체에 걸쳐 흥왕해 왔으나, 그 어느 시대의 바벨론이든 실상은 모두 허영뿐이었습니다. A.D. 1세기의 바벨론은 바로 로마 제국을 가리킵니다.

심판을 즐거워하는 사람들

바벨론 멸망 기사의 절정은 왕들과 무역상들과 선원들의 비탄이 아니라, 하나님의 종들의 기쁨에 찬 찬양에 있습니다(20절). 바벨론으로 상징되던 로마 제국의 멸망은 로마의 풍요를 누리던 세 부류의 사람들(왕들, 상인들, 선원들)에게는 슬픔이었지만, 하늘에 속한 성도와 사도 그리고 선지자들에게는 바라던 소망이 이뤄지는 시간이자 기쁨의 시간이었습니다. 왜냐하면 진리 가운데 있음으로 인해 바벨론으로부터 억압을 당한 선지자들과 성도들이 땅 위에서 죽임을 당한 순교의 피로 의롭게 여김을 받았기 때문입니다.

오늘의 감사기도

1.

2.

3.

요한계시록 18:9-24 찬송가: 292장(구 415장)

9그와 함께 음행하고 사치하던 땅의 왕들이 그가 불타는 연기
를 보고 위하여 울고 가슴을 치며 10그의 고통을 무서워하여 멀
리 서서 이르되 화 있도다 화 있도다 큰 성, 견고한 성 바벨론이
여 한 시간에 네 심판이 이르렀다 하리로다 11땅의 상인들이 그
를 위하여 울고 애통하는 것은 다시 그들의 상품을 사는 자가 없
음이라 12그 상품은 금과 은과 보석과 진주와 세마포와 자주 옷
감과 비단과 붉은 옷감이요 각종 향목과 각종 상아 그릇이요 값
진 나무와 구리와 철과 대리석으로 만든 각종 그릇이요 13계피
와 향료와 향과 향유와 유향과 포도주와 감람유와 고운 밀가루
와 밀이요 소와 양과 말과 수레와 종들과 사람의 영혼들이라
14바벨론아 네 영혼이 탐하던 과일이 네게서 떠났으며 맛있
는 것들과 빛난 것들이 다 없어졌으니 사람들이 결코 이것들을
다시 보지 못하리로다 15바벨론으로 말미암아 치부한 이 상품
의 상인들이 그의 고통을 무서워하여 멀리 서서 울고 애통하여
16이르되 화 있도다 화 있도다 큰 성이여 세마포 옷과 자주 옷
과 붉은 옷을 입고 금과 보석과 진주로 꾸민 것인데 17그러한 부
가 한 시간에 망하였도다 모든 선장과 각처를 다니는 선객들과
선원들과 바다에서 일하는 자들이 멀리 서서 18그가 불타는 연
기를 보고 외쳐 이르되 이 큰 성과 같은 성이 어디 있느냐 하며
19티끌을 자기 머리에 뿌리고 울며 애통하여 외쳐 이르되 화 있
도다 화 있도다 이 큰 성이여 바다에서 배 부리는 모든 자들이
너의 보배로운 상품으로 치부하였더니 한 시간에 망하였도다
20하늘과 성도들과 사도들과 선지자들아, 그로 말미암아 즐거워
하라 하나님이 너희를 위하여 그에게 심판을 행하셨음이라 하
더라 21이에 한 힘 센 천사가 큰 맷돌 같은 돌을 들어 바다에 던
져 이르되 큰 성 바벨론이 이같이 비참하게 던져져 결코 다시 보
이지 아니하리로다 22또 거문고 타는 자와 풍류하는 자와 퉁소
부는 자와 나팔 부는 자들의 소리가 결코 다시 네 안에서 들리
지 아니하고 어떠한 세공업자든지 결코 다시 네 안에서 보이지
아니하고 또 맷돌 소리가 결코 다시 네 안에서 들리지 아니하고
23등불 빛이 결코 다시 네 안에서 비치지 아니하고 신랑과 신부
의 음성이 결코 다시 네 안에서 들리지 아니하리로다 너의 상인
들은 땅의 왕족들이라 네 복술로 말미암아 만국이 미혹되었도
다 24선지자들과 성도들과 및 땅 위에서 죽임을 당한 모든 자의
피가 그 성 중에서 발견되었느니라 하더라

본문 관찰

1. 본문에서 심판으로 인한 탄식과 멸망의 이유에 대한 내용을 찾아 살펴보십시오(주제별 목록 작성 참조).

2. 바벨론이 멸망하는 데 얼마의 시간이 걸린다고 말합니까(10, 17, 19절)?

3. 본문의 하나님은 어떤 분이십니까?

깊은 묵상

1. 여러분은 진리 위에 온전히 서기 위해 무엇을 실천하고 있습니까?

2. 여러분은 하나님의 심판 앞에서 어떤 모습으로 서 있는지 점검해 보십시오.

3. 오늘 여러분에게 주시는 특별한 말씀(깨달은 점, 느낀 점, 적용점 등)은 무엇입니까?

DATE

월 일 요일

하나님을 향한 찬송

중심 단어

음성, 할렐루야, 하나님, 어린 양, 세마포, 혼인 잔치

주제별 목록 작성

할렐루야 찬송

1절: 하늘에 허다한 무리의 큰 음성 같은 것이다

3절: 할렐루야 찬양 후 그 연기가 세세토록 올라갔다

4절: 이십사 장로와 네 생물이 엎드려 경배하였다

6절: 허다한 무리의 음성과도 같고 많은 물 소리와도 같고 큰 우렛소리와도 같다

도움말

1. **할렐루야(1절)**: '여호와를 찬양하여라'는 뜻의 불변사다. 구약 성경에서는 주로 하나님을 찬양하는 시편의 매 구절 끝에 후렴 형식으로 붙었는데, 이후로 하나님의 능력을 찬양할 때 감탄사 형식으로 사용된다.
2. **전능하신 이(6절)**: '모든 만물을 다스리는 능력자'를 의미한다. 이는 우주적이고 절대적인 능력을 지니신 하나님의 우월성을 강조해 준다.
3. **예언의 영(10절)**: '성령'을 가리킨다. 여기서는 예수 그리스도에 대한 증거는 성령이 주체가 되어 성령을 통해서만 이뤄지는 것이며, 모든 성도는 도구에 불과하다는 뜻이다.

바벨론의 멸망에 대한 찬송

무너지고 불타 버린 바벨론의 심판 이후에 그와 대조되는 장면이 나옵니다. 요한은 "하늘에 허다한 무리의 큰 음성 같은 것"(1절)이 "할렐루야"(1절) 하고 외치는 것을 들었습니다. 오늘 말씀은 우리가 왜 하나님을 찬양해야 하는지에 대해 기록하고 있습니다. 그것은 구원과 영광과 능력이 하나님께 속해 있기 때문이며, 그분의 심판이 참되고 의롭기 때문입니다. 또한 음행으로 하나님의 백성을 죽기까지 핍박하고 세상을 더럽힌 큰 음녀를 심판하셨기 때문입니다(2절). 이제 하나님은 그분의 종들의 피를 갚아 주셨습니다. 이십사 장로들과 네 생물도 엎드려 경배하면서, "아멘 할렐루야"(4절)로 하나님의 정의가 입증됨을 찬양했습니다.

어린 양의 혼인 잔치에 대한 찬송

전능하신 하나님의 의로운 통치와 심판으로 인해 새로운 찬양의 이유와 주제가 드러났습니다. 어린 양의 혼인 기약이 이르렀고 신부가 자신을 준비했기 때문입니다(7절). 음녀가 심판을 받은 것과 어린 양의 신부가 예비하는 모습은 또 한 번의 대조를 이룹니다. 즉, "빛나고 깨끗한 세마포"(8절)로 단장한 신부의 모습은 하나님의 백성의 "옳은 행실"(8절)을 나타냅니다. 그때 한 천사가 요한에게 "어린 양의 혼인 잔치에 청함을 받은 자들은 복이 있도다"(9절)라고 기록할 것을 지시했습니다. 이때 요한이 천사의 명령에 압도돼 그에게 경배하려 하자, 천사는 이를 만류하며 자신은 종일 뿐이니 오직 하나님께만 경배하라고 말했습니다(10절).

오늘의 감사기도

1.
2.
3.

요한계시록 19:1-10 찬송가: 14장(구 30장)

1이 일 후에 내가 들으니 하늘에 허다한 무리의 큰 음성 같은 것
이 있어 이르되 할렐루야 구원과 영광과 능력이 우리 하나님께
있도다 2그의 심판은 참되고 의로운지라 음행으로 땅을 더럽게
한 큰 음녀를 심판하사 자기 종들의 피를 그 음녀의 손에 갚으셨
도다 하고 3두 번째로 할렐루야 하니 그 연기가 세세토록 올라
가더라 4또 이십사 장로와 네 생물이 엎드려 보좌에 앉으신 하
나님께 경배하여 이르되 아멘 할렐루야 하니 5보좌에서 음성이
나서 이르시되 하나님의 종들 곧 그를 경외하는 너희들아 작은
자나 큰 자나 다 우리 하나님께 찬송하라 하더라 6또 내가 들으
니 허다한 무리의 음성과도 같고 많은 물 소리와도 같고 큰 우렛
소리와도 같은 소리로 이르되 할렐루야 주 우리 하나님 곧 전능
하신 이가 통치하시도다 7우리가 즐거워하고 크게 기뻐하며 그
에게 영광을 돌리세 어린 양의 혼인 기약이 이르렀고 그의 아내
가 자신을 준비하였으므로 8그에게 빛나고 깨끗한 세마포 옷을
입도록 허락하셨으니 이 세마포 옷은 성도들의 옳은 행실이로
다 하더라 9천사가 내게 말하기를 기록하라 어린 양의 혼인 잔
치에 청함을 받은 자들은 복이 있도다 하고 또 내게 말하되 이
것은 하나님의 참되신 말씀이라 하기로 10내가 그 발 앞에 엎드
려 경배하려 하니 그가 나에게 말하기를 나는 너와 및 예수의 증
언을 받은 네 형제들과 같이 된 종이니 삼가 그리하지 말고 오직
하나님께 경배하라 예수의 증언은 예언의 영이라 하더라

본문 관찰

1. 본문에서 할렐루야 찬송에 대한 내용을 살펴보십시오(주제별 목록 작성 참조).

2. 혼인 잔치에 참여하려면 무엇을 준비해야 합니까(8절)?

3. 본문의 하나님은 어떤 분이십니까?

깊은 묵상

1. 지금 여러분이 엎드려 경배하며 찬송하는 대상은 누구입니까?

2. 하나님의 통치 속에서 준비된 혼인 잔치에 임하는 신부의 모습을 묵상해 보십시오.

3. 오늘 여러분에게 주시는 특별한 말씀(깨달은 점, 느낀 점, 적용점 등)은 무엇입니까?

DATE

월 일 요일

하나님의 승리와 심판

중심 단어

백마와 그것을 탄 자, 공의, 심판, 검, 하나님의 큰 잔치

주제별 목록 작성

그분에 대한 묘사와 이름들

11절: 이름–충신과 진실

12절: 묘사–불꽃 같은 눈, 머리에 많은 면류관/ 이름–자기밖에 아는 자가 없다

13절: 묘사–피 뿌린 옷을 입었다/ 이름–하나님의 말씀

15절: 묘사–입에서 나온 예리한 검

16절: 이름–만왕의 왕이요 만주의 주

도움말

1. **충신과 진실(11절):** 그리스도는 하나님의 뜻대로 진실되게 행하시는 분으로, 참된 구주이심을 의미한다.
2. **자기밖에 아는 자가 없고(12절):** 그 이름의 의미를 알 수 없는 것으로, 정체성이 다 드러나지 않음을 말한다.
3. **예리한 검(15절):** 날카로운 검으로, 악인을 심판하는 말씀을 의미한다.
4. **태양 안에 서서(17절):** 하늘 한가운데, 즉 공중에 서 있다는 의미다.
5. **전쟁(19절):** 사탄의 세력과 하나님의 군사가 최후의 일전을 벌일 아마겟돈 전쟁을 가리킨다.

그분의 이름

오늘 말씀은 주님에 대해 알려 줍니다. 첫째, 충신과 진실이십니다(11절). 그분은 하나님에 대한 충성을 결코 타협한 적이 없는 신실하신 분입니다. 주님은 하나님의 언약과 약속을 온전히 이루셨습니다. 둘째, 자기밖에 아는 자가 없다는 것은 그분의 정체성이 감춰져 있음을 말합니다(12절). 마지막 날이 이르면 그분이 우리를 아는 것처럼 우리도 그분을 알게 될 것입니다(고전 13:12). 셋째, 하나님의 말씀이십니다(13절). 우리가 언어를 통해 서로의 존재와 생각과 뜻을 알 수 있듯이, 예수 그리스도는 하나님께서 누구신지를 알게 하는 하나님의 말씀이십니다. 넷째, 만왕의 왕이요 만주의 주이십니다(16절). 오직 주님만이 모든 정사와 권세와 능력 위에 뛰어나시며 참으로 의로운 통치를 하는 메시아이십니다.

멸망당하는 두 짐승

"하나님의 큰 잔치"(17절)는 "어린 양의 혼인 잔치"(계 19:9)와 대조적입니다. 모인 자들은 독수리와 썩은 고기를 먹는 다른 새들이 될 것이고, 음식은 왕들과 장군들과 장사들 등의 살입니다(18절). 그리고 이어지는 전쟁은 하나님의 군대와 마귀의 군대가 대치하는 아마겟돈의 시작을 보여 줍니다(19절). 그러나 주님이 승리하셨기 때문에 전쟁은 일어나지 않고 심판의 순간이 다가옵니다. 바다에서 나온 짐승은 잡히고 그와 함께 땅에서 올라온 짐승도 잡혀 유황이 타는 불못에 산 채로 던져집니다(20절). 짐승의 나머지 군대는 백마 탄 자의 입에서 나오는 검으로 죽임을 당하고, 모든 새가 그들을 먹는 장면이 이어집니다(21절). 이는 그분이 당신의 말씀으로 악을 이기리라는 것과 결국에 악은 완전히 멸망한다는 사실을 분명히 보여 줍니다.

오늘의 감사기도

1.
2.
3.

요한계시록 19:11-21 찬송가: 37장

11또 내가 하늘이 열린 것을 보니 보라 백마와 그것을 탄 자가 있
으니 그 이름은 충신과 진실이라 그가 공의로 심판하며 싸우더
라 12그 눈은 불꽃 같고 그 머리에는 많은 관들이 있고 또 이름
쓴 것 하나가 있으니 자기밖에 아는 자가 없고 13또 그가 피 뿌
린 옷을 입었는데 그 이름은 하나님의 말씀이라 칭하더라 14하
늘에 있는 군대들이 희고 깨끗한 세마포 옷을 입고 백마를 타고
그를 따르더라 15그의 입에서 예리한 검이 나오니 그것으로 만
국을 치겠고 친히 그들을 철장으로 다스리며 또 친히 하나님 곧
전능하신 이의 맹렬한 진노의 포도주 틀을 밟겠고 16그 옷과 그
다리에 이름을 쓴 것이 있으니 만왕의 왕이요 만주의 주라 하였
더라 17또 내가 보니 한 천사가 태양 안에 서서 공중에 나는 모든
새를 향하여 큰 음성으로 외쳐 이르되 와서 하나님의 큰 잔치에
모여 18왕들의 살과 장군들의 살과 장사들의 살과 말들과 그것
을 탄 자들의 살과 자유인들이나 종들이나 작은 자나 큰 자나 모
든 자의 살을 먹으라 하더라 19또 내가 보매 그 짐승과 땅의 임
금들과 그들의 군대들이 모여 그 말 탄 자와 그의 군대와 더불어
전쟁을 일으키다가 20짐승이 잡히고 그 앞에서 표적을 행하던
거짓 선지자도 함께 잡혔으니 이는 짐승의 표를 받고 그의 우상
에게 경배하던 자들을 표적으로 미혹하던 자라 이 둘이 산 채로
유황불 붙는 못에 던져지고 21그 나머지는 말 탄 자의 입으로부
터 나오는 검에 죽으매 모든 새가 그들의 살로 배불리더라

본문 관찰

1. 본문에서 그분에 대한 묘사와 이름들에 대한 내용을 살펴보십시오(주제별 목록 작성 참조).

2. 백마를 탄 자는 무엇으로 심판하시며 싸우십니까(11절)?

3. 본문의 하나님은 어떤 분이십니까?

깊은 묵상

1. 여러분은 주님의 이름을 드러내는 하나님의 자녀로 살아가기 위해 어떤 노력을 하고 있습니까?

2. 여러분은 어려움을 당할 때, 하나님의 심판과 최후 승리를 묵상하며 하나님을 향한 믿음을 굳건히 붙들고 있는지 돌아보십시오.

3. 오늘 여러분에게 주시는 특별한 말씀(깨달은 점, 느낀 점, 적용점 등)은 무엇입니까?

DATE

월 일 요일

천 년 왕국과 최후의 심판

중심 단어

용, 천 년, 제사장, 태워버리다, 생명책, 심판

주제별 목록 작성

천 년 동안 일어날 일

2절: 사탄은 천 년 동안 결박된다

3절: 만국은 천 년이 차도록 다시는 미혹을 당하지 않는다

4, 6절: 부활한 성도들과 순교자들은 그리스도와 함께 천 년 동안 왕 노릇 할 것이다/ 동일하게 부활한 자들이 하나님과 그리스도의 제사장이 되어 천 년 동안 그리스도와 더불어 왕 노릇 할 것이다

도움말

1. **목 베임을 당한 자(4절)**: '(도끼로) 목을 베다'라는 뜻이다. 당시 순교자들의 처참한 죽음을 생생하게 묘사하고 있다.

천 년 왕국과 사탄의 멸망

오늘 말씀은 천 년 왕국에 대한 내용입니다. 이 천 년이 넘는 교회사를 보면 천 년 왕국이 도래하는 시점에 대한 많은 논쟁이 있었고, 그것이 이단으로 변질되는 경우가 많았습니다. 그러나 이 본문은 논쟁의 소재가 아닌 천 년 왕국을 통해 이 땅에 임할 하나님의 통치를 선포하는 말씀이라는 사실을 기억해야 합니다. 천 년이라는 긴 시간 동안 사탄의 세력을 눌러 놓으실 것이라는 말씀을 통해, 사탄의 통치가 무너지고 하나님의 통치가 세워질 것임을 다시 확인하게 됩니다(2절). 결국 사탄은 하늘에서 땅으로 내쫓기고, 땅에서 무저갱으로 던져집니다. 사탄은 무저갱에서 다시 놓여 만국을 미혹하고 하나님께 대항하며 전쟁을 벌이지만(7–8절), 결국에는 잡혀서 불못에 던져질 것입니다(9–10절).

최후의 심판

최후의 심판 장면으로 몇 가지 사실을 알 수 있습니다. 먼저 하나님은 예수 그리스도를 통해 심판하는 심판주가 되십니다. 모든 사람은 하나님 앞에 심판을 받으며, 그 기준은 행위의 책과 생명의 책을 통해 시행됩니다(12절). 심판의 결과는 둘로 나뉘는데, 하나는 불못이고 다른 하나는 새 하늘과 새 땅입니다. 심판의 기준은 오직 그리스도를 믿는 믿음으로 결정되며, 하나님의 은혜로만 의롭다 함을 입을 수 있습니다. 그와 동시에 우리는 선행에 의해 심판받을 것입니다. 그러므로 우리의 삶과 행위가 책에 그대로 기록된다는 사실을 명심해야 합니다. 심판의 날은 공개적으로 임할 것이며, 선행은 우리 믿음의 진정성을 입증하는 증거가 될 것입니다.

오늘의 감사기도

1.

2.

3.

요한계시록 20:1-15 찬송가: 177장(구 164장)

1또 내가 보매 천사가 무저갱의 열쇠와 큰 쇠사슬을 그의 손에
가지고 하늘로부터 내려와서 2용을 잡으니 곧 옛 뱀이요 마귀요
사탄이라 잡아서 천 년 동안 결박하여 3무저갱에 던져 넣어 잠
그고 그 위에 인봉하여 천 년이 차도록 다시는 만국을 미혹하지
못하게 하였는데 그 후에는 반드시 잠깐 놓이리라 4또 내가 보
좌들을 보니 거기에 앉은 자들이 있어 심판하는 권세를 받았더
라 또 내가 보니 예수를 증언함과 하나님의 말씀 때문에 목 베임
을 당한 자들의 영혼들과 또 짐승과 그의 우상에게 경배하지 아
니하고 그들의 이마와 손에 그의 표를 받지 아니한 자들이 살아
서 그리스도와 더불어 천 년 동안 왕 노릇 하니 5(그 나머지 죽
은 자들은 그 천 년이 차기까지 살지 못하더라) 이는 첫째 부활
이라 6이 첫째 부활에 참여하는 자들은 복이 있고 거룩하도다
둘째 사망이 그들을 다스리는 권세가 없고 도리어 그들이 하나
님과 그리스도의 제사장이 되어 천 년 동안 그리스도와 더불어
왕 노릇 하리라 7천 년이 차매 사탄이 그 옥에서 놓여 8나와서
땅의 사방 백성 곧 곡과 마곡을 미혹하고 모아 싸움을 붙이리니
그 수가 바다의 모래 같으리라 9그들이 지면에 널리 퍼져 성도
들의 진과 사랑하시는 성을 두르매 하늘에서 불이 내려와 그들
을 태워버리고 10또 그들을 미혹하는 마귀가 불과 유황 못에 던
져지니 거기는 그 짐승과 거짓 선지자도 있어 세세토록 밤낮 괴
로움을 받으리라 11또 내가 크고 흰 보좌와 그 위에 앉으신 이를
보니 땅과 하늘이 그 앞에서 피하여 간 데 없더라 12또 내가 보
니 죽은 자들이 큰 자나 작은 자나 그 보좌 앞에 서 있는데 책들
이 펴 있고 또 다른 책이 펴졌으니 곧 생명책이라 죽은 자들이
자기 행위를 따라 책들에 기록된 대로 심판을 받으니 13바다가
그 가운데에서 죽은 자들을 내주고 또 사망과 음부도 그 가운데
에서 죽은 자들을 내주매 각 사람이 자기의 행위대로 심판을 받
고 14사망과 음부도 불못에 던져지니 이것은 둘째 사망 곧 불못
이라 15누구든지 생명책에 기록되지 못한 자는 불못에 던져지
더라

본문 관찰

1. 본문에서 천 년 동안 일어날 일에 대한 내용을 살펴보십시오(주제별 목록 작성 참조).

2. 첫째 부활에 참여하는 자들은 천 년 동안 어떤 일을 하게 됩니까(6절)?

3. 본문의 하나님은 어떤 분이십니까?

깊은 묵상

1. 심판 때에 드러나게 될 선한 삶의 열매들을 맺기 위해 여러분이 고쳐 나가야 할 점은 무엇입니까?

2. 최후의 심판 장면과 생명책에 대해 묵상해 보십시오.

3. 오늘 여러분에게 주시는 특별한 말씀(깨달은 점, 느낀 점, 적용점 등)은 무엇입니까?

DATE

월 일 요일

새롭게 하시는 하나님

중심 단어

새 하늘, 새 땅, 새 예루살렘, 새롭게

주제별 목록 작성

새 하늘과 새 땅

1절: 처음 하늘과 처음 땅이 없어졌고 바다도 다시 있지 않았다

2절: 거룩한 성 새 예루살렘이 하나님께로부터 하늘에서 내려왔다

3절: 하나님이 하나님의 백성과 함께 계실 것이다

4절: 모든 눈물을 그 눈에서 닦아 주시고 위로하신다

5절: 내가 만물을 새롭게 하노라 선포하신다

도움말

1. **새 하늘과 새 땅(1절)**: 죄악으로 오염되거나 타락하지 않고 새로운 질서에 의해 새롭게 창조된 온전한 세상, 곧 천국을 뜻한다.
2. **알파와 오메가(6절)**: 헬라어의 첫 글자와 마지막 글자로, '처음과 끝 혹은 모든 것'을 상징하는 성경 문학적 표현이다.
3. **흉악한 자들(8절)**: 심히 가증스러운 자를 뜻하는 말로, 신성 모독적 범행을 일삼는 자를 가리킨다.

새 하늘과 새 땅

이사야 선지자를 통해 언급된 새 하늘과 새 땅에 관해(사 65:17, 66:22) 예수님은 "세상이 새롭게 되어"(마 19:28)라고 하셨고, 사도 바울은 "피조물도 썩어짐의 종 노릇 한 데서 해방되어"(롬 8:21)라고 표현했습니다. 요한은 현재의 모든 불완전함이 제거되고 더 이상 고통이나 죄와 사망이 없는 새로운 하늘과 땅을 봤습니다. 그 모습은 마치 신부가 신랑을 위해 단장한 것 같았습니다. 하나님은 정성 들여 준비하신 새 하늘과 새 땅에서 오직 당신의 백성과 함께하기 원하십니다. 더 나아가 백성의 깊은 시름과 한숨까지도 보듬고 감싸 안아 주고 싶어 하십니다(4절). 그리고 이스라엘에게 불안과 분리를 상징하던 바다에 관해서도 "바다도 다시 있지 않더라"(1절)는 말씀을 통해 새 하늘과 새 땅은 영원한 안식 세계임을 보여 줍니다.

새로운 존재로 거듭난 자

이스라엘 백성은 약속의 땅 가나안에 들어왔지만, 그곳에서 하나님께서 원하시는 삶을 살지 못했습니다. 가나안은 하나님의 법과 통치가 있는 땅으로서 열매 맺는 삶의 모습을 보이지 못했습니다. 하나님께서 영원하고 완전한 안식이 있는 새 하늘과 새 땅을 주신다고 할지라도, 믿음 안에서 새로운 존재로 거듭나지 않는다면 안식에 참여할 수 없습니다. 새 하늘과 새 땅에 관한 묘사 뒤에 이기는 자는 그 나라에 들어가지만 악을 행하는 자는 들어가지 못한다는 내용이 이어집니다(7-8절). 그렇기에 성도는 악을 행하지 말고 오직 그리스도를 믿으며 승리함으로 구원에 이르러 새 하늘과 새 땅에서의 삶을 살아야 할 것입니다.

오늘의 감사기도

1.
2.
3.

요한계시록 21:1-8 찬송가: 236장(구 223장)

1또 내가 새 하늘과 새 땅을 보니 처음 하늘과 처음 땅이 없어졌
고 바다도 다시 있지 않더라 2또 내가 보매 거룩한 성 새 예루살
렘이 하나님께로부터 하늘에서 내려오니 그 준비한 것이 신부
가 남편을 위하여 단장한 것 같더라 3내가 들으니 보좌에서 큰
음성이 나서 이르되 보라 하나님의 장막이 사람들과 함께 있으
매 하나님이 그들과 함께 계시리니 그들은 하나님의 백성이 되
고 하나님은 친히 그들과 함께 계셔서 4모든 눈물을 그 눈에서
닦아 주시니 다시는 사망이 없고 애통하는 것이나 곡하는 것이
나 아픈 것이 다시 있지 아니하리니 처음 것들이 다 지나갔음이
러라 5보좌에 앉으신 이가 이르시되 보라 내가 만물을 새롭게
하노라 하시고 또 이르시되 이 말은 신실하고 참되니 기록하라
하시고 6또 내게 말씀하시되 이루었도다 나는 알파와 오메가요
처음과 마지막이라 내가 생명수 샘물을 목마른 자에게 값없이
주리니 7이기는 자는 이것들을 상속으로 받으리라 나는 그의 하
나님이 되고 그는 내 아들이 되리라 8그러나 두려워하는 자들과
믿지 아니하는 자들과 흉악한 자들과 살인자들과 음행하는 자
들과 점술가들과 우상 숭배자들과 거짓말하는 모든 자들은 불
과 유황으로 타는 못에 던져지리니 이것이 둘째 사망이라

본문 관찰

1. 본문에서 새 하늘과 새 땅에 대한 내용을 살펴보십시오(주제별 목록 작성 참조).

2. 새 하늘과 새 땅을 누리게 되는 사람은 어떤 사람입니까(7절)?

3. 본문의 하나님은 어떤 분이십니까?

깊은 묵상

1. 여러분은 새 하늘과 새 땅에 들어가기 위해 어떤 삶을 살고 있습니까?

2. 이기는 자와 악을 행하는 자의 차이에 대해 생각해 보십시오.

3. 오늘 여러분에게 주시는 특별한 말씀(깨달은 점, 느낀 점, 적용점 등)은 무엇입니까?

DATE

월 일 요일

거룩한 성 예루살렘

중심 단어

어린 양, 거룩한 성 예루살렘

주제별 목록 작성

거룩한 성 예루살렘

10절: 성령께서 크고 높은 산으로 데리고 올라가 보이셨다

11절: 그 성의 빛이 지극히 귀한 보석 같고 벽옥과 수정 같이 맑았다

12절: 높은 성곽과 열두 문이 있다

14절: 성곽에는 열두 기초석이 있다

15–17절: 성은 길이와 너비와 높이가 같은 네모가 반듯한 모양으로 만 이천 스다디온이며 성곽은 백사십사 규빗이었다

18절: 성곽은 벽옥으로 쌓였고 성은 정금인데 유리 같았다

19절: 성곽의 기초석은 각색 보석으로 꾸며졌다

21절: 열두 문은 열두 진주다

23절: 성 안에는 영광의 빛이 비춘다

도움말

1. **수정 같이 맑더라(11절):** 하나님의 지극한 영화로우심이 맑고 투명한 얼음이나 수정에 비유된다.
2. **스다디온(16절):** 길이의 단위로, 1스다디온은 대략 185m다. 오늘날 경기장을 뜻하는 '스타디움'은 여기에서 파생됐다.

거룩한 성에 있는 것

바벨론 성의 멸망에 대한 환상과 새 예루살렘의 영광된 모습이 뚜렷한 대조를 이루며 묘사되고 있습니다. 또한 새 예루살렘의 모습은 요한계시록 2–3장에 나오는 지상 교회의 이기는 자에게 약속된 내용을 성취하고 있습니다. 먼저 거룩한 성 예루살렘에는 하나님의 영광이 있었습니다(11절). 또한 값비싼 보석으로 꾸며진 그 성은 견고하고 거대할 뿐만 아니라 아름다웠습니다. 천사가 금 갈대로 측량한 성의 모양은 정육면체였습니다(15–16절). 그러나 여기서 크기가 의미하는 것은 크기 그 자체가 아니라, 새 예루살렘이 난공불락의 요새이며 그로 인해 하나님의 백성이 안전함과 평강을 누린다는 것입니다.

거룩한 성에 없는 것

요한은 "성 안에서 내가 성전을 보지 못하였으니"(22절)라고 말했습니다. 여기서 말하는 성전은 전능하신 주 하나님과 어린 양입니다. 오직 그분들의 임재가 성을 가득 채우기 때문에 건물이 필요하지 않습니다. 그 성에는 또한 해나 달의 비침이 쓸 데 없습니다(23절). 하나님의 영광이 그 성을 비추며 어린 양이 등불이 되시기 때문입니다. 그리고 밤이 없고 성문은 결코 닫히지 않으므로 그 성에 살고 계시는 하나님께 언제든 다가갈 수 있습니다(25–26절). 속된 것이나 가증한 일 또는 거짓말하는 자들도 그 안에 없습니다(27절). 오직 어린 양의 생명책에 기록된 자들만이 들어올 수 있기 때문입니다. 그곳에서는 하나님을 오해하거나 부인할 수도 없습니다. 하나님께서 우리와 함께하시기 때문입니다. 하나님과 영원히 함께하는 삶이 바로 새 예루살렘에 있는 천국의 기쁨입니다.

오늘의 감사기도

1.

2.

3.

요한계시록 21:9-27 찬송가: 606장(구 291장)

9일곱 대접을 가지고 마지막 일곱 재앙을 담은 일곱 천사 중 하
나가 나아와서 내게 말하여 이르되 이리 오라 내가 신부 곧 어
린 양의 아내를 네게 보이리라 하고 10성령으로 나를 데리고 크
고 높은 산으로 올라가 하나님께로부터 하늘에서 내려오는 거
룩한 성 예루살렘을 보이니 11하나님의 영광이 있어 그 성의 빛
이 지극히 귀한 보석 같고 벽옥과 수정 같이 맑더라 12크고 높
은 성곽이 있고 열두 문이 있는데 문에 열두 천사가 있고 그 문
들 위에 이름을 썼으니 이스라엘 자손 열두 지파의 이름들이라
13동쪽에 세 문, 북쪽에 세 문, 남쪽에 세 문, 서쪽에 세 문이니
14그 성의 성곽에는 열두 기초석이 있고 그 위에는 어린 양의 열
두 사도의 열두 이름이 있더라 15내게 말하는 자가 그 성과 그
문들과 성곽을 측량하려고 금 갈대 자를 가졌더라 16그 성은 네
모가 반듯하여 길이와 너비가 같은지라 그 갈대 자로 그 성을
측량하니 만 이천 스다디온이요 길이와 너비와 높이가 같더라
17그 성곽을 측량하매 백사십사 규빗이니 사람의 측량 곧 천사
의 측량이라 18그 성곽은 벽옥으로 쌓였고 그 성은 정금인데 맑
은 유리 같더라 19그 성의 성곽의 기초석은 각색 보석으로 꾸몄
는데 첫째 기초석은 벽옥이요 둘째는 남보석이요 셋째는 옥수
요 넷째는 녹보석이요 20다섯째는 홍마노요 여섯째는 홍보석이
요 일곱째는 황옥이요 여덟째는 녹옥이요 아홉째는 담황옥이
요 열째는 비취옥이요 열한째는 청옥이요 열두째는 자수정이라
21그 열두 문은 열두 진주니 각 문마다 한 개의 진주로 되어 있
고 성의 길은 맑은 유리 같은 정금이더라 22성 안에서 내가 성전
을 보지 못하였으니 이는 주 하나님 곧 전능하신 이와 및 어린
양이 그 성전이심이라 23그 성은 해나 달의 비침이 쓸 데 없으
니 이는 하나님의 영광이 비치고 어린 양이 그 등불이 되심이라
24만국이 그 빛 가운데로 다니고 땅의 왕들이 자기 영광을 가지
고 그리로 들어가리라 25낮에 성문들을 도무지 닫지 아니하리니
거기에는 밤이 없음이라 26사람들이 만국의 영광과 존귀를 가지
고 그리로 들어가겠고 27무엇이든지 속된 것이나 가증한 일 또
는 거짓말하는 자는 결코 그리로 들어가지 못하되 오직 어린 양
의 생명책에 기록된 자들만 들어가리라

본문 관찰

1. 본문에서 거룩한 성 예루살렘의 모습에 대한 내용을 살펴보십시오(주제별 목록 작성 참조).

2. 일곱 천사 중 하나가 요한에게 보여 준 것은 무엇입니까(10절)?

3. 본문의 하나님은 어떤 분이십니까?

깊은 묵상

1. 여러분은 어린 양의 생명책에 기록된 것을 확신합니까? 그렇다면, 여러분의 삶은 다른 사람들과 어떤 차이점이 있어야 합니까?

2. 거룩한 성에 들어갈 수 있는 자들은 어떤 사람인지 묵상해 보십시오.

3. 오늘 여러분에게 주시는 특별한 말씀(깨달은 점, 느낀 점, 적용점 등)은 무엇입니까?

DATE

월 일 요일

에덴의 회복

중심 단어

생명수의 강, 생명나무, 예언의 말씀

주제별 목록 작성

회복된 동산

1절: 수정 같이 맑은 생명수의 강이 하나님과 및 어린 양의 보좌로부터 나온다

2절: 강 좌우에 생명나무가 무성하게 자란다

3절: 하나님과 그 어린 양의 보좌가 그 가운데에 있다

5절: 그들이 세세토록 왕 노릇 할 것이다

도움말

1. **섬기며(3절)**: '예배하다'라는 뜻이다. 구원받은 성도는 천국에서 늘 하나님께 예배드리며 살아가게 될 것을 보여 준다.
2. **왕 노릇 하리로다(5절)**: 왕처럼 남을 지배하고 군림한다는 뜻이 아니라 왕과 같이 지극히 존귀하고 영화로운 삶을 살게 된다는 의미다.
3. **지키는 자(7절)**: 하나님의 축복은 일시적으로 말씀을 순종하는 자가 아니라 지속적으로 말씀을 순종하는 자들에게 주어지는 것이라는 의미다.

회복된 동산

천사는 요한에게 생명수의 강을 보여 줍니다(1절). 목마른 자들은 언제나 하나님과 어린 양의 보좌로부터 길 가운데로 흐르는 이 강물을 마실 수 있었습니다. 강의 좌우에는 생명나무가 자라고 있었습니다. 타락 이후 생명나무에 접근하는 것이 금지돼 있었으나 이제는 그 금지가 풀립니다. 생명나무는 열두 가지 열매를 맺었으며, 그 열매의 나무 잎사귀들은 만국을 치료했습니다(2절). 요한은 이어서 동산 중앙에 있는 하나님의 보좌로 시선을 돌립니다. 그 보좌의 중심에서 모든 생명이 하나님과 어린 양의 통치를 따르게 될 것입니다(3절). 나아가 하나님의 이름이 우리 이마에 찍혀서 우리를 영원히 그분께 속한 존재로 인쳐 주실 것입니다(4절). 주 하나님의 빛이 어둠을 몰아낼 것이기에 다시는 밤도 없을 것입니다(5절).

경배받으실 분

요한은 천사로부터 엄청난 것을 보고 들었습니다. 이런 상황에서 성령에 감동된 요한은 자신에게 모든 것을 알려 준 천사를 특별한 존재라고 생각했을 것입니다. 요한은 이전에도 천사에게 경배하려고 했다가 천사가 만류했지만(계 19:10), 이번에도 놀라운 일을 보이는 천사의 모습에 압도돼 그의 발 앞에 경배하려고 했습니다(8절). 그러자 천사는 "나는 너와 네 형제 선지자들과 또 이 두루마리의 말을 지키는 자들과 함께 된 종"(9절)이라고 말했습니다. 자신의 정체성을 '동일한 종'으로 분명히 하고 있습니다. 그리고 오직 "하나님께 경배"(9절)하라고 명령합니다. 아무리 뛰어난 영적 능력을 소유했다 할지라도 천사는 하나님의 종일 뿐입니다. 본문은 경배받으시고 높임받으실 분은 오직 하나님 한 분이시라는 중요한 교훈을 알려 줍니다.

오늘의 감사기도

1.
2.
3.

요한계시록 22:1-11 찬송가: 246장(구 221장)

1또 그가 수정 같이 맑은 생명수의 강을 내게 보이니 하나님과
및 어린 양의 보좌로부터 나와서 2길 가운데로 흐르더라 강 좌
우에 생명나무가 있어 열두 가지 열매를 맺되 달마다 그 열매를
맺고 그 나무 잎사귀들은 만국을 치료하기 위하여 있더라 3다시
저주가 없으며 하나님과 그 어린 양의 보좌가 그 가운데에 있으
리니 그의 종들이 그를 섬기며 4그의 얼굴을 볼 터이요 그의 이
름도 그들의 이마에 있으리라 5다시 밤이 없겠고 등불과 햇빛이
쓸 데 없으니 이는 주 하나님이 그들에게 비치심이라 그들이 세
세토록 왕 노릇 하리로다 6또 그가 내게 말하기를 이 말은 신실
하고 참된지라 주 곧 선지자들의 영의 하나님이 그의 종들에게
반드시 속히 되어질 일을 보이시려고 그의 천사를 보내셨도다
7보라 내가 속히 오리니 이 두루마리의 예언의 말씀을 지키는
자는 복이 있으리라 하더라 8이것들을 보고 들은 자는 나 요한
이니 내가 듣고 볼 때에 이 일을 내게 보이던 천사의 발 앞에 경
배하려고 엎드렸더니 9그가 내게 말하기를 나는 너와 네 형제
선지자들과 또 이 두루마리의 말을 지키는 자들과 함께 된 종이
니 그리하지 말고 하나님께 경배하라 하더라 10또 내게 말하되
이 두루마리의 예언의 말씀을 인봉하지 말라 때가 가까우니라
11불의를 행하는 자는 그대로 불의를 행하고 더러운 자는 그대로
더럽고 의로운 자는 그대로 의를 행하고 거룩한 자는 그대로 거
룩하게 하라

본문 관찰

1. 본문에서 회복된 동산에 대한 내용을 살펴보십시오(주제별 목록 작성 참조).

2. 요한이 천사에게 절하려 하자 천사는 무엇이라고 말합니까(9절)?

3. 본문의 하나님은 어떤 분이십니까?

깊은 묵상

1. 여러분은 천국에 대해 어떤 소망을 품고 있습니까?

2. 여러분은 오직 하나님만 경배하고 있는지 돌아보십시오.

3. 오늘 여러분에게 주시는 특별한 말씀(깨달은 점, 느낀 점, 적용점 등)은 무엇입니까?

DATE

월 일 요일

마라나타

중심 단어

알파와 오메가, 복, 예수, 생명수

주제별 목록 작성

경고와 권면들

12절: 속히 와서 각 사람의 행한 대로 갚아 줄 것이다

14-15절: 성에 들어갈 자와 성 밖에 있을 자들로 구분될 것이다

17절: 와서 값없이 생명수를 받으라 하실 것이다

18-19절: 예언의 말씀에 더하는 자와 제하는 자는 형벌을 받을 것이다

예수 그리스도

13절: 알파와 오메가이시다

16절: 다윗의 뿌리이자 자손, 광명한 새벽 별이시다

20절: 진실로 속히 오실 것이다

도움말

1. **상(12절):** 선한 자를 위한 상급뿐만 아니라 불의한 자를 향한 형벌까지 포함한다.
2. **광명한 새벽 별(16절):** 흑암과 어둠의 세력인 사탄과 대조되는 표현이다. 빛이요 진리며 영원한 생명의 주인이신 예수 그리스도를 가리키는 동시에 천국의 속성을 단적으로 보여 준다.
3. **아멘 주 예수여 오시옵소서(20절):** 예수 그리스도의 재림을 간절히 사모하는 초대 교회 성도들의 신앙 고백이다.

경고와 권면들

요한계시록의 맺음말은 경고와 권면으로 요약됩니다. 요한은 자신의 책이 믿을 수 있다는 것을 증명하고 이 책의 권위를 보여 줍니다. 이 책의 예언의 말씀은 반드시 지켜야 하고(계 22:7, 9), 감추지 말고 알려야 하며(계 22:10), 더하거나 제하지 말아야 합니다(18-19절). 다가올 무시무시한 심판 앞에서 생명나무와 새 예루살렘에 들어갈 이가 있는가 하면, 성 바깥에서 떠도는 자도 있을 것입니다(14-15절). 요한은 주님께서 '내가 속히 오리라'고 하신 말씀을 통해 주님의 다시 오심에 대한 확실한 선언을 하고 있습니다(12, 20절).

다시 오실 예수님

요한계시록은 종결부에서 축복의 메시지를 전합니다. 성경에는 많은 심판과 저주의 내용이 있지만, 그 교훈의 핵심은 하나님께서 우리를 위해 예수 그리스도를 이 땅에 보내 주셨다는 사실입니다. 이제 주님께서 영원한 나라에서의 영원한 동행을 위해 다시 오실 것이 선포됩니다. '보라 내가 속히 오리라'는 말씀은 주님께서 심판자로도 오시지만, 당신의 백성을 향한 구원을 완성하기 위해 신부를 데리러 오는 하늘의 신랑으로서 오신다는 것을 의미합니다. 그렇기 때문에 '아멘 주 예수여 오시옵소서'라는 뜻의 '마라나타'는 초대 교회의 간절한 염원을 담아 성찬 예식에서 공식적인 기도문으로 사용됐습니다. 주님은 분명히 선언하십니다. "내가 진실로 속히 오리라"(20절). 이에 우리는 기쁨으로 화답합니다. "아멘 주 예수여 오시옵소서"(20절).

오늘의 감사기도

1.
2.
3.

요한계시록 22:12-21 찬송가: 176장(구 163장)

12보라 내가 속히 오리니 내가 줄 상이 내게 있어 각 사람에게 그
가 행한 대로 갚아 주리라 13나는 알파와 오메가요 처음과 마지
막이요 시작과 마침이라 14자기 두루마기를 빠는 자들은 복이
있으니 이는 그들이 생명나무에 나아가며 문들을 통하여 성에
들어갈 권세를 받으려 함이로다 15개들과 점술가들과 음행하는
자들과 살인자들과 우상 숭배자들과 및 거짓말을 좋아하며 지
어내는 자는 다 성 밖에 있으리라 16나 예수는 교회들을 위하여
내 사자를 보내어 이것들을 너희에게 증언하게 하였노라 나는
다윗의 뿌리요 자손이니 곧 광명한 새벽 별이라 하시더라 17성
령과 신부가 말씀하시기를 오라 하시는도다 듣는 자도 오라 할
것이요 목마른 자도 올 것이요 또 원하는 자는 값없이 생명수를
받으라 하시더라 18내가 이 두루마리의 예언의 말씀을 듣는 모
든 사람에게 증언하노니 만일 누구든지 이것들 외에 더하면 하
나님이 이 두루마리에 기록된 재앙들을 그에게 더하실 것이요
19만일 누구든지 이 두루마리의 예언의 말씀에서 제하여 버리면
하나님이 이 두루마리에 기록된 생명나무와 및 거룩한 성에 참
여함을 제하여 버리시리라 20이것들을 증언하신 이가 이르시되
내가 진실로 속히 오리라 하시거늘 아멘 주 예수여 오시옵소서
21주 예수의 은혜가 모든 자들에게 있을지어다 아멘

본문 관찰

1. 본문에서 경고와 권면들과 예수 그리스도에 대한 내용을 살펴보십시오(주제별 목록 작성 참조).

2. 예수님은 어떤 분으로 표현되고 있습니까(13절)?

3. 본문의 하나님은 어떤 분이십니까?

깊은 묵상

1. 여러분은 죄를 지었을 때, 즉시 회개하며 성결하게 하기 위해 어떤 노력을 하고 있습니까?

2. 여러분은 예수님께서 다시 오시는 것을 간절히 사모하며 기다리고 있는지 살펴보십시오.

3. 오늘 여러분에게 주시는 특별한 말씀(깨달은 점, 느낀 점, 적용점 등)은 무엇입니까?

■ PRECEPT BOOK LIST

Ⅰ. 리더십 · 성공

1 리더가 저지르기 쉬운 10가지 실수(컴팩트) 한스 핀젤
2 참된 성공에 이르는 비결 데이비드 쇼트
3 파워리더 여호수아 김경섭
4 파워리더 느헤미야 김경섭
5 모세 지도력의 비밀 김경섭
6 사사열전 김경섭
7 담대한 믿음, 여호수아 이윤재
8 믿음의 영웅들 김경섭

Ⅱ. 영성 · 자기 계발

1 축복의 언어 존 트렌트 · 게리 스몰리
2 고통의 의미 케이 아더
3 소망 케이 아더
4 하나님을 향한 마음 케이 아더
5 하나님의 주권 케이 아더
6 비전의 힘(컴팩트) 마일즈 먼로
7 축복의 통로 래리 허커
8 영적 전투의 전략 워렌 W. 위어스비
9 영성 회복을 위한 일곱 가지 열쇠 스티븐 아터번 · 데이빗 스툽

Ⅲ. 가정 · 상담 · 치유

1 성, 그 끝없는 유혹 케이 아더
2 아내를 사랑하는 10가지 방법 한스 & 도나 핀젤
3 행복한 결혼생활의 비결 케이 아더
4 영적 치유 케이 아더
5 자녀를 하나님의 사람으로 만드는 43가지 지혜 앤드류 머레이
6 자녀와 함께 드리는 가정예배 프리셉트성경연구원
7 사랑은 강인해야 한다 제임스 돕슨

Ⅳ. 목회 · 교회 · 교육

1 OLD & NEW 김우영, 김병삼
2 장로교와 감리교 무엇이 다른가? 김우영
3 심방설교 핵심파일 프리셉트성경연구원
4 존 스토트 설교의 원리와 방법 안병만
5 청중을 사로잡는 설교자 캘빈 밀러
6 나의 나 된 것은 하나님의 은혜라 케이 아더
7 하나님 이름에 숨겨진 비밀 케이 아더
8 네트워크 은사발견 사역(주교재) 빌 하이벨스 외
9 성경 길잡이 케이 아더
10 어린이 전도행전 홍영순
11 효과적인 목회전략 토니 모건 · 팀 스티븐스
12 가정교회를 일으켜라 래리 크레이더
13 교회 갈등, 이렇게 해결하라! 케네스 O. 갱겔 & 새뮤얼 A. 케이나인
14 좋은 교회에서 위대한 교회로 톰 레이너
15 사명을 수행하는 교회 데니스 비커스
16 열정적 설교 알렉스 몬토야
17 주제별 말씀 모음집 김경섭 외
18 개척 그 이후, 열두광주리교회 이야기 오대희
19 속죄와 동행 이규봉
20 왜 이야기인가? 김연수

Ⅴ. 교사 · 리더

1 감동을 창조하는 인간관계 윌리암 J. 디엄
2 감정 치유의 6단계 데이비드 클락
3 프리셉트 귀납적 성경 연구 방법 케이 아더
4 위대한 교사 위대한 리더 게리 브레드펠트
5 복음이란 무엇인가? 김경섭

Ⅵ. 기도 · 신앙생활

1 기도하는 엄마들(소책자) 펀 니콜스
2 삶을 변화시킨 끄웨르바 이야기 김연수
3 홍정길 목사의 301가지 감동 스토리 Ⅰ 프리셉트성경연구원
4 홍정길 목사의 301가지 감동 스토리 Ⅱ 프리셉트성경연구원

5 나비 이야기 프리셉트성경연구원
6 언약, 신실하신 하나님의 약속 케이 아더
7 하나님, 솔직히 돈이 좋아요! 김병삼
8 그리스도의 가상칠언 김경섭
9 놀라운 하나님의 이름 김경섭
10 하나님을 미소짓게 하는 이야기 김병삼
11 하늘의 음성(산상수훈) 김경섭
12 항상 기뻐하라(빌립보서 강해) 김경섭
13 고통의 의미 케이 아더
14 기도하십니까? 후안 카를로스 오르티즈

Ⅶ. 묵상 · 성경공부

1 큐티합시다 오대희
2 Q.T 첫 걸음 프리셉트성경연구원
3 효과적인 경건의 시간 케이 아더
4 성경을 믿어야 하는 일곱 가지 이유 어윈 루처
5 예수님의 비유로 풀어 쓴 천국 시크릿 김연수
6 스토리텔링 다윗 설교 김연수
7 묵상하는사람들 QT 프리셉트성경연구원

Ⅷ. 핸드북

1 그리스도와 함께 앤드류 머레이
2 기도, 하나님과의 로망스 후안 카를로스 오르티즈
3 나를 연단하시는 하나님의 섭리 케이 아더
4 십자가 상의 일곱 마디 말씀 김경섭
5 소리나는 스프 홍정길
6 일상에서 배운 삶의 지혜 토드 템플
7 성공을 가로막는 일곱가지 장애 김병삼
8 성공을 디자인하는 삶의 비밀 피터 허쉬
9 인간관계, 감동으로 창조하라 윌리암 J. 디엄
10 영성회복을 위한 40가지 열쇠 스티븐 아터번 외
11 토마스 아 켐피스의 그리스도를 본받아 토마스 아 켐피스

Ⅸ. 클래식 시리즈

1 온전한 순종 앤드류 머레이
2 인류 최고의 고전 그리스도를 본받아 토마스 아 켐피스
3 앤드류 머레이의 하늘문을 여는 기도 앤드류 머레이
4 현대인을 위한 예수님이라면 어떻게 하실까? 찰스 쉘던
5 현대인을 위한 어거스틴의 참회록 성 어거스틴
6 현대인을 위한 참된 목자 리처드 백스터
7 현대인을 위한 성도의 공동생활 디트리히 본회퍼
8 현대인을 위한 죄 죽이기 존 오웬
9 현대인을 위한 천로역정 존 번연
10 현대인을 위한 제자도의 대가 디트리히 본회퍼

Ⅹ. 어린이

1 놀라운 성경 탐험 메리 홀링스워스
2 말씀으로 치유되는 십대들의 고민 50가지 필 첼머스
3 나의 사랑하는 성경(구약) 오대희
4 나의 사랑하는 성경(신약) 오대희
5 파란 눈의 중국인 선교사 허드슨 테일러 캐서린 맥켄지
6 고아들의 영웅 조지 뮬러 아이린 호왓
7 어린이를 위한 벤허 루 월리스
8 어린이를 위한 천로역정 존 번연
9 고통 속에서 희망을 노래하는 코리 텐 붐 체스티 호프 바에즈
10 달리기 챔피언 선교사 에릭 리들 존 케디
11 꿈과 열정의 전도자 빌 브라이트 킴 트위첼
12 살아 있는 순교자 리처드 범브란트 캐서린 맥켄지
13 종교 개혁의 횃불을 든 마틴 루터 캐서린 맥켄지
14 열정의 복음 전도자 디엘 무디 낸시 드러먼드
15 버마를 구한 하나님의 사람 아도니람 저드슨 아이린 호왓
16 어둠을 밝힌 위대한 종교 개혁가 존 칼빈 캐서린 맥켄지
17 천로역정을 저술한 믿음의 순례자 존 번연 브라이언 코즈비
18 나치에 저항한 행동하는 양심 디트리히 본회퍼 데이스프링 매클라우드

Ⅺ. 청소년

1 수험생을 위한 100일 묵상 프리셉트성경연구원
2 입시생을 위한 60일 묵상 프리셉트성경연구원
3 청소년 365일 묵상집 프리셉트성경연구원
4 청소년을 위한 구약개관 프리셉트성경연구원

새가족 성경공부 교재

복음에 감격하는 새가족 성경공부

처음 교회에 등록한 분들이 초신자이든 기신자이든 예수님을 만나서 변화된 삶의 축복을 누리도록 돕는 교재다. 이런 의미에서 초신자와 기신자를 함께 아우르는 통합반 교재라고 할 수 있다(인도자용 별도).

■ 김경섭 지음 | 학생용 값 5,000원 인도자용 값 6,000원

초신자를 위한 새가족 성경공부

처음 교회에 출석하는 초신자들에게 삼위일체 하나님과 구원 그리고 구체적인 신앙생활을 안내하는 교재다. 비교적 쉽고 단순하게 만들었기에, 견고한 신앙의 기초를 다지게 할 것이다.

■ 김경섭 지음 | 값 3,500원

기신자를 위한 새가족 성경공부

교회에 등록하는 성도 중 상당수는 이미 예수님을 믿고 교회 생활을 해 온 분들이다. 그분들이 처음 교회에 등록했을 때 신앙의 기초를 확인하고 좀 더 깊이 신앙생활을 할 수 있도록 안내하는 성경공부 교재다.

■ 김경섭 지음 | 값 3,800원

새가족 나눔 교재

오늘날 성도 중에는 '성경공부'라는 단어에 거부감을 가지는 사람들도 있다. 이 교재는 공부하는 도구라기 보다는 함께 교제를 나눈 후에 같이 읽어 가는 나눔식 새가족 안내 자료다.

■ 김경섭 지음 | 값 3,800원

단계별 성경공부 교재

❶ 프리셉트 맨투맨 제자 양육

예수님의 제자로 살고자 할 때 가장 기초가 되는 10가지 사항을 하나님의 말씀으로 적용하도록 안내하는 교재다(1시간 예습, 교사용 별도).

■ 프리셉트성경연구원 편 | 학생용 값 8,000원 교사용 값 10,000원

❷ 프리셉트 신앙성장 학교 I

신앙생활을 시작한 성도가 예수님의 사랑으로 신앙심이 자라갈 때 점검해야 할 사항들을 주제별로 엮은 교재다(1시간 예습).

■ 김경섭 지음 | 값 6,500원

❸ 프리셉트 큐티 학교

하나님의 말씀을 매일 묵상할 수 있도록 도와주는 묵상지인 『묵상하는사람들 QT』를 효과적으로 사용할 수 있게 안내하는 교재다.

■ 김경섭 지음 | 값 5,000원

❹ 프리셉트 제자도

약 22주의 과정 동안 '마음의 세계, 행실, 이웃관계와 공동체, 하나님과의 관계' 등에 대해 본격적으로 훈련하는 내용을 담고 있다(90분 예습).

■ 김경섭 지음 | 값 9,500원

❺ 성막

예수님의 삶과 사역을 예표하는 하나님의 특별 교육 도구요 임재의 처소였던 구약 시대의 성막을 통해, 예수님을 깊이 체득하는 시간을 갖는다(90분 예습, 인도자용 별도).

■ 김경섭 지음 | 학생용 값 8,000원 인도자용 값 15,000원

❻ 성도의 확신 I, II

이 교재는 제자로서 하나님의 마음을 알고 성도의 7대 확신(사죄, 구원, 임재, 동행, 기도응답, 승리, 상급)을 확립할 수 있게 돕는다(5시간 예습).

■ 김경섭 지음 | 1권 값 10,000원 2권 값 15,000원

❼ 성도의 사역

한 성도가 지역 교회의 평신도 지도자로서 확립해야 할 내용을 숙지하고 성숙한 제자로 자라 가는 데 있어서 결정적으로 도움을 주는 필수코스다(5시간 예습).

■ 김경섭 지음 | 값 18,000원

프리셉트 T. 02-588-2218 | www.precept.or.kr

클래식 도서

현대인을 위한 그리스도를 본받아

이 책은 성경과 천로역정 다음으로 가장 사랑받고 있는 고전이다. 영적 거장들을 포함한 수많은 사람의 삶을 변화시킨 이 책은, 현대를 살아가는 우리에게도 시대를 초월한 감동을 선사할 것이다.

■ 토마스 아 켐피스 지음 | 값 12,000원

현대인을 위한 예수님이라면 어떻게 하실까?

110여 년의 세월을 관통하는 위대한 질문을 통해 우리는 삶을 다시 한번 돌아보게 될 것이다. 우리의 삶에서 '예수님이라면 어떻게 하실까'를 먼저 생각하며, 주님의 발자취를 따라가는 삶이 되자.

■ 찰스 쉘던 지음 | 값 11,000원

현대인을 위한 어거스틴의 참회록

하나님에 대한 열정이 담긴 이 책은 기독교 고전 중 가장 위대한 책이라 불리고 있다. 이 책은 죄로 마음이 억눌린 자와 하나님의 자비를 구하는 자들에게 놀라운 회복의 역사를 선물할 것이다.

■ 성 어거스틴 지음 | 값 14,000원

현대인을 위한 참된 목자

사명을 이루기 위해 처음부터 끝까지 하나님의 방법으로 행하라. 목자가 스스로 복음의 확신을 갖고 항상 깨어 일한다면, 그를 통해 수많은 영혼이 하나님께 돌아와 영광을 돌리게 될 것이다.

■ 리처드 백스터 지음 | 값 12,000원

클래식 도서

현대인을 위한 성도의 공동생활

이 책은 본회퍼의 대표작 중 하나로, 참된 그리스도인이 추구해야 할 순결한 삶에 대해서 전하고 있다. 이 책을 통해, 기독교 공동체가 갖는 고귀한 사귐의 아름다운 영성을 누리게 될 것이다.

■ 디트리히 본회퍼 지음 | 값 11,000원

현대인을 위한 죄 죽이기

이 책은 하나님께서 이미 말씀을 통해 죄를 죽일 수 있는 길을 마련해 놓으셨다는 것을 설명한다. 또한 존 오웬은 이 책을 통해 죄를 극복하기 위해서는 성령의 능력을 동원해야 한다고 주장한다.

■ 존 오웬 지음 | 값 13,000원

현대인을 위한 천로역정

이 책은 크리스천과 그의 가족, 친구들이 천국으로 가는 모험담을 담고 있다. 존 번연의 기발한 통찰력과 비유를 통해, 고난을 이겨 내고 천국에 입성하는 자신의 모습을 미리 맛보도록 하자.

■ 존 번연 지음 | 값 15,000원

현대인을 위한 제자도의 대가

이 책은 제자도의 본질을 따르는 희생에 대해 심도 있게 논하고 있다. 디트리히 본회퍼의 삶을 통해 살아 있는 제자도의 불꽃을 전하며, 그리스도인들에게 제자로서 치러야 하는 대가가 무엇인지 보여 줄 것이다.

■ 디트리히 본회퍼 지음 | 값 12,000원

하나님의 말씀으로 사람을 세우는

묵상하는사람들 QT

(요한복음 · 요한계시록)

초판 1쇄 | 2022년 6월 8일

발행인 | 김경섭
국제총무 | 최복순
협동총무 | 김상현, 김현욱
편집부 | 고유영(편집실장), 김지혜(편집), 허윤희, 박은실, 김성경(디자인)
인쇄 | 영진문원

발행처 | 묵상하는사람들
등록번호 | 20-333
일부총판 | 생명의말씀사 Tel. (02) 3159-7979 Fax. 080-022-8585

주소 | 서울특별시 서초구 청룡마을길 8-1(신원동) (우) 06802
전화 | (02) 588-2218 팩스 | (02) 588-2268
홈페이지 | www.precept.or.kr
국민은행 772-21-0310-382(김경섭)

값 8,000원
ISBN 978-89-8475-822-3 04230
978-89-8475-823-0 04230(세트)

독자 여러분의 의견을 기다립니다.
독자 전화 (02) 588-2218 / pmnqt@hanmail.net